China's
strategies to expand domestic demand
and stabilize external demand

中国社会科学院创新工程学术出版资助项目

中国扩大内需与稳定外需战略

于立新 冯远 等 著

社会科学文献出版社
SOCIAL SCIENCES ACADEMIC PRESS (CHINA)

河北工业大学廊坊分校讲师，经济学硕士
北京联合大学商务学院国际经济系副教授，经济学
士后
伟　中国社会科学院研究生院财经系，博士研究生
皎　中国社会科学院研究生院财经系，博士研究生
伶　北京杰思汉能资产管理有限公司经理，经济学硕士

研究

课题负责人

于立新　中国社会科学院财经战略研究院服务贸易与WTO研究室主任，研究员，博士后合作导师，中国国际金融研究中心主任

课题组成员

冯　远　中国社会科学院财经战略研究院服务贸易与WTO研究室副研究员，经济学博士，中国社会科学院对外经贸研究中心副主任

汤　婧　中国社会科学院财经战略研究院服务贸易与WTO研究室助理研究员，法学博士

陈　昭　中国社会科学院财经战略研究院服务贸易与WTO研究室助理研究员，经济学硕士

冯永晟　中国社会科学院财经战略研究院综合研究部助理研究员，经济学博士

高伟凯　天津市国有资产管理委员会规划处处长，经济学博士

宋　健　湖南科技大学商学院副教授，经济学博士、博士后

周　勇　中国社会科学院技术与数量经济研究所产业经济研究室副研究员，经济学博士、博士后

张　涛　澳门理工学院客座讲师，管理学博士、经济学博士

窦志红　河北工业大学廊坊分校讲师，经济学硕士

董　珍　河北工业大学廊坊分校讲师，经济学硕士

徐　枫　北京联合大学商务学院国际经济系副教授，经济学博士、博士后

聂新伟　中国社会科学院研究生院财经系，博士研究生

江　皎　中国社会科学院研究生院财经系，博士研究生

周　伶　北京杰思汉能资产管理有限公司经理，经济学硕士

研究团队

课题负责人

于立新 中国社会科学院财经战略研究院服务贸易与WTO研究室主任，研究员，博士后合作导师，中国社会科学院对外经贸国际金融研究中心主任

课题组成员

冯　远 中国社会科学院财经战略研究院服务贸易与WTO研究室副研究员，经济学博士，中国社会科学院对外经贸国际金融研究中心副主任

汤　婧 中国社会科学院财经战略研究院服务贸易与WTO研究室助理研究员，法学博士

陈　昭 中国社会科学院财经战略研究院服务贸易与WTO研究室助理研究员，经济学硕士

冯永晟 中国社会科学院财经战略研究院综合研究部助理研究员，经济学博士

高伟凯 天津市国有资产管理委员会规划处处长，经济学博士

宋　健 湖南科技大学商学院副教授，经济学博士、博士后

周　勇 中国社会科学院技术与数量经济研究所产业经济研究室副研究员，经济学博士、博士后

张　涛 澳门理工学院客座讲师，管理学博士、经济学博士

窦志红 河北工业大学廊坊分校讲师，经济学硕士

摘　　要

内外需协调发展是我国避免"中等收入陷阱"的关键环节,长期以来单靠外需拉动经济增长的战略思路,已不再适应新时期经济社会发展的需要,而必须从战略高度把握内外需良性互动的发展规律,并根据规律来制定新阶段中国"转方式,调结构"的发展战略与改革路径。内需是外需发展的稳定器,外需是内需发展的助推器,保持内外需协调互动关系既要坚持全面动态的战略发展观,又需要借鉴国际经验。在扩大内需时应坚持两个基本原则:一是内需的努力扩大与合理预期相结合原则,二是有效供给与有效需求相结合的原则。在稳定外需方面也要贯彻两个基本原则:一是外需的努力稳定与积极拓展相结合原则;二是积极推进"走出去"及自由贸易区战略,与加快国内产业结构升级相结合的原则。在今后相当长时期内,中国应坚持内外需并重的开放型经济发展方针,将努力扩大内需与积极争取外需相结合。除理论研究外,本书还剖析了当前困扰我国国民经济健康稳定发展的结构性瓶颈问题,重点研究了内外需与消费、服务贸易、生产性服务业、收入分配及城镇化的实践互动作用,关注和解决这些结构性矛盾,可以为未来制定中国社会经济改革方案与互利共赢开放战略提供有益的参考建议。

Abstract

Internal and external coordinated development is the key to avoiding the middle income trap for our nation. Economic growth has had strong reliance on external demand for a long time. This no longer meets the needs of economic and social development in the new period. It is high time that we grasp the law of development between external and internal demand from strategic height and draft China's development strategy and reform path for mode transformation and structural change based on them in the new stage. Domestic demand is the stabilizer in the development of external demand and external demand is the booster in the development of domestic demand. Correctly handling the interaction between domestic demand and external demand needs not only the adherence to the comprehensive and dynamic strategic development view, but also lessons from international experience. There are two basic principles in expanding domestic demand, one being the combining of reasonable expectations with efforts to expand domestic demand; the other being the combining of effective supply with effective demand. There are also two basic principles in expanding external demand. One is the combining of efforts to stabilize foreign demand with efforts to actively expand foreign demand. The other is the combining of active promotion of the "going out" strategy and free trade area with the upgrading of industrial structure in China. In the foreseeable future, China would adhere to the open economic development policy of paying equal attention to both domestic and foreign demand and strive to expand domestic demand while actively absorbing external demand. Aside from theoretical research, this book also focuses on the practical and interactive relationships between domestic and external demand with consumption, trade in services, producer services, distribution of income and urbanization. The book offers useful advice for carrying out China's social reform plan and economic development policy and future development strategy in the future. By this the book has great realistic guiding significance for China's current situation.

序　言

内外需协调关系是大国发展开放型经济进程中不可回避的基本理论问题，它关乎经济整体发展战略的制定和长远发展目标的实现。正确处理内外需协调发展的问题，可以使我国既能够避免"中等收入陷阱"，也可以平稳地应对国际经济危机。随着对外开放进程和世界经济一体化趋势的日益加快，我国已不能把处理内外需孰轻孰重当做渡过危机的权宜之计，而必须从战略高度去把握内外需良性互动的发展规律，并根据这些发展规律来制定发展战略与改革路径。

当下中国面临着全新变化的国内外经济形势，欧美债务危机和全球气候变化所引发的新一轮各国经济发展战略调整初见端倪。经过30多年改革开放，我国经济发展和对外贸易取得了举世瞩目的成就，但同时在扩大国内有效需求、拉动国民消费方面，也遇到了困扰我国国民经济健康稳定发展的结构性瓶颈问题，这些都需要重新审视和思考我国未来的对外经济贸易发展战略，客观剖析我国内外需互动协调发展制约因素，研究这一问题的目的就是建立起我国新的扩大内需与稳定外需的良性互动机制，转变我国外贸增长方式，寻找到一条新型的内外需兼顾、国内经济与对外经济良性互动协调发展的新路径。

一　内外需良性互动是国民经济长期稳定发展的基础

我国作为发展中大国，维护内外需良性互动是保持国民经济长期稳定发展的基础，内需是外需发展的稳定器，外需是内需发展的助推器。2008年的国际金融危机引发的全球经济震荡，使我们清楚地看到，仅仅依靠外需来

中国扩大内需与稳定外需战略

拉动经济增长是不全面的,也是不可持续的。而扩大内需,依托国内庞大市场,促进内外需良性互动才是未来我国经济发展战略调整的重点。因此,在今后相当长一段时期内,都应当坚持内外需并重的战略发展方针,将努力扩大内需与积极拓展外需相结合。这既符合世界经济发展趋势,也被当代各国发展实践所验证。

首先,世界经济一体化发展趋势要求中国必须处理好内外需的互动关系。内外需关系从本质上看,是国内经济系统和对外经济系统运行的相互耦合,二者是相辅相成的关系。开放型经济均衡增长要求国内经济与对外经济协调发展,实现经济发展中的比较优势互补。在世界经济一体化背景下,中国经济与世界经济的联系达到前所未有的高度,忽视内需和外需的任何一方都将影响经济的长期稳定发展;同时,人为阻隔内外需联系会导致经济波动的不可控因素和风险系数加大,实现内外经济均衡发展的难度也就随之增加。因此,我国需要更加重视内外需良性互动关系的调整,以实现贸易与经济的可持续发展。

其次,改革开放以来的经验表明,中国经济发展的巨大成就是内外需协调发展的结果。尽管二者的相对地位和具体功能在不同阶段存在差异,但改革开放以来的内外需发展维持了相对协调的态势,方使我国实现经济总量不断增长,并维持较高的发展速度。我国进入 21 世纪以来内外需结构的总体特征表现为:内外需共同增长,内需保持主体地位,外需增长更为迅速;总需求中,投资需求所占比重相对稳定,消费需求与出口需求的比重则此消彼长。内外需互动模式也表现出渐进稳定协调的态势,无论是总量还是贡献度,内需都居于基础性地位,内需的稳定发展保证了外需在迅速拉动经济增长的同时,不致使我国经济发展出现波动和失衡;同时,外需发展反作用于内需发展,30 多年来外需的发展为内需的进一步提振升级创造了契机和条件,总体而言,内外需实现了彼此依托、互相促进的局面。

最后,主要发达国家和新兴发展中国家的历史经验也分别表明,内外需的良性互动是一国加快实现工业化、现代化和促进经济腾飞的基石和保障。美国、德国和日本的经验表明,发达经济体均以内外需的合理结构为基本特征,以内外需的良性互动为根本保障;印度、巴西和俄罗斯的经验表明,经济腾飞可以通过内外需的共同发展和相互促进实现。此外,一些国家的教训也表明，忽视外需会成为一国经济发展的掣肘因素，忽视内需则会给一国经济发展带来更大的波动风险。

研究结果证实，中国的长期稳定发展必须立足于自身力量，关键是充分依靠国内有效供给的不断增加。在扩大内需中，应以扩大增加有效供给的投资需求为先导，合理扩大消费需求，特别是居民消费需求；在积极争取外需中，应采取富有针对性的有效政策，实施企业"走出去"战略和自由贸易区战略，促进货物贸易出口与服务贸易出口的持续增长。

二 正确处理内外需互动关系要坚持全面动态的战略发展观

内外需互动关系具体表现为国内和对外经济变量的相互影响，这些影响既有短期效应，也有长期效应，综合考虑两种效应是正确看待内外需互动关系的前提。因此，科学把握内外需的良性互动发展，就要求我国既要长期坚持稳定的开放型发展战略，又要相应进行政策调整，保持战略的顺利实施。

首先，处理内外需协调关系要与发展阶段紧密结合。一国经济发展阶段不同，内外需促进经济发展的作用也会存在差异，因此，正确处理内外需互动关系需要与经济发展阶段紧密结合，根据发展阶段的实际情况确定经济发展战略。日本、德国、美国等发达国家的发展轨迹表明，在经济起飞阶段更需要依靠外需对经济增长的拉动作用，从而制定出口导向型发展战略，当经济逐步进入成熟阶段后，再根据实际情况进行战略调整。

判断经济发展战略调整的基本依据之一是人均GDP，中国人均GDP在2012年已经达到6100美元，尽管增长速度较快，但仍属于崛起的发展中国家，远未达到发达国家水平，同时我国收入分配仍不合理，若过度依赖国内消费可能导致经济增长面临拉美等国的"中等收入陷阱"，即在传统农业占很大比重的情况下，特大型企业走传统的工业化战略。由于优先发展重化工业且中小企业数量少，导致失业率持续攀升，贫富悬殊，两极分化，各种社会矛盾凸显和激化，这给政府的社会保障带来沉重压力，最终导致债务和财政赤字居高不下，通货膨胀严重，金融潜伏危机，甚至发生社会动荡。另一个基本依据是内外需之间影响作用的相对大小。实证研究表明，分离出汇率等重要影响因素的作用后,出口增长对国内消费当期及滞后二期的动态综合效应,要相对强于(分离出汇率、收入分配公平程度和外商直接投资等影响因素的作用)内需对出口的动态综合效应,这表明外需对中国经济增长速度的促进作用相对有力。因此,中国要想实现现阶段经济发展目标仍需坚持适度侧重外需的发展战略,不能有丝毫放松。

其次,处理内外需关系要与经济周期的不同阶段紧密结合。研究内外需互动发展规律,我们发现,经济周期的波动,特别是世界经济危机的发生会对内外需互动关系产生显著影响。因此,科学看待和处理内外需互动关系需要与经济周期和世界经济发展形势紧密结合,根据国际经济波动趋势演进来适时调整内外需政策。1997年东南亚金融风暴和2008年美国金融海啸所引发的两次较大危机,均促使世界主要经济体不同程度地调整了各自的经济政策,分别转而依靠扩大内需或外需的手段,来刺激本国经济复苏。

我们的实证研究也揭示了中国具有相同的政策取向:经济危机环境相对于非危机环境会使内外需出现阶段性的变动。这表明经济危机条件下的内外需政策调整是必要的,也是合理的,这种政策调整服务于经济发展战略,是实现内外需良性互动发展的具体体现。同时,当世界经济形势趋稳时,危机环境下的政策还要继续进行再调整,以体现经济发展战略的侧重点。

三 内外需良性协调发展需要借鉴国际经验

我国应充分吸取世界主要国家内外需结构调整,以及各自在经济增长中作用的国际经验。将以日本、德国和美国等发达国家为代表的,和以巴西、印度、俄罗斯等"金砖国家"为典型的内需和外需在国民经济增长中的作用作为案例,进行实证比较分析。研究这些国家的内外需结构特征,以及服务业和服务贸易促进内外需互动的经验,可以为我国内外需良性互动关系构建提供有益的借鉴。

第一,正确的内外需协调关系应定位为内需是经济发展的基础,外需在一国实现经济赶超阶段中占据主导地位。这可从美国、日本和德国的内外需结构变化规律中看出。而从内外需结构来看,我国与美国一样都是内需占绝对优势地位,但我国现阶段内需的有效需求明显不足,而充分有效需求的内需又是经济平稳发展的重要保障。因此，作为一个大国，中国在今后较长时期内应该主要依靠自身的市场、资源和资金来发展经济。同时，保持外贸的基本稳定也是我国经济发展的必然选择。无论是从德国、日本的经验，还是从我国的实践来看，重视利用外部市场，大力发展对外贸易，是一个国家经济增长的重要推动力量，更是后进国家和发展中大国向强国实现经济赶超的必由之路。

金融危机爆发后，各国重新反思本国的经济发展模式，相关国家也开始在不同程度上显露出改弦更张的迹象，日本、德国和美国在渡过危机时期对经济发展战略都做出了不同程度的调整。日本仍然坚持外向型的发展模式，但更关注内外需兼顾互动发展的作用；美国在进一步刺激国内市场需求的同时，积极鼓励出口贸易的发展；德国转而重视国内市场，考虑如何通过扩大内需来抵消出口下滑对经济的拖累，并逐步实现内需驱动型经济发展模式的转型。相比较，我国经济发展战略的转变与德国有相似之处，危机来临我国也强调重视内需，试图通过扩大国内市场需求来弥补外需的不足。但由于中德两国经济发展阶段不同，因此两国在处理内外需互动关系方面也有明显不同：德国扩大内需是为实现经济增长模式的彻底转型，从而降低对出口的依赖；但是对于中国而言，转变出口主导型的经济发展模式还为时尚早。中国仍应坚持出口导向型的经济发展战略，伺机不断地去积极拓展外需，同时推进内需的扩大，促进内外需相互协调发展，共同推动经济稳步增长。

第二，内外需失衡的结构性矛盾是一国在经济不同发展阶段相机抉择的结果。印度开放时间相对中国滞后十余年，内需市场长期以来是国内经济稳固的基础，也是经济发展的原动力。印度的经济增长在20世纪90年代以前属于经济体内部内生推动型的增长模式，长期形成的内需市场趋于成熟，基础产业的发展、产业结构的布局以及居民消费在国内市场体系长期的自我循环中一直保持相对缓慢的发展态势，内需的消费结构趋于稳定，消费规模随着经济的增长而同步扩大增长。相对于印度而言，中国经济的发展道路存在异同，中国早期对外需市场开放是经济成长初期必然的选择，我国从落后的农业飞跃至工业化成长阶段，工业基础产业的形成需要充分发展制造业，当时的内需受发展阶段所限，不可能提供大量的资本原始积累和投入，更无法消化制造业过剩的产能。外需市场带动了中国制造业的成长壮大，并走向繁荣，外需市场带动了中国经济"起飞"的30年，经济总量大幅增长，每年的增速均位于世界的前列。在中国经济未来发展中，如果产业结构调整到位，外需的后劲在今后一段时间内仍可保持一定的增长态势。

第三，内外需均衡发展的政策着力点，应以内外需协调、互动、促进为主，最终依靠市场力量来平衡内外需结构。外需可以促进一国投资规模的增长扩大，相应带动国内产业结构的调整，国内产业的传递效应可以引致一国消费结构的变化以及消费规模的变动。印度自20世纪90年代开放以来，可借鉴的经验路径表现在外需对内需形成了有效的传导和促进，表现在FDI的引资导向方面，将外资引入国内急需发展的产业和高端的服务业，如服务外包，发挥外需的传导效应，带动国内服务业（如外包产业）高端化定位成长。中国的外需和FDI长期以来集中在加工贸易领域，对国内产业结构向产业链高端的升级贡献力度有限，但由于技术外溢的效应和FDI规模的扩大，外需通过传导效应影响着内需市场的产业调整和消费结构的变迁，因此，内外需均衡发展的政策着力点，应以内外需协调、互动、促进为主，增强外需对内需的带动力和促进力，最终依靠市场力量来平衡内外需结构。印度开放以来的内外需发展趋势表明，外需占比在逐步上升，内需有进一步下降的态势。

第四，在发展对外贸易尤其是发展服务贸易时，一定要顾及本国国内市场的培育和发展、经济结构的调整和改进。一国经济要实现持久稳定发展就必须建立在国内需求的基础上，任何时候都不能把经济长期增长的希望寄托在外国对本国资源型、劳动密集型出口产品的需求之上。纵观俄罗斯近20年的发展，我们看到要保证国民经济健康有序发展，必须要有效协调内需和外需的关系，必须坚持经济的发展以内需为基础，外需为经济发展的动力引擎，使二者之间形成良性互动。日本在经历了十几年的经济萧条后，已经认识到传统货物贸易不能改变经济衰退，而应转变贸易结构，推动服务贸易成长，促进货物贸易与服务贸易协调发展。纵观巴西经济发展过程，应看到大国的经济增长及结构的调整首先应考虑国内市场的开发和利用，以及居民的需求层次和需求结构；同时还要秉承开放的心态，促进出口贸易的发展，以外贸带动扩大内需，以内需为基础，兼顾稳定外需，而不能顾此失彼。

第五，从内外需互动关系的角度来看，外需市场可以发挥产业联动效应，带动内需市场的成长。从国际经验看，外需的良性拓展对一国产业结构优化和经济增长方式的转变会起到积极的带动作用。当然，外需过度或结构不合理也会制约内需的增长。外需的技术外溢效应和消费上的示范效应，可以引导内需的扩张，从而引导生产的扩张，引发生产方式的转变，最终实现经济运行过程中内外需良性循环地发展。

四 新时期我国实现内外需协调发展的政策着力点

实现内外需良性互动，保证我国顺利克服世界经济危机带来的发展困难，并为今后经济的持续稳定发展奠定良好基础及建立保障机制，需要牢牢把握扩大内需和稳定外需的政策着力点及基本原则，以及实现内外需良性互动发展的经济条件。

首先，在扩大内需时要坚持两个基本原则。一是内需的努力扩大与合理预期相结合的原则。长期以来，国内消费对经济增长的拉动作用要远远落后于投资和出口，适时提高其对经济增长的贡献是必要的。同时在危机环境下，努力扩大内需也是我国经济保持稳定增长的重要手段。不过需要注意的是，扩大内需的措施要适应我国现阶段的国情，对内需的开发潜力要有客观准确的判断，避免抱有不切实际的预期。超过实际预期的内需刺激方式不可取，尽管这种刺激方式能够推动当期消费的增长，但却以牺牲未来经济增长潜力为代价。此外，实证研究还表明，内需刺激会对当期出口造成负面影响。客观看待当下我国经济发展阶段，扩大国内需求要适度合理。

二是有效供给与有效需求相结合的原则。经济均衡增长要求总供给和总需求的均衡发展，危机环境下，国家既要扩大内需，特别是有效需求，又要重视调整供给结构，尤其是要创造有效供给。内需扩大政策只有与供给政策相配合才能实现预期效果，其政策效应含义是：一方面消化过剩产能形成的产出；另一方面促进新兴产业和战略产业的发展，推动产业结构升级。忽视有效供给会导致产能进一步过剩，阻碍产业结构升级，进而影响经济长期稳定发展的动力。

发达国家经济发展的成功经验表明，出口导向型经济的迅速发展均伴随着供给侧政策，引导产业结构的优化升级和引导扶持战略产业。而发展中国家，特别是印度的软件产业和服务外包业的发达，同样是有效供给促进外向型经济迅速发展的成功例证。因此，对有效供给的重视要从产业政策层面提升到实现内外需良性互动，保证开放型经济顺利实施的战略高度上。实施扩大内需政策要与调整供给结构，确立战略性产业，创造有效供给的政策协调配合，使国民经济保持长期健康稳定发展的动力。

其次，在稳定外需方面也应贯彻两个基本原则。一是外需的努力稳定与积极拓展相结合原则。长期以来，出口一直是拉动我国经济增长的强劲动力，但30多年的变化轨迹也表明，出口增速变动非常剧烈，给经济发展的稳定性和安全性带来很大隐忧。保持经济稳定增长，首要的是保持国外市场份额的相对稳定，至少在传统优势产品市场中不丧失主导地位。但危机环境下各国贸易保护主义的兴起，使这一努力难度加大。因此，创新开放模式，积极拓展新兴出口市场，开辟新兴服务贸易领域就显得尤为重要。世界经济危机复苏也是国际贸易市场重新布局洗牌的过程，只有保证实行外需稳定与拓展相结合的原则，实施互利共赢开放战略，我国的外贸形势才能出现根本性好转，并保持良好的发展势头。

二是积极推进"走出去"及自由贸易区战略，与加快国内产业结构升级相结合的原则。随着世界经济一体化的发展，外需的内涵和外延也随之变化，同时我国的资本积累已经相对丰富，资本输出有可能也有条件成为稳定拓展外需、促进经济增长的主要动力之一。实施"走出去"战略，一方面能够通过对外投资开发，获取稳定的海外资源；另一方面，又可以突破国外各种贸易壁垒，巩固并扩大出口市场份额，起到稳定拓展外需的作用。此外，通过并购国外优质资产，获得急需的资源、技术和管理要素，对有效供给的形成也具有积极的作用；同时借助"走出去"战略，将制造业过剩的生产能力转移出去，还有利于我国经济结构调整，并促使优势资源向新兴战略产业，特别是生产性服务业、服务外包产业集中，加速现代服务经济和服务贸易的发展。

最后，实现内外需协调发展应结合我国现实国情，扬长避短。从资源禀赋来看，国内经济欠发达地区，特别是中西部地区适宜发挥生产劳动密集型产品的比较优势。而经济较发达地区，特别是东部沿海地区则要适时推进产业结构升级，大力发展低碳经济、新能源和服务贸易，以形成新兴战略产业竞争优势并率先实现经济增长方式转变。从中国"人口红利"来看，要实现数量型向质量型人口红利跨越，加快传统产业竞争优势向高端服务业、研发产业和知识创新工程等新的有效供给形式转变。从汇率角度看，要依靠汇率水平的适时变动和形成机制改革，通过替代效应和收入效应促进内需和外需的协调发展。从技术进步角度看，要重视先进智力型人才引进和技术的吸收及自主创新，提高国内有效供给能力，填补国内对高技术和高品质产品的供需缺口，最终扩大包括内需和外需在内的总需求。

五　我国实现内外需协调发展的战略举措

研究表明，改革是实现内外需协调发展最大的"红利"，正是通过改革我国现阶段收入分配、消费、生产性服务业、服务贸易和城镇化等制度因素，方能够在构建内外需互动关系机理中发挥各自重要的作用。针对这些关键领域的重要因素，通过改革可得出解决我国扩大内需与稳定外需的协调发展战略的政策路径与制度安排。如在收入分配方面应减税让利，调节政府、企业、居民的分配关系，释放庞大的国内需求；减少行业管制，进一步释放市场经济的自由度，促进内外需增加；深化金融及利率市场化改革等。在消费方面应培育新消费热点，完善社会保障体制，发展消费信贷，调整消费结构等。在生产性服务业方面应通过市场竞争提高本土生产性服务业效率，促进本土制造的内需规模扩张；通过服务和生产分离，提高内需供给的专业化水平，促进本土制造的内需层次提升；提高本土生产性服务业的国际化服务水平，促进本土制造的外需扩张；将包括生产性服务在内的服务外包作为未来中国外向型产业发展的重点等。在服务贸易发展方面应打破行业垄断，开放服务市场，增强服务贸易国际竞争力，以服务质量提高促进内外需拓展；将适度保护与引入竞争作为服务业发展方针，加大服务贸易发展扶持力度，以行业繁荣发展带动内外需扩张；优化服务产业组织结构，培育国际服务贸易企业集团，以产业竞争力提升促进内外需稳定；完善服务贸易管理体系，以完善管理体制促进内外需协调发展。在城镇化方面应推动土地制度改革，完善土地使用权流转制度和征地补偿制度改革；实现户籍制度改革，尽快制定适应社会主义市场经济体制的户籍管理办法，积极稳妥地推进户籍制度改革；另外还要推进就业制度和社会保障制度的改革创新等。

实践证明，内外需并重的原则是实现中国经济可持续发展的内在要求，在中国经济步入战略转型的重要时期，我们需要站在新阶段全球化战略的高度，从理论上深刻认识实施"合理扩大内需，稳步拓展外需"这一发展战略方针的科学性和必要性，并准确把握国内和国际瞬息万变的形势，努力探索和完善实现内外需良性互动的机制，保证我国经济发展能科学应对国内外经济压力，实现战略转型，为今后经济的可持续发展奠定坚实基础。

综上所述，我国内外需协调发展的战略目标是：在今后相当长一段时期内，应坚持内外需并重的开放型经济发展方针，将努力扩大内需与积极争取外需相结合。在扩大内需中，应以扩大增加有效供给的投资需求为先导，合理扩大消费需求，特别是居民消费需求；在积极拓展外需中，应采取有效的经济政策，实施企业"走出去"战略和自由贸易区战略，促进货物贸易出口和服务贸易出口的持续增长。作为一个经济大国，中国的长期稳定发展必须立足于自身力量，充分依靠国内有效供给的不断增加，长期过分依赖传统外需的经济增长路径不可持续；同时扩大国内需求也要适度合理，超过实际预期的内需刺激方式不可取，尽管这种刺激方式能够推动当期消费的增长，但却以牺牲未来经济增长潜力为代价。此外，实证研究还表明，内需刺激会对当期出口造成负面影响。世界经济一体化的趋势为我国经济发展提供巨大的资源和国内外市场，中国经济的发展不可能游离于国际市场之外，我国新时期"走出去"发展战略和世界服务经济发展趋势都预示着外需仍有巨大挖掘潜力；然而外需的变动也十分剧烈，要保持外需对我国经济发展的长期促进作用，我国必须在稳定已有国际市场份额的同时，积极发展新兴战略性产业，不断地去拓展新兴国际货物与服务贸易市场，实施互利共赢开放战略，并不失时机地稳步推进人民币国际化进程，加快服务贸易与货物贸易的协调发展。

于立新

2013 年 5 月 28 日于北京

目　录

第一章　关于内外需互动关系的理论观点评述 ………………………… 001
　一　内外需关系的基本含义 …………………………………………… 001
　二　我国内外需之间相互地位的理论观点评述 ……………………… 002
　三　我国内外需协调互动关系的理论观点评述 ……………………… 006

第二章　我国内外需特征、作用及互动关系分析 …………………… 011
　一　我国内外需发展的总体特征 ……………………………………… 011
　二　我国内外需发展的阶段性特征及作用 …………………………… 014
　三　我国内外需互动关系的基本表现形态和作用 …………………… 023
　四　我国内外需互动关系的实证研究 ………………………………… 024

第三章　我国内外需互动均衡点分析 ………………………………… 029
　一　问题的提出 ………………………………………………………… 029
　二　我国经济内外需发展的结构性分析 ……………………………… 029
　三　我国经济内外需发展的理论均衡模型 …………………………… 033
　四　我国经济内外需均衡发展的政策路径 …………………………… 037

第四章　扩大内需与稳定外需互动关系的经济条件分析 …………… 039
　一　从资源禀赋视角看扩大内需与稳定外需的互动关系 …………… 040
　二　从就业压力视角看扩大内需与稳定外需的互动关系 …………… 047
　三　从居民消费水平视角看扩大内需与稳定外需的互动关系 ……… 050
　四　从汇率视角看扩大内需与稳定外需的互动关系 ………………… 055
　五　从技术进步视角看扩大内需与稳定外需的互动关系 …………… 057

六　从FDI视角看扩大内需与稳定外需的互动关系 ……………………… 061

七　从人民币国际化视角看扩大内需与稳定外需的互动关系 ………… 065

八　内外需互动关系的模型分析 …………………………………………… 067

九　结论：我国应实施内外需并重的战略路径 ………………………… 070

第五章　内外需互动关系发展的国际经验借鉴 …………………………… 077

一　德国、美国、日本内外需结构分析及其主要发展模式 …………… 077

二　德国、美国、日本发展模式比较及内外需变动规律总结 ………… 089

三　德国、美国、日本发展经验对我国正确处理内外需互动
关系的启示 …………………………………………………………… 094

四　印度、俄罗斯、巴西内外需互动关系实践经验 …………………… 100

五　印度、俄罗斯、巴西发展经验对我国正确处理内外需互动
关系的启示 …………………………………………………………… 114

第六章　服务业与服务贸易在内外需互动机制中发挥作用的
国际经验借鉴 ………………………………………………………… 123

一　美国、日本服务贸易发展对我国内外需互动的启示 ……………… 123

二　德国、印度两国服务业和服务贸易在内外需互动中的
作用及经验总结 ……………………………………………………… 144

第七章　收入分配对内外需互动的影响 …………………………………… 159

一　收入分配影响内外需的传导机理分析 ……………………………… 159

二　中国收入分配的现状 ………………………………………………… 163

三　目前收入分配在推动内外需互动方面存在的问题 ………………… 166

四　调整收入分配促进内外需的对策 …………………………………… 174

五　小结 …………………………………………………………………… 180

第八章　基本消费与新兴消费对内外需互动的影响 ……………………… 181

一　国际消费需求演变规律及发展现状 ………………………………… 181

二　国内消费水平发展现状与制约因素分析 …………………………… 183

| 三 消费结构调整对促进内外需互动的机理分析 | 188 |
| 四 加快消费结构升级促进内外需发展的原则思路 | 191 |

第九章 生产性服务业对内外需互动的影响 195
  一 中外生产性服务业发展概况 195
  二 生产性服务业对内外需互动的促进作用 199
  三 生产性服务业在推动中国内外需互促中存在的问题 206
  四 发展生产性服务业促进内外需互动的对策 211

第十章 服务贸易对内外需互动的影响 217
  一 国际服务贸易与内外需的相关理论梳理与评述 217
  二 我国服务贸易对内外需的影响状况分析 219
  三 我国服务贸易在促进内外需发展过程中存在的主要问题 225
  四 服务贸易的发展与内外需的良性互动机理 228
  五 服务贸易在促进内外需互动过程中的政策建议 232

第十一章 我国城镇化对内外需互动的影响 235
  一 问题的提出 235
  二 城镇化对内外需发展的促进作用 236
  三 城镇化是内外需互动的交汇点 241
  四 城镇化的内涵与制约内外需的制度瓶颈 243
  五 以城镇化促内外需发展的改革思路 246

主要参考文献 253

名词索引 257

后　记 259

Content

Chapter 1 Comment on Theories of Interaction Between Domestic and External Demand / 001

1. The Basic Meaning of the Relationship Between Domestic and External Demand / 001
2. Comment on Theories of the Mutual Status Between Domestic and External Demand in China / 002
3. Comment on Theories of the Coordinate Interaction Between Domestic and External Demand in China / 006

Chapter 2 Analysis on Characteristics, Function and Interaction Between Domestic and External Demand in China / 011

1. General Characteristics of Domestic and External Demand in China / 011
2. Stage Characteristics and Effect of Domestic and External Demand in China / 014
3. Representation Form and the Role of Domestic and External Demand Interactions in China / 023
4. An Empirical Study on Domestic and External Demand Interactions in China / 024

Chapter 3 The Equilibrium Analysis on Domestic and External Demand Interactions in China / 029

1. The Issues Proposed / 029

2. Structural Analysis on Domestic and External Demand Development in China / 029
3. Theoretical Equilibrium Model on Domestic and External Demand Development in China / 033
4. Path and Countermeasures of Domestic and External Demand Development in China / 037

Chapter 4 Analysis on Economic Conditions of Interaction Between Expanding Domestic Demand and Stabilizing External Demand / 039

1. From the Resource Endowments Perspective on Interaction Between Expanding Domestic Demand and Stabilizing External Demand / 040
2. From the Employment Pressure Perspective on Interaction Between Expanding Domestic Demand and Stabilizing External Demand / 047
3. From the Consuming Level Perspective on Interaction Between Expanding Domestic Demand and Stabilizing External Demand / 050
4. From the Exchange Rate Perspective on Interaction Between Expanding Domestic Demand and Stabilizing External Demand / 055
5. From the Technological Progress Perspective on Interaction Between Expanding Domestic Demand and Stabilizing External Demand / 057
6. From FDI Perspective on Interaction Between Expanding Domestic Demand and stabilizing External Demand / 061
7. From RMB Internationalization Perspective on Interaction Between Expanding Domestic Demand and Stabilizing External Demand / 065
8. Model Analysis on Domestic and External Demand Interactions / 067
9. Conclusion: China Should Implement the Strategic Path of Paying Equal Attention to Domestic and External Demand / 070

Chapter 5 International Experience for Reference on Domestic and External Demand Interactions / 077

1. Structural Analysis and Main Development Modes on Domestic and External Demand Development in Germany, USA, Japan / 077

2. Comparison on Development Modes and Summary on the Fluctuate
   Rules in Germany, USA, Japan / 089
3. Development Experience of Germany, USA, Japan as well as the
   Inspiration to China on Correct Handling of Domestic and
   External Demand Interactions / 094
4. Practical Experience of Domestic and External Demand Interactions in
   India, Russia, Brazil / 100
5. Development Experience of India, Russia, Brazil as well as the
   Inspiration to China on Correct Handling of Domestic and
   External Demand Interactions / 114

**Chapter 6 International Experience for Reference on the Role of
Services and Trade in Services on Domestic and
External Demand Interactions / 123**

1. Development of Trade in Services in USA and Japan as well as the
   Inspiration to China / 123
2. The Role of Services and Trade in Services in Germany and India on
   Domestic and External Demand Interactions / 144

**Chapter 7 Income Distribution and the Impact on Interaction Between
Domestic and External Demand / 159**

1. Analysis on Transmission Mechanism of Income Distribution Impact on
   Domestic and External Demand / 159
2. The Status Quo of China's Income Distribution / 163
3. Problems on Income Distribution in the Promotion of Domestic and
   External Demand Interactions / 166
4. Measures on Income Distribution in the Promotion of Domestic and
   External Demand Interactions / 174
5. Summary / 180

Content

Chapter 8 Impact of the Basic and Emerging Consumption on Domestic and External Demand Interactions / 181

1. The Evolution Rule and Development Status of the International Consumption Demand / 181
2. The Development Status and Constraints of the Level of Domestic Consumption in China / 183
3. Analysis on Consumption Structure Adjustment on the Promotion of Domestic and External Demand Interactions / 188
4. Principle and Ideas of Acceleration of Upgrading Consumption Structure in the Promotion of Domestic and External Demand Development / 191

Chapter 9 Impact of Producer Services on Domestic and External Demand Interactions / 195

1. Overview of Domestic and Abroad Producer Services / 195
2. Research on the Role of Producer Services in the Promotion of Domestic and External Demand Interactions / 199
3. Problems on Producer Services in the Promotion of Domestic and External Demand Interactions / 206
4. Countermeasures on Producer Services in the Promotion of Domestic and External Demand Interactions / 211

Chapter 10 Impact of Trade in Services on Domestic and External Demand Interactions / 217

1. Inspection and Comment on Theories of International Trade in Services and Domestic and External Demand / 217
2. Impact of Trade in Services on Domestic and External Demand in China / 219
3. Problems on Trade in Services in the Promotion of Domestic and External Demand Development / 225

4. The Benign Interaction Mechanism on Trade in Services and
   Domestic and External Demand　　　　　　　　　　　　/ 228
5. Policy Recommendations on Trade in Services in the Promotion of
   Domestic and External Demand Interactions　　　　　　/ 232

Chapter 11　Impact of Urbanization on Domestic and External Demand Interactions in China　　　　　　　　　　　　/ 235

1. The Issues Proposed　　　　　　　　　　　　　　　　/ 235
2. The Role of Urbanization in the Promotion of Domestic and External
   Demand Interactions　　　　　　　　　　　　　　　　/ 236
3. Urbanization is the Intersection of Domestic and External
   Demand Interactions　　　　　　　　　　　　　　　　/ 241
4. The Connotation of Urbanization and Constraints of Domestic and
   External Demand System　　　　　　　　　　　　　　/ 243
5. Reform Ideas on Urbanization in the Promotion of Domestic and
   External Demand Development　　　　　　　　　　　　/ 246

Main References　　　　　　　　　　　　　　　　　　/ 253

Index　　　　　　　　　　　　　　　　　　　　　　　/ 257

Postscript　　　　　　　　　　　　　　　　　　　　　/ 259

第一章
关于内外需互动关系的理论观点评述

西方经济学理论和传统国际贸易理论已经相对深入地研究了一国内外均衡的状态和实现条件,然而却未对内外需互动机制和经济条件给出令人满意的解释。在开放型的经济发展中,内外需之间是单向作用还是互动关系,它们在大国不同发展阶段的特征和作用如何,这些都亟待理论界重点关注和研究,同时也直接关系一国发展战略的制定。对于像我国这样一个正处于改革开放和经济高速增长时期的大国来说,弄清这些基本理论问题,更是当务之急。

内需与外需的含义是相对的,并处在动态变化之中,因此,内外需之间的地位此消彼长亦能表现出多种形态,其互动关系也因此更加复杂。

一 内外需关系的基本含义

内需与外需的内涵是两个相对的概念。在传统经济学理论中,内需是指一个封闭经济(没有对外贸易)中的社会总需求;而外需则是指一个开放型经济(有对外贸易)中出口的概念;内需与外需加起来就是一个开放型经济的社会总需求的概念。因此,两个概念的定义取决于经济体的经济活动区域范围及开放程度。目前世界经济发展的主体是国家,因此内外需主要是针对国家而言的。

内需与外需的外延是动态的概念。随着社会经济的发展、经济全球化的加快以及经济学研究的拓展深入,内外需概念也随之不断发展和演变。传统经济学理论认为一个开放型经济的社会总需求＝投资＋消费＋进口＋出口，内需就是指"投资＋消费＋进口"，具体而言包括货物需求与服务需求；而外需就是出口，具体而言包括货物出口和服务出口。

随着社会经济的发展，经济的全球化和国际化发展，以及经济学研究的深入和不断拓展，内外需概念也随之不断发展与演变。现代经济学理论则认为内需应包括生产要素的投资需求、货物需求和服务需求，这里面包含了对于外部生产要素、货物和服务的进口的需求，在对国外其他生产要素需求里面也包含了技术引进和对于外资的需求；而外需包括国外市场对于我国的生产要素需求、货物需求和服务需求，生产要素需求其中也包括技术出口和我国的对外投资。

二　我国内外需之间相互地位的理论观点评述

对于内需和外需的不同功能，到底是以发展内需为主还是以发展外需为主，实际上我国在改革开放初期就已经进行过这方面的理论探讨，并取得了一定成果。

改革开放初期我国学术界依据马克思的国际分工和国际价值理论提出，大力发展对外贸易和其他形式的对外经济关系，社会主义国家就能够以较少的劳动耗费获得较大的经济效果。但是，这绝不意味着社会主义经济增长的高速发展主要取决于国外市场和国际分工，而是说要在自力更生地建设一个独立自主的社会主义经济体系的前提下，对于对外经济关系包括对外贸易的地位和作用应当给予正确的评价。正像新中国成立初期毛泽东同志曾经指出的，以国内市场为主，国外市场为辅，但国外市场很重要，不容忽视，不能放松。

学术界在20世纪80年代中期还提出了国际经济大循环理论。这一观点提出了按照劳动密集型产业→基础工业和基础设施，资金密集型产业→附加价值高的重加工业→农业的发展顺序实施国际经济大循环发展战略。选择把农村劳动力转移纳入国际大循环，通过发展劳动密集型产品出口，一方面解决农村剩余劳动力的出路，另一方面在国际市场上换取外汇。外汇可以代表一定外部资源的供给，有了外汇就可以取得重工业发展所需要的资金和技术，从而通过国际市场的转换机制，沟通农业与重工业之间的循环关系，为

第一章
关于内外需互动关系的理论观点评述

矛盾的解决提供转化条件。国际大循环战略构想遵循要素禀赋论，反映出对外贸易的静态利益。该战略的要点是：①充分利用我国人力资源丰富的优势，在沿海地区大力发展劳动密集型产业，大搞来料加工和进料加工。②沿海加工业坚持两头在外、大进大出，就是把生产经营的两头（原材料和销售市场）放到国际市场上去，以解决沿海与内地在这两个方面的矛盾。③主张劳动密集型产业→基础工业和基础设施，资金密集型产业→附加价值高的重加工业→农业的发展顺序。

另外，在改革开放初期，我国学术界还对于对外贸易在国民经济发展中的地位以及借鉴比较利益理论发展我国的对外贸易等进行过广泛的探讨，这些探讨对于我国国民经济内需的发展，对外需的发展，以及内外需发展的互动作用等都有了一定的认识。

讨论内外需问题最热烈的两个时期是1997年亚洲金融危机和2008年美国金融危机蔓延以后，讨论中基本上形成了四种基本观点。

（一）偏重内需、轻视外需的观点

这种观点认为我国属于经济大国，我国国民经济的发展应该以内需为主，而不应该以外需为主，经济大国对外依存度不应该太高；持这种观点的学者从理论上质疑出口导向型发展战略，并以美国为例提出了一种大国经济发展应该以内需发展为主、对外贸易依存度不宜过高的理论。出口导向型经济发展战略，或者说实行以外需为主的经济发展战略不适用发展中经济大国。作为一个发展中大国，中国拥有广阔的国内市场，这就决定了中国经济发展的基本模式是内需型的。出口不是主要的推动力，经济增长更多是来自国内的投资和消费等内需。所谓的中国经济出口导向型增长奇迹只不过是一种神话，作为一个发展中大国，中国要在全球崛起，从长期看还是要走以内需为主的发展道路。

国内还有的学者从经济大国外贸依存度不宜太高的角度认为，宏观调控的着眼点必须更多地放在扩大内需上，并要有一个适当的外贸依存度。在人口众多、内需为主的大国，外贸依存度一般不会太高。为适应中国这样一个人口众多、国内市场潜力巨大的发展中大国的特点，实现以内需为主的长期方针，减缓国际经济波动所给予中国经济的影响，有必要慎重考虑适当调整中国需求结构中的国内需求与国外需求比重，不可一味地追求过高的外贸依存度。

（二）偏重外需、轻视内需的观点

第二种观点认为，现阶段出口作为一种最终需求对我国宏观经济和产业发展有着不可替代的作用，在相当长的一段时期内仍是我国总需求的重要部分，保持出口稳定增长仍是我国城市化、工业化和现代化的必然选择。国内市场和需求可以为出口提供重要支撑和动力，一是庞大的国内市场可以发挥规模经济效应，降低生产和交易成本，增强产业竞争力，为出口提供坚实的产业基础；二是消费结构的升级可以拉动新兴产业的发展，带动出口产品结构的升级；三是国内研发和技术设备投资的增加，可以带动出口产品技术含量和附加值的提高，特别是推动高新技术产品出口；四是国内市场和产业技术优势还可以促进双向跨境投资，促进对外贸易的迅速发展；五是国内服务业的发展与升级，还可以有力推动产品开发设计、市场营销、物流供应链等产业链高端环节的加快升级，从而提高产业和企业核心竞争力，促进国际化品牌和知名跨国公司的培育。另外，外需对内需也有着同样巨大的拉动作用，一是作为一种最终需求，对国内即期投资与消费需求有很大的带动作用；二是对发展中国家拉动内需和消费结构升级有特殊效应，通常发展中国家新兴和高端产业发展都会遭遇本地需求不足的严重制约，高成本、高价格瓶颈制约的打破需要充分利用国际市场，我国信息通信技术和消费类电子产业就是在庞大外需的支撑下迅速实现了规模经济和产业集聚，大幅降低了成本和价格，激活了国内居民的消费需求，我国也因此迅速跃居世界互联网用户和电话用户的首位；三是我国成为世界工厂，在规模经济、竞争效应、消费引导等综合性外溢效用的作用下，我国城乡消费品市场得以迅速成长；四是外贸通过上下游产业产生乘数效应，拉动国内第一、第二、第三产业需求的扩大和升级。

（三）内外需地位同等重要的观点

第三种观点认为，内外需在国民经济发展中的地位同等重要，两手都得硬。持这种观点的理论依据是要素禀赋结构决定了内外需并重。这种观点认为中国的要素禀赋结构决定我们必须要有非常重要的外需支撑,中国虽然人口众多,提供了庞大的国内市场,但中国的市场要素禀赋结构非常不完备,需要进口大量的自然资源、资源性资源,像石油、矿产品等。现在所说的自由贸易,其实并不完全是自由贸易,资本、技术这些要素可以流动,但是劳动力却不能流动,中国庞大的劳动力需要搭载在商品上,进入世界市场,这就是为什么我们需要世界市场。从要素禀赋的结构来讲,中国没有外需不可能实现现代化。从现代化建设的基本路径来看,我们只有通过大量的投资形成庞大的生产加工能力,才能促进我们的现代化。

(四) 内外需地位相机变化观点

第四种观点认为,内外需地位并重,不过在经济的不同发展阶段,其重要性和相对地位有所差异,应保持协调发展关系。一般来说,外贸对于小国的作用大于大国,在经济起飞阶段的作用大于成熟阶段,对于发展中国家的作用大于发达国家。同时,内需与外需是互相密切影响的两个方面。一方面,扩大内需可以相应增加进口,维系国际贸易和国际收支的相对平衡,从而为稳定出口奠定基础;内需的扩大也会增强外需优势,因为内需增加会加剧国内市场竞争,从而相应提升这些产业的国际竞争力。另一方面,通过稳定外需可以稳定国内就业和劳动者收入,为扩大内需尤其是最终消费,增强货币支付能力,同时也增加投资机会。

此外,国际著名经济学者萨缪尔森和蒙代尔(2009)从中国的经济增长方式的角度论述了中国经济增长方式与拉动内需的关系,指出中美双方都有必要对目前各自的经济结构和经济增长方式做出调整,中国应该改变经济增长模式,从单一的出口导向型经济向更强调消费的内需拉动型经济转变。中国的实际GDP迟早会超过日本,成为仅次于美国的世界第二经济大国。这在很大程度上应归功于中国的出口导向型经济增长模式。但过于依赖出口的出口带动型增长有其极限,不可能无限期地被外国贸易伙伴接受,很容易触发贸易冲突。

综合以上国内外学术界的四种观点,第一种观点认识到内需的重要性,但过分轻视外需,同时对外贸依存度的理解存在偏差;第二种观点虽然认识到了外需的重要性,但对内需的作用认识不足,同时对国际比较的借鉴过于偏颇，忽视了不同国家的特殊性；第三种观点则比较忽略或者说不同程度地抹杀了内外需作用的差异，以及内外需地位在开放型经济发展与经济全球化背景下的动态变化；第四种观点则坚持了辩证唯物主义动态历史观的观点，全面系统地准确把握了内外需地位的变化，以及内外需在不同发展阶段中的作用，因而更为合理科学。

三 我国内外需协调互动关系的理论观点评述

长期以来，我国对内外需协调互动关系的研究主要集中在不同时期的当期政策选择层面，直到最近几年，理论性的分析才开始丰富起来。

（一）内外需互动关系实质是国内经济与对外经济的协调

认清内外需互动关系的实质是正确认识和处理内外需关系的前提。王秀芳（2007）研究了经济运行中的内外需关系，认为内外需关系的协调，必须建立在国内经济运行与对外经济运行的关系、内部均衡与外部均衡的关系以及进出口关系等三个理论层次之上。

杨运杰（2007）指出，内需与外需关系表面上看属于需求结构问题，实质上却是国内经济运行和对外经济运行的关系，这主要是由总需求在经济运行中的地位和外需的衍生功能两个层次的关系所致。内需与外需关系的失调，表现为两种形态：一是相对于日益增长的外需来说，内需增长比较缓慢；二是相对于快速增长的内需来说，外需增长明显不足。"国内需求高涨，而进出口增长却偏低"的内外需失衡状态是不必修正的失衡，人们最担心的往往是"外需增长迅速，而内需却明显不足"的失衡，这种失衡在经济运行中表现为对外经济运行规模不断增大，产销两旺，国内经济运行明显需求不足，国内企业则千方百计地将产品销往国外。这种失衡的结果必然会进一步加剧国内投资与消费的矛盾，推动国内投资率攀升，消费率走低，继而推动国内产能过剩的出现，迫使国内经济运行进行调整。

（二）内外需互动关系集中表现为内外经济变量的相互影响

认清内外需互动关系的表现是正确认识和处理内外需关系的着眼点。一一般认为，内外需的互动关系集中体现在内外经济变量的相互影响上，国内经济变量包括国内市场规模、国内消费水平和结构、国内产业情况（如结构、研发、技术优势等）；国外经济变量则主要体现为出口需求，现在也包括资本需求。王子先（2008）在《正确认识和处理当前内需与外需的关系》一文中认为在经济全球化时代，内需与外需相互依存、相互补充国内市场和需求，可以为出口提供重要支撑和动力。一方面国内市场需求及生产可以为出口提供重要物质基础支持，表现在：第一，国内市场的规模经济效应为出口提供坚实的产业基础；第二，国内消费结构的升级带动出口产品结构升级；第三，国内研发可以提高出口产品的科技含量和附加值；第四，国内市场和产业技术优势可以促进双向跨境投资；第五，国内服务业的发展升级可以促进国际化品牌和知名跨国公司的培育。另一方面，外需对内需也有着巨大的拉动作用，表现在：第一，出口能够拉动国内即期消费；第二，外需能够推动国内消费结构升级；第三，外需能够促进城乡市场的培育；第四，出口能够拉动国内即期投资；第五，外贸能够拉动国内产业升级。

（三）推动内外需互动关系的变化需要通过多种途径实现

内外需、内外经济变量之间会通过什么途径来实现是正确认识和处理内外需互动关系的关键，然而这方面的研究仍不够深入。方晋（2006）从我国投资需求过度扩张的角度论证了我国外需与内需的关系，认为只有在充分就业和产能达到瓶颈时，外需的增加才有可能挤占内需。在我们国家还远未达到充分就业以及存在产能过剩的情况下，出口的增长不会挤占内需。近年来出现的资源和能源产品供应紧张，主要是投资需求增长过快和不合理的资源产品定价政策造成的，与出口增长的关系不大。

（四）良性的内外需互动关系需要一定的实现过程

一般而言，政府相关政策措施出台后，其效果的充分显现会面临时滞效应，因此旨在实现内外需良性互动的政策措施也需要一定时间来发挥作用。同时考虑到内外需主体的策略性行为会导致"时间不一致性"问题，因此，在推行相关政策措施时，政府需要有耐心。换句话说，良性的内外需互动关系的建立要经历一个过程，这个过程有可能比较长。克鲁格曼（2009）从中国的贸易结构的角度分析了中国贸易结构与扩大内需之间的关系，认为中国有关增加内需的经济政策是正确的，但实际发生效果可能还需两至三年时间。对于中国的贸易结构，克鲁格曼指出："一个出口导向型的制造业部门，在中国沿海地区的部门，即使国内的需求攀升，它们还是无法帮助解决困境。"①

（五）危机环境下处理内外需关系的基本原则是有机结合

经济危机的影响是全方位的，经济复苏也将是一个系统工程，因此正确处理危机环境下内外需互动关系的基本原则就是实现内外需发展的有机结合。傅自应（2009）从投资需求和消费需求与扩大内需的关系的角度论述了我国实现扩大内需与稳定外需的有机结合。他指出投资和消费是国内需求的两大构成部分，它们之间的比例是否合理直接关系到经济增长的质量和效益。多年来，我国经济增长过度依赖投资和出口拉动，投资需求一直处在高位，目前继续扩大投资不仅空间有限，而且边际效益会出现递减。因此，从长远看，当前扩大内需应着重在扩大消费需求上下功夫，增强消费对经济增长的拉动作用。由于消费需求的决定因素是居民收入水平、消费习惯和消费倾向，这些因素具有相对稳定性，因此，可以有效缓解经济波动，为下一轮的经济增长提供动力。同时，消费通过生产和流通环节，可以引导投资的规模、结构和时机，是投资价值得以实现的有效通道。

周敏倩（2009）在《我国外需与内需对经济拉动的失衡探析》一文中从出口导向政策的角度对于我国外需与内需对经济拉动的失衡进行了剖析，指出外需与内需拉动失衡的主要原因在于出口导向政策数十年不变，国际产业转移推动我国外贸出口的发展以及传统经济增长模式的根本影响。该文针对外需与内需拉动失衡的现象与原因，提出以下矫正二者失衡的路径：摒弃传统的经济增长模式，加强自主创新，提升经济增长质量；实行稳步对外开放政策，增强外贸资源的合理配置，保证适度的外需拉动力；从分配源头入手，积极拉动居民消费需求；加强公共财政建设，推进公共消费水平提升。

---

① 新浪财经讯：2008 年诺贝尔经济学奖获得者克鲁格曼中国行上海站讲演，2008 年 5 月 12 日。

（六）危机环境下处理内外需关系的关键在于扩大内需

经济危机环境下，国外购买力的下降和国际贸易保护主义倾向的加剧会导致外需波动比较剧烈，可控性大大减弱，因此，渡过危机的根本就是要依靠内需的基础性作用。杨瑞龙（2007）认为，中国走出经济低谷的关键是刺激内需。内需包括国内的投资需求和消费需求，拉动经济不能仅在投资上考虑，还要在消费上想办法。杨瑞龙分析称很难在短期主要依靠出口拉动中国经济增长。他分析说，中国的主要贸易伙伴美国、欧洲和日本2009年的经济处于负增长，因此中国的出口由过去的成本约束转向需求约束，在这种转变过程中，中国传统刺激出口的一些措施效果就大不如前了，原因主要是市场蛋糕缩小了。

陈淮（2009）认为，我国扩大内需的政策有必要注意到三个重要背景。一是从发展阶段看，我国的生产领域已经脱出了"瓶颈"地位，需求已经成为经济发展的主要制约方面。二是从供求关系看，供给结构与需求结构的错位是导致供求失衡的重要原因，生产结构的调整与升级是促进内需扩大的关键因素之一。三是作为大国经济，一方面不断扩大内需才能使国民经济获得稳定的增长支持条件，另一方面在扩大内需过程中我们才能有进一步参与国际竞争、抵御国际市场风险和不断获取更大国际比较利益的雄厚基础和条件。因此，对我国扩大内需的研究也应立足于战略高度和中长期过程，重视对国民经济体系的全方位调整。

（七）危机环境下处理内外需关系的新思路是"走出去"战略

2008年经济危机与1997年经济危机相比，中国的经济形势发生了许多显著变化，比如资本更加充裕，因此，当前中国应对危机有了更多政策选择，特别是资本输出的"走出去"战略。周立群（2009）从扩展国际市场的角度研究分析了扩大内需与外需的关系，认为中国经济发展和经济增长在相当程度上依赖出口和国际市场。虽然金融危机给国际市场的开拓带来了很多的梗阻，但开拓国际市场依然是中国经济发展的一个很重要的方面。周立群强调，这些市场的开拓实际上是中国走向国际的一个很重要的方面，因此中国既要瞄准这些发达国家和发达经济体，同时又要开拓在新兴国家的新兴经济体的市场。此外,周立群还表示,开拓国际市场,在金融危机背景下还有一条出路,就是加快中国走出去的步伐,尤其是海外投资。"这是我们进一步拓展国际市场的一个很重要的方面,不能因为我们扩大内需,就放弃了国际资源、国际市场这个巨大的空间。"

综上所述,针对内外需互动关系问题,国内理论界已经开始探索构建起基本的理论框架,取得了一些阶段性的研究成果,然而总体上看仍存在三个不足:第一,相关基础性理论研究偏弱,政策建议性的分析较多,如我国不同发展阶段的内外需特征及其对经济发展的作用,我国内外需互动关系的实证分析等都尚处空白。第二,对于核心问题的研究领域,即内外需关系互动的实现途径等领域,仍缺少深入研究,像对全球其他国家的相似发展经验的借鉴,以及我国实现内外需良性互动的经济条件等分析还存在明显不足。第三,对扩大内需与稳定外需的战略措施的认识不够深入,扩大与稳定是两个基本手段,但执行原则如何?相关研究仍缺乏讨论。这些都是本研究力图解决的问题。

第二章
我国内外需特征、作用及互动关系分析

总体来看,改革开放30多年来,我国内外需呈现出共同增长,内需居于主体的基础地位,外需增长更为迅速;投资需求稳定,消费需求与出口需求此消彼长的结构特征。历史经验和实证研究都表明,我国内外需的共同发展保证了国民经济的长期稳定增长,并在一段时期内基本实现了内外需之间的良性互动。

一 我国内外需发展的总体特征

改革开放之前,我国经济发展主要是以内向型经济为主,内外需结构平衡问题还没有成为我国经济发展的主要问题。1978年以后,我国政府实施了一系列鼓励开放的政策,促进了我国对外贸易的飞速发展,并表现出许多不同于以前的新的经济发展特征。

(一) 我国内外需发展的总体结构特征

表2-1列出了1978~2010年我国的内外需总量及占比,以及内外需对总需求增长的贡献率。

从表2-1可以看出,在我国的总量需求中,国内需求占主导地位,33年来的平均比重为85.55%,外需比重为14.45%;在总需求增长贡献率中,国内需求的比重相对下降,为79.28%,外需比重20.72%。外需增长的平均速度明显高于内需增长速度,高出7.71个百分点。

图2-1进一步反映了消费需求、投资需求和出口需求的基本变化趋势。

中国扩大内需与稳定外需战略

表 2-1　1978~2010 年中国内外需结构

年份	最终需求（亿元）	总量（亿元）				比重（％）				增长贡献（％）	
		内需			外需	内需			外需		
		消费需求	投资需求	总内需	出口需求	总内需	出口需求			内需	外需
1978	3784.6	2239.1	1377.9	3617.0	167.6	59.16	36.41	95.57	4.43		
1979	4329.8	2633.7	1478.9	4112.6	217.2	60.83	34.16	94.98	5.02	89.76	10.24
1980	4878.6	3007.9	1599.7	4607.6	271.0	61.65	32.79	94.45	5.55	89.20	10.80
1981	5359.7	3361.5	1630.2	4991.7	368.0	62.72	30.42	93.13	6.87	75.96	24.04
1982	5913.0	3714.8	1784.2	5499.0	414.0	62.82	30.17	93.00	7.00	91.52	8.48
1983	6603.4	4126.4	2039.0	6165.4	438.0	62.49	30.88	93.37	6.63	96.71	3.29
1984	7942.4	4846.3	2515.1	7361.4	581.0	61.02	31.67	92.68	7.32	88.27	11.73
1985	10252.7	5986.3	3457.5	9443.8	808.9	58.39	33.72	92.11	7.89	89.38	10.62
1986	11845.7	6821.8	3941.9	10763.7	1082.0	57.59	33.28	90.87	9.13	80.46	19.54
1987	13734.6	7804.6	4462.0	12266.6	1468.0	56.82	32.49	89.31	10.69	76.58	23.42
1988	17296.7	9839.5	5700.2	15539.7	1757.0	56.89	32.96	89.84	10.16	92.30	7.70
1989	19452.9	11164.2	6332.7	17496.9	1956.0	57.39	32.55	89.94	10.06	90.87	9.13
1990	21823.3	12090.5	6747.0	18837.5	2985.8	55.40	30.92	86.32	13.68	47.87	52.13
1991	25787.0	14091.9	7868.0	21959.9	3827.1	54.65	30.51	85.16	14.84	77.15	22.85
1992	31965.9	17203.3	10086.3	27289.6	4676.3	53.82	31.55	85.37	14.63	86.46	13.54
1993	42902.4	21899.9	15717.7	37617.6	5284.8	51.05	36.64	87.68	12.32	95.39	4.61
1994	60005.1	29242.2	20341.1	49583.3	10421.8	48.73	33.90	82.63	17.37	60.89	39.11
1995	74670.1	36748.2	25470.1	62218.3	12451.8	49.21	34.11	83.32	16.68	86.73	13.27
1996	85280.8	43919.5	28784.9	72704.4	12576.4	51.50	33.75	85.25	14.75	98.98	1.02
1997	93269.3	48140.6	29968.0	78108.6	15160.7	51.61	32.13	83.75	16.25	65.08	34.92
1998	98126.0	51588.2	31314.2	82902.4	15223.6	52.57	31.91	84.49	15.51	98.77	1.23
1999	104748.2	55636.9	32951.5	88588.4	16159.8	53.11	31.46	84.57	15.43	85.94	14.06
2000	116993.2	61516.0	34842.8	96358.8	20634.4	52.58	29.78	82.36	17.64	59.67	40.33
2001	128727.7	66933.9	39769.4	106703.3	22024.4	52.00	30.89	82.89	17.11	88.53	11.47
2002	144329.4	71816.5	45565.0	117381.5	26947.9	49.76	31.57	81.33	18.67	66.10	33.90
2003	169936.4	77685.5	55963.0	133648.5	36287.9	45.71	32.93	78.65	21.35	59.56	40.44
2004	205824.3	87552.6	69168.4	156721.0	49103.3	42.54	33.61	76.14	23.86	60.94	39.06
2005	239556.2	99051.3	77856.8	176908.1	62648.1	41.35	32.50	73.85	26.15	56.87	43.13
2006	283183.2	112631.9	92954.1	205586.0	77597.2	39.77	32.82	72.60	27.40	64.28	35.72
2007	336016.9	131510.1	110943.2	242453.3	93563.6	39.14	33.02	72.16	27.84	69.31	30.69
2008	391066.8	152346.6	138325.3	290671.9	100394.9	38.96	35.37	74.33	25.67	88.75	11.25
2009	413313.0	166820.1	164463.2	331283.3	82029.7	40.36	39.79	80.15	19.85	147.97	-47.97
2010	485618.9	186905.3	191690.8	378596.1	107022.8	38.49	39.47	77.96	22.04	62.38	37.62
平均（％）	16.14	14.58	16.03	15.20	22.91	52.94	32.61	85.55	14.45	79.28	20.72

注：消费需求包括居民消费和政府消费。

资料来源：总量数据来源于《中国经济年鉴2012》；其他数据为作者计算。

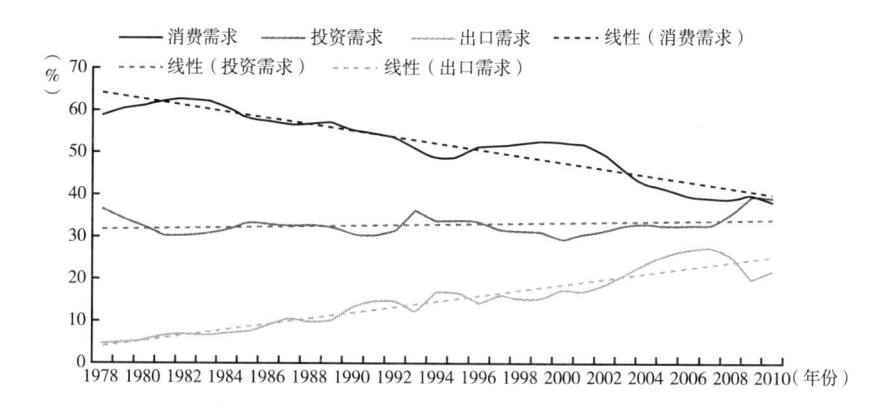

第二章
我国内外需特征、作用及互动关系分析

图 2-1　三类需求所占比重变化趋势

从图 2-1 中可以看出，改革开放 30 多年来，我国的投资需求占总需求的比重保持了相对平衡的态势，基本维持在 30%～40%；消费需求比重呈下降趋势，特别是进入 21 世纪以后，消费需求比重快速下降；出口需求比重呈现上升趋势，这一时期，投资需求比重加速上升。内需中的消费需求与外需表现出了"此消彼长"的特征。

从结构分析中可以看出，中国的内外需模式呈现出内外需并重的特点。无论是总量还是从贡献度上看，内需都是主体，这符合我国作为经济大国的实际。由于我国是一个发展中国家，面临巨大的增长压力，因此必须保持较快的增长速度。而在增长速度方面，外需的增长速度要明显高于内需增长速度。原因在于我国长期以来经济基础薄弱，居民总体收入水平不高，启动消费需求难度较大，而国外发达国家的成熟市场已经形成巨大消费能力。改革开放后，国际市场对我国的出口需求从小到大，逐渐成为助推我国经济增长的主要动力之一。

总体而言，我国 30 多年来的内外需整体结构特征是：内外需共同增长，内需作为经济发展的主体基础，外需增长更为迅速；投资需求稳定，消费需求与出口需求表现为此消彼长的特点。

（二）我国内外需发展催生了特定历史时期的新型产业形式

改革开放以后，我国经济发展中出现了两种内外需相结合的产业形式：一种是加工贸易出口产业，这种内外需结合的产业形式，既包含了我国国内投资、劳动力就业需求、对外部资本的需求和技术引进的需求，也包含了国际市场对于我国国内投资、人力资源和土地等生产要素的需求。这种内外需相结合的产业发展形式，经过30多年改革开放的发展，已经演变成为一个从传统制造业拓展到现代电子信息产业领域，且具有中国特色的庞大的加工制造产业，我国也因此被国际社会称为"世界工厂"。它对于带动国内产业结构升级，对于技术引进和劳动力就业，对于拉动国内GDP增长都起到了非常重要的作用。从发展角度看，加工贸易的转型升级对我国经济增长将起到"稳定器"的作用。

另一种内外需相结合的产业形式，是海外投资。我国的海外投资既包括加工制造业企业的海外投资，也包括资源型企业的海外投资。这两种内外需相结合形式的海外投资，既包含了国际市场对于我国资金、技术和人力资本的需求，也包含了我国国内经济发展对于外部资源的需求。我国从20世纪80年代中期就开始探索海外投资的发展，到目前为止我国的海外投资无论是传统工业加工制造业的海外投资，还是资源能源产业的海外投资都已经形成了一定的规模，已经成为稳定我国国民经济发展的一个重要产业。就发展趋势而言，海外投资规模的扩张，将会在我国下一轮经济增长中发挥"发动机"的作用。

二 我国内外需发展的阶段性特征及作用

改革开放以后，我国提出的经济发展战略的总体目标是实现现代化。中共十二大归纳为"三步走"的经济发展战略，为实现这一国民经济发展目标，我国制定实施了一系列分步走的发展战略和政策措施。这些战略和措施的主要目的是通过发展内需和外需实现GDP增长，从而完成我国经济发展战略目标。在处理内外需的互动发展过程中，应该说我国一直比较重视发挥内需与外需在GDP增长方面的作用，既重视内需发展对外需拓展的基础性作用，又重视外需拓展对内需发展的带动和促进作用。改革开放30多年来，我国的内需与外需就是在这种相互促进的过程中发展和演变的。

改革开放30多年来，我国内外需发展和演变大致可以划分为两个阶段：第一阶段为1981~1995年（"六五"时期至"八五"时期），第二阶段为1996~2009年（"九五"时期至"十一五"时期）。

第二章 我国内外需特征、作用及互动关系分析

第一阶段，我国的工业化发展基本上仍然属于工业化初期，在这一时期内需与外需同时发挥着对我国 GDP 增长和国民经济发展的促进作用。为实现现代化，第一阶段我国工业化的发展道路基本上是西方工业发达国家曾经走过的传统的发展道路，即发展轻纺工业—重化工业—服务业。第一阶段，我国发展内需的着眼点主要是经济转型，投资需求转向轻纺工业，提高人民的生活消费水平，引进国外先进技术提高国内生产力，这也是内需发展在这一历史阶段的作用；发展外需的着眼点主要是大力发展对外贸易出口，千方百计增加出口创汇，用以进口国内工业化发展所需要的先进技术设备和稀缺资源，这也是我国外需发展在国民经济发展中的作用。为发展工业化，在第一阶段我国发展内需主要是进行了产业间的比例结构调整和产业结构内和产品结构的调整。第一阶段我国发展外需主要目的是服务于国内产业结构和产品结构的调整和升级。应该说，这一阶段里，内外需虽然功能不同，但是在我国经济发展中起着同等重要的作用，都服务于我国国民经济和工业化发展的总体目标。从表 2-2 中可以看出我国内需与外需发展的基本形态与特征。

（一）"六五"时期至"八五"时期的内外需特征和作用

改革开放初期，也就是在"六五"时期，我国发展内需和外需主要根据马克思两大部类理论和马克思的国际分工理论对国民经济进行结构性调整，一方面，我国从国民经济发展的内需方面着手，对产业之间的结构进行调整，也就是对农轻重比例关系进行调整，从过去过度强调积累，优先发展重工业，转向提高轻纺工业投资的比例，大力发展农业和轻工业。把消费品工业的发展放到重要地位，进一步调整重工业的服务方向。在居民消费方面，在千方百计地增产增收的基础上，增加社会财富，增加农民和城市居民的收入，提高居民的消费水平。内需的发展推动了我国矿产产业、农副土特产品和轻纺工业的发展。同时，发展出口创汇，大规模引进工业发达国家的先进技术设备。这一阶段，我国 GDP 增长既有投资的拉动作用，也有居民消费的拉动作用，还有通过引进先进技术设备提高劳动生产率的拉动作用。"六五"时期至"八五"时期，我国内需发展的基本特征是：重点发展消费品工业，提高轻纺工业的投资，发展加工贸易，重点引进工业发达国家的先进技术设备和工业发展所需的原材料进口，到了"八五"后期，我国开始

重视基础设施和基础工业的投资发展，总体来说是总需求大于总供给。

另一方面，"六五"时期至"八五"时期，我国大力扩展对外贸易，发展外需。发展外需的理论来源既包括马克思的国际分工理论，同时借鉴吸收了西方古典贸易理论中的比较优势理论，并提出"两头在外，大进大出"发展外需的思想，以及一系列对外贸易发展的鼓励政策。为此，我国实行了一系列出口鼓励政策，如出口补贴、外汇留成等。根据我国的情况和国际市场的需要，"六五"到"八五"时期主要是增加出口矿产品和农副土特产品；发挥我国传统技艺精湛的优势，发展工艺美术品和传统的轻纺工业品的出口；发挥我国劳动力众多的优势，发展进料加工出口；发挥我国现有工业基础的作用，发展各种机电产品和多种有色金属、稀有金属加工产品的出口。这一时期，我国的外需主要是以一般贸易为主，加工贸易和外资企业出口为辅的外需发展模式。研究表明，"六五"时期我国是以能源原材料出口和轻纺产品出口为主，"七五"时期我国已经初步完成了从原材料初级产品出口向工业制成品出口的转变，到了"八五"时期，我国传统大宗商品的出口比重已经开始下降，机电产品、农产品和高新技术产品出口的比重开始增加，外资企业在我国出口贸易总额中的比重大幅度提升。

由于外需的发展，"六五"期间，进出口贸易总额合计达到2300亿美元，比"五五"时期翻了一番，我国创汇收入迅速增加。由于外汇收入的增加，外需发展带动了内需的发展，"六五"期间全国共引进国外技术一万多项，其中有一部分是20世纪70年代末80年代初具有当时国际先进水平的技术和关键设备，通过引进技术和中外合资、合作经营，使许多企业和行业的技术水平和管理水平有了显著提高，这既促进了我国产业结构和产品结构的调整，又提高了我国工业制成品的数量和质量，提高了我国出口产品的国际竞争力，也扩大了我国内需的进一步发展，为我国"七五"期间外需的发展奠定了基础。

"七五"期间，我国外需结构开始发生变化。"六五"期间我国外需结构的特征是：矿产资源产品出口占40%，轻纺产品出口占40%，农副产品出口占18%，其中出口产品的80%属于劳动密集型产品。到了"七五"期间，我国外需结构已经基本完成了从原料性初级产品出口向制成品出口的转变，由粗加工产品出口向精加工产品出口的转变，工业制成品出口已经占65%。进入"八五"时期，传统大宗商品出口的比重已开始降低，机电产品的出口开始大幅度增加。

在第一阶段,鉴于我国资源和资金的相对短缺,凭借我国人力资源丰富和劳动力成本低的优势,我国还出现了两种内需与外需相结合的产业形式:一种是加工贸易出口产业形式,在第一阶段,我国的加工贸易出口产业主要是承接20世纪80年代国际传统制造业中的加工环节,这种内外需相结合的加工贸易出口产业形式到了"八五"时期以后在我国已经发展成为一个庞大的产业,占到我国外贸出口比重的47.32%,它对于我国出口创汇、解决劳动力就业和引进先进技术起到了一定的积极作用;另一种内外需相结合的形式是海外投资,为满足国内工业化发展对于资源的需求,"七五"期间我国开始尝试海外投资,随着我国工业化发展进入重化工业发展的中期,我国工业化发展对于能源和工业原料的需求急剧扩大,我国资源型企业的海外投资也迅速发展,缓解了我国能源和资源短缺的状况。

表2-2是我国"六五"时期至"八五"时期内外需的基本形态与特征。

表2-2 我国"六五"时期至"八五"时期内外需的基本形态与特征

项目	"六五"时期 (1981~1985年)	"七五"时期 (1986~1990年)	"八五"时期 (1991~1995年)
总内需(平均)(%) 其中:	92.85	89.26	84.83
消费需求所占比重 (平均)(%)	61.49	56.82	51.49
投资需求所占比重 (平均)(%)	31.37	32.44	33.34
外需所占比重(平均) (%)	7.15	10.74	15.17
内需基本特征	1. 重点发展消费品工业,提高轻纺工业投资 2. 增加居民收入,提高消费水平 3. 加工贸易、非生产性投资过大 4. 总需求大于总供给 5. 提高新技术和关键设备进口的比重	1. 一般加工业投资偏大,基础工业、基础设施及技术改造投资比重低 2. 发展高新技术产业,开始重视科技投入 3. 重点引进机电设备占47.43%,轻工占11.85%,冶金占10.20%,交通占8.24% 4. 总需求大于总供给,特别是耐用消费品需求过大	1. 开始重视基础设施、基础工业投资 2. 固定资产投资和消费基金增长过快 3. 提高第三产业投资 4. 重点进口先进技术、关键设备和重要原材料

续表

项目	"六五"时期(1981~1985年)	"七五"时期(1986~1990年)	"八五"时期(1991~1995年)
外需基本特征	1. 出口以能源、资源产品和农副产品为主,资源类产品出口占40%,轻纺产品出口占40%,农副产品出口占18%,高新技术产品出口占2% 2. 建立经济特区,开放14个沿海城市 3. 技术出口0.45亿美元 4. 贸易总额居世界第17位	1. 初步完成了原材料初级产品出口向制成品出口的转变,工业制成品占65% 2. 开始减少资源性初级产品出口比重,增加机电产品和农产品出口 3. 高新技术产品出口占5% 4. 外资企业出口约占12.1% 5. 贸易总额居世界第15位	1. 降低传统大宗产品出口比重,增加机电产品、高新产品和农产品出口 2. 一般贸易出口占48% 3. 制成品出口占85.6% 4. 高新技术产品出口占6.8% 5. 外资企业出口约占31.5% 6. 贸易总额居世界第11位
内外需结合形态			
加工贸易出口	吸引外资,利用两个市场两种资源发展加工贸易出口,加工贸易出口占8.76%(平均)	承接国际加工制造业转移,大进大出发展加工贸易,加工贸易出口已占29.74%(平均)	加工贸易出口约占47.32%(平均)
海外投资(累计)	4.07亿美元	18.16亿美元	133亿美元

注：消费需求包括居民消费和政府消费。

资料来源：①总量数据来源于中国统计数据应用支持系统宏观全国年度数据库；②其他数据为计算得到；③《中国对外经济贸易统计年鉴》《中国商务年鉴》；④《政府工作报告》(1980~2009年)。

(二)"九五"至"十一五"期间内外需的特征和作用

在第二阶段,我国内需与外需进入新的发展阶段。"九五"到"十一五"期间,我国经济发展发生了巨大变化：第一,工业化发展已经进入了重化工业发展的中期；第二,国际电子信息产业的加工制造业大规模向我国转移；第三,我国遇到了两次国际金融危机对于我国外需发展的冲击；第四,我国加入了世界贸易组织,我国外需发展的空间进一步扩大,我国的内需市场也进一步向外部开放。这四个方面的变化对于我国内外需的发展都产生了很大影响。

这一阶段,我国明确提出扩大内需发展国民经济,我国发展内需的主要着眼点是：转变经济增长方式,对于国民经济进行结构性调整,减少"两高一资"行业的投资,加大对于制约我国工业化发展的基础设施和基础工业以及能源和资源的投入,实施西部大开发战略,加大对于我国西部地区经

第二章 我国内外需特征、作用及互动关系分析

济发展的投资力度,支持新能源领域和高新技术产业领域的投资,实施积极的财政政策和稳健的货币政策扩大内需,重点是提高居民消费需求,减轻国际金融危机对于我国经济的冲击,适度增加国内经济发展急需的先进技术设备和稀缺资源的进口,强调发挥投资、消费和出口这三驾马车对于经济增长的拉动作用,特别强调居民消费需求对于经济增长的拉动作用。这一阶段,我国发展外需的主要着眼点是:继续扩大和稳定出口,减少"两高一资"产品的出口,推动出口产业结构和产品结构的升级换代。表2-3是我国"九五"时期至"十一五"时期内外需的基本形态与特征。

表2-3 我国"九五"时期至"十一五"时期内外需的基本形态与特征

项目	"九五"时期 (1996~2000年)	"十五"时期 (2001~2005年)	"十一五"时期 (2006~2010年)
总内需(平均)(%) 其中:	84.08	78.58	72.84
消费需求所占比重 (平均)(%)	52.27	46.06	38.95
投资需求所占比重 (平均)(%)	31.81	32.52	33.89
外需所占比重(平均)(%)	15.92	21.48	27.16
内需基本特征	1. 扩大内需,缓解金融危机冲击,加强基础设施投资 2. 市场需求不旺,多数工业行业生产过剩,总供给大于总需求,实行投资、消费双拉动 3. 实施科教兴国和可持续发展战略,降低工业能耗和环境污染 4. 新增住房、教育和医疗三大居民消费 5. 增加机械设备、原材料、工业中间品进口与技术引进和产业结构升级结合 6. 国内市场供过于求的商品占80%,供求平衡占18%,供不应求占2% 7. 对国外技术依存度为50%,高新技术依存度为80%	1. 扩大培育内需,投资和消费双拉动,重点扩大消费需求 2. 发展新型工业化,缓解能源资源短缺与重化工业发展的矛盾,加快产业结构调整 3. 开始注重经济结构调整,加大基础设施和能源的投资 4. 房地产和非生产性投资过大 5. 加入世贸组织,进口大幅度增加。对关键技术设备、能源原材料和部分消费的需求不断增长 6. 30%的技术引进属于跨国公司内部转移	1. 发展信息工业化经济,强调消费需求拉动经济增长 2. 实施知识产权战略 3. 积极增加进口,重点是能源、重要原材料、先进技术设备和关键零部件进口,已成为世界第二大石油进口国 4. 仍然是行业产能过剩,供给大于需求 5. 外资技术引进占77.8%,其中跨国公司内部转移占45%

中国扩大内需与稳定外需战略

续表

项目	"九五"时期 (1996~2000年)	"十五"时期 (2001~2005年)	"十一五"时期 (2006~2010年)
外需基本特征	1. "珠三角""长三角"、环渤海地区承接国际电子信息产品加工业转移,发展电子信息产品加工出口 2. 扩大机电产品和高新产品出口,机电产品已占39%,高新产品增加到14.9% 3. 实施市场多元化战略,拓展非洲、东欧和独联体市场 4. 转变外贸增长方式 5. 外资企业出口约占47.9% 6. 贸易总额居世界第7位	1. 出口商品结构优化 2. 开始限制"两高一资"产品出口 3. 加入世贸组织后,出口猛增,机电、轻纺、农副产品出口迅速扩大,但遭遇国外贸易壁垒也开始增多 4. 高新技术产品出口比重日益提高,约占25% 5. 外资企业出口约占57% 6. 贸易总额居世界第3位	1. 优化出口产品结构,鼓励自主知识产权产品和自主品牌产品出口 2. 继续限制"两高一资"产品出口 3. 外资企业出口约占55.3% 4. 高新技术产品出口约占28% 5. 大力发展服务贸易,服务外包业务快速发展 6. 金融危机冲击,2008年开始出口大幅度下滑 7. 贸易总额居世界第3位
内外需结合形态			
加工贸易出口	1. 加工贸易出口约占55.86%(平均) 2. 加工贸易出口中外资约占47.9%	1. 加工贸易出口约占55.18%(平均) 2. 加工贸易出口中外资约占57% 3. 高新技术产品出口90%属于加工贸易	1. 推进加工贸易转型升级 2. 加工贸易出口约占51.37%(平均) 3. 加工贸易出口中外资约占55.3%
海外投资 (累计)	1. 有条件的企业海外投资增加 2. 累计海外投资金额103亿美元	1. 继续贯彻资源类企业和制造业企业"走出去"战略,保障国内对于能源和资源产品的需求,带动国内设备、零部件和劳务输出 2. 累计海外投资金额302亿美元	1. 累计海外投资金额1035亿美元 2. 国有企业是海外投资的主要力量,占69.6% 3. 服务业海外投资占60%以上

注:消费需求包括居民消费和政府消费。

资料来源:①总量数据来源于中国统计数据应用支持系统宏观全国年度数据库;②其他数据为计算得到;③《中国对外经济贸易统计年鉴》《中国商务年鉴》;④《政府工作报告》(1980~2010年)。

在这一阶段,鉴于两次国际金融危机对于我国出口发展的冲击影响,我国还开始明确提出了通过财政政策和货币政策扩大内需、刺激国内需求,以减缓金融危机对于我国经济的冲击力度。在内需发展方面:我国的投资需求开始发生转变,"六五"期间我国的投资需求主要是集中于轻纺工业和加工

第二章
我国内外需特征、作用及互动关系分析

制造业的投入,从"九五"时期开始随着重化工业进入发展中期,我国工业化发展对于重化工业原料和能源消费的需求激增,基础设施和基础工业方面的投资需求速度加快,科技和教育方面的投入进一步增加,对于新能源新材料等高新技术产业方面的投资力度加大。一方面,在消费品需求方面,居民的基本生活消费品需求增长不大,市场需求不旺,另一方面是大多数工业行业生产能力过剩,居民在教育、住房和医疗方面的消费需求大幅度增加,但是从总体上看,"九五"到"十一五"期间,我国居民相对的消费需求小于"六五"到"八五"期间居民的消费需求,显示出消费需求不足。"十五"期间,据统计我国消费品71.7%供过于求,生产资料27%供过于求,反映出我国供给结构中有效供给不足,也就是说,随着经济的发展,新的经济供给未能满足国民经济发展的需要。两次金融危机,从客观上推动了我国内需的发展,也加强了我国国民经济发展中内需与外需各自的重要性。

第二阶段,我国技术引进也发生了变化,技术引进主要是以外资为主,占我国技术进口总额的77.58%,其中跨国公司技术转移占45%,这一方面说明我国通过引进技术设备进行产业结构调整和产品结构调整的推动力在减弱;另一方面也说明我国在核心技术和关键零部件生产技术方面技术引进的进展不大。我国资源类进口需求,从"九五"到"十一五"期间大幅度激增,我国原油、铁矿石、氧化铝、铜精矿和氯化钾的进口依存度目前已经分别达到48%、56%、45%、70%和85%,这说明进入工业化发展的加速期以后,我国工业发展的能源和资源缺口越来越大,对于从国外进口的需求依赖也越来越大。

在外需发展方面,我国也发生了新的变化。我国开始实施科技兴贸战略,转变出口增长方式,通过科技进步调整出口产业结构和产品结构,提高了我国出口产品的国际市场竞争力;加入世界贸易组织后,我国出口国际市场的空间迅速打开,出口迅速扩大,到2012年我国已经是世界第一大进出口贸易国。

在第二阶段,我国内外需相结合的加工贸易出口产业也出现了新的发展变化,20世纪90年代中期以后,我国承接了国际电子信息产业中加工制造环节大规模的转移,这一转移既带动了国内电子信息产业加工出口的能力,又极大地缓解了我国国内的就业压力,这一时期我国加工贸易出口占我国进

中国扩大内需与稳定外需战略

出口贸易总额的比重一直在50%以上；另外，我国企业的海外投资在近几年得到了快速发展，从能源领域到矿产资源领域，再到加工制造业领域已经形成了一定的规模。

不论是从第一阶段，还是从第二阶段我国内需的发展来看，与发达国家比较，我国的投资率明显偏高，消费率明显偏低。发达国家的投资率和消费率的变动趋势与我国相比，呈反向变动。《世界银行发展报告（2003）》的数据显示，1978～2005年，全球的年均投资率为22.1%，投资率呈现下降趋势，从1978年的24.2%下降到2005年的21%。我国与主要发达国家相比：发达国家中的美国、日本、德国和英国的年均投资率分别为18.8%、27.4%、21.1%和17.6%；我国的年均投资率为38.9%，明显偏高。从消费率的比较上看，1978～2005年，全球的年均消费率为77.6%，且消费率呈现上升趋势，从1978年的75.6%上升到2005年的78.8%；发达国家中的美国、日本、德国和英国的年均消费率分别为83.9%、71%、78.5%和84.1%；我国的年均消费率为58.5%，与其他国家相比，明显偏低①。这说明未来我国内需发展的空间，具有很大的增长潜力。不论是第一阶段，还是第二阶段内需的发展，都是我国外需发展的坚实基础。

不论是第一阶段的外需发展，还是第二阶段的外需发展，我国外需的发展都是以国内经济发展为基础的，反过来外需的发展又为我国内需的发展和拉动GDP增长提供了条件，内需与外需在我国国民经济发展中同样拥有重要的作用，二者缺一不可。

综上所述，发展内需和外需的目的是实现GDP的增长，实现国民经济现代化，提高人民的生活水平。从30多年我国经济发展的历程看，应该说过去把注意力一直放在内需与外需的发展上，而对于国民经济有效供给方面的重视程度不够，这是对于经济发展认识的一种偏颇，我国国民经济发展希望内需与外需的发展能够形成一种良性的互动关系，但是这种良性互动关系应该建立在新的经济结构调整的基础上，而不是仅仅局限于发展内需与外需上。

---

① 王秀芳：《中国内需与外需关系协调分析》，中国财政经济出版社，2007，第98页。

三 我国内外需互动关系的基本表现形态和作用

总体来看,内外需在我国国民经济发展的 30 年里基本实现了良性互动,促进了我国国民经济从封闭走向开放,实现计划经济向市场经济过渡,从粗放型增长开始向集约型增长转变。

(一) 内需发展有效支撑了国内经济增长及开放战略的实施

改革开放之初,我国从国民经济发展的内需方面着手,对产业之间的结构进行调整,也就是对农轻重比例关系进行调整,从过去过度强调积累,优先发展重工业,转向提高轻纺工业投资的比例,大力发展农业和轻工业;把消费品工业的发展放到重要地位,进一步调整重工业的服务方向;在居民消费方面,在千方百计地增产增收的基础上,增加社会财富,增加农民和城市居民的收入,提高居民的消费水平。内需的发展推动了我国矿产业、农副土特产品和轻纺工业的发展。内需的发展为满足出口需求奠定了坚实的物质基础,促进了我国对外贸易的迅速发展,创造了大量赚取外汇的国内生产基础,为我国进一步大规模引进工业发达国家的先进技术设备创造了良好的条件。

(二) 外需发展有力支持了国内经济体制改革和经济增长方式的转变

外需发展通过多种途径促进了国内经济体制改革和经济增长方式的转变,进一步带动了内需的发展。比如外需的发展对国内产业结构的升级提出了新的技术升级要求,同时为技术交流创造了良好的条件和物质基础。"六五"期间我国刚刚进入经济转型时期,全国就引进国外技术一万多项,其中有相当一部分是 20 世纪 70 年代末 80 年代初具有国际先进水平的技术和关键设备,通过引进技术和中外合资、合作经营,使许多企业和行业的技术水平和管理水平有了显著提高,这既促进了我国产业结构和产品结构的调整,又提高了我国工业制成品的数量和质量,提高了我国出口产品的国际竞争力,也扩大了我国内需的进一步发展。2004 年 4 月 6 日我国发布了修订后的《对外贸易法》,基本上奠定了我国自改革开放以来,尤其是加入 WTO

之后整个外贸的运行体制，进出口管理制度等一系列市场经济、自由贸易制度基础。这其中，外需的发展对促进我国对外经济贸易及流通体制改革，加快国民经济增长方式的转变，都起到了巨大的推动作用。从发展的角度看，在21世纪中国要想实现贸易强国进而转向经济强国的战略目标，同样离不开外需的促进作用。

四 我国内外需互动关系的实证研究

根据内外需在国民经济发展中的地位及作用，我们进一步通过计量分析验证了我们的判断。我们的基本思路是考察内外需之间是否、如何以及在多大程度上相互影响。我们的基本假设是内外需之间存在相互影响关系，并在此基础上考察影响的力度。根据这一思路，我们假设内需消费需求受外需出口及代表内外部环境的汇率影响；外需受国内消费、国内投资和汇率的影响。

（一）理论模型设定

我们根据上述的分析，并结合相关文献进行实证建模。原商务部部长陈德铭（2009）认为，我国目前消费对经济增长的拉动作用较弱，扩大消费是下一步工作的关键；内外需应当保持协调发展的关系，在一定意义上，稳定外需就是稳定内需；在扩大内需方面要实现"以外促内"的策略。此外，王子先（2009）对内外需协调发展的关系和实现方式进行了比较全面的分析。本项研究对内外需并重的战略方针定位进行了实证考察，研究内外需在现实经济活动中能够形成怎样的运行机理，并在多大程度上相互影响，研究结论充分支持了目前我们的理论判断及政策取向设计。

根据上述的理论观点，我们重点考察外需变量对国内消费的影响以及内需变量对出口的影响，这里的国内消费是指国内最终消费品（含进口商品）价值的实现，在内贸上通常由社会商品零售总额来表示。由于内外需之间存在密切关系，单方程设定必然会产生内生性问题，因此我们选择联立方程组设定。

令 C_t 表示商品零售零售总额，E_t 表示出口总额，E_x 表示汇率，D_t 表示

第二章 我国内外需特征、作用及互动关系分析

社会最终消费，包括居民消费和政府消费，I_t 表示资本形成总额，En_t 表示恩格尔系数，F_t 表示外国直接投资（FDI）。由于很多经济行为不仅对内外需产生当期直接影响，还会存在滞后效应，即长期影响，因此，我们的模型中还要包括部分解释变量的滞后项。下标"$t-1$"和"$t-2$"即表示相应变量的滞后期。完备的计量方程设定表示为：

$$\begin{cases} C_t = \alpha_0 E_t + \alpha_1 E_{t-1} + \alpha_2 E_{t-2} + \alpha_3 Ex_t + \varepsilon_t \\ E_t = \beta_0 D_t + \beta_1 D_{t-1} + \beta_2 D_{t-2} + \beta_3 I_t + \beta_4 I_{t-1} + \beta_5 I_{t-2} \\ \qquad + \beta_6 En_t + \beta_7 Ex_t + \beta_8 F_t + u_t \end{cases} \quad (2-1)$$

需要注意的是，模型（2-1）的设定并不是最终选择的形式，因为不同解释变量滞后效应的发挥时限不同，因此，模型具体保留哪些变量要经过初步回归分析后才能确定，并形成最终的模型形式。同时为了使模型更加符合线性设定，C、E、D、I、F 都是以对数值形式进入模型的，这样其参数估计值就代表其对应因变量的弹性系数，从而具备明确的经济含义。

在模型估计方法的选择上，联立方程组有两类方法：单方程估计和系统估计。单方程估计虽然能够解决模型的内生性和随机误差项相关的问题，但是却没有充分利用联立方程组的结构信息，因此其估计的参数不具有有效性；联立估计则能弥补单方程估计的不足，为参数提供有效估计值。

表 2-4 给出了该模型所用 1978～2008 年 31 个样本点的基本统计信息。

表 2-4 基本统计量

统计量	居民最终消费（亿元）	最终需求（亿元）	出口（亿元）	投资（亿元）	FDI（亿元）	恩格尔系数（%）	第三产业产值（亿元）	汇率
最大值	108488.00	149113.00	99214.20	172828.00	6417.27	62.60	120487.00	8.62
最小值	1558.60	2239.10	167.60	634.39	0.00	39.40	872.48	1.50
平均值	27248.88	40225.80	19232.75	30626.42	2135.91	51.44	27379.86	5.59
中值	14270.40	21899.90	5284.80	13072.30	1585.41	54.35	11915.70	5.76

资料来源：1. 除汇率外，其余数据均来源于中国统计数据应用支持系统宏观全国年度数据库。
2. 汇率来自国家外汇管理局公布数据。

（二）计量估计结果

经过初步分析，内需消费方程中的出口 1 期滞后项并不显著；外需出口

方程中的所有消费滞后项和投资的 1 期滞后项不显著。将这些变量删除后形成的方程估计结果见表 2-5，估计方法为三步最小二乘估计（3SLS）。

表 2-5 模型 (2-1) 的参数估计

方程	变量	参数值	标准差
内需消费方程	当期出口	2.2271***	0.4931
	滞后 2 期出口	-0.9491*	0.5338
	汇率	-0.3321***	0.0728
	R^2	0.9969	
外需出口方程	当期最终消费	-1.4527***	0.3289
	当期投资	0.6411***	0.1484
	滞后 2 期投资	0.4554***	0.1460
	当期第三产业产值	1.2574***	0.3132
	恩格尔系数	0.0213**	0.0083
	FDI	-0.0728*	0.0401
	汇率	0.1209***	0.0307
	R^2	0.9999	

注：*** 表示参数在 1% 的显著性水平上显著；** 表示参数在 5% 的显著性水平上显著；* 表示参数在 10% 的显著性水平上显著。

从表 2-5 中可以看出，两个方程的整体拟合效果都非常好，同时解释变量都非常显著。这表明，内需和外需之间确实存在相互依存、相互影响的密切关系。

实证分析表明，从内需消费方程来看，当期出口额对当期消费有着相当大的促进作用，当期出口每增加 1 个百分点，当期消费就会增加 2.23 个百分点，但是其之前 2 期的出口却会抑制当期消费，之前 2 期出口每提高 1 个百分点，当期消费就会减少 0.95 个百分点。

这是由消费和储蓄的跨期替代问题决定的。一般来说，出口的增加会提高居民的收入水平，收入水平的提高会刺激消费；但在收入水平一定的前提下，消费和储蓄是此消彼长的关系，同时储蓄（通过转化为投资）又是未来收入和消费水平提高的来源，因此，当期出口在促进当期消费增加的同时，也在减少未来的消费。从实证结果来看，这种滞后效应的持续期在 2 期的时候最明显。总体来看，当其他条件不变时，出口增长拉动消费的累积效应是 1.28，即当期出口提高 1 个百分点，会拉动当期及滞后 2 期消费提高 1.28 个百分点。

从汇率上看，人民币升值会提高当期消费。人民币升值能提高我国居民的实际购买力，因此会增加对进口商品的需求；而人民币贬值则会降低我国居民的实际购买力，因此会减少对进口商品的需求。

实证分析还表明，从外需出口方程来看，当期最终消费（含居民消费和政府消费）对出口有反向作用，当期最终消费每增加 1 个百分点，当期出口会减少 1.45 个百分点。当期投资及滞后 2 期项对出口有明显的促进作用，当期投资增加 1 个百分点，会拉动当期及滞后 2 期的出口提高 1.1 个百分点。第三产业主要是服务业总产值每增加 1 个百分点，当期出口就会增加 1.26 个百分点。恩格尔系数代表了国内消费结构的升级，消费结构的升级反映了国内消费能力的提升，导致用于满足外需的出口减少。FDI 对出口需求有反向作用，不过这种作用很小，FDI 增加 1 个百分点，出口才减少 0.07 个百分点。这似乎和直观认识有出入，我们认为只有与 FDI 的投资领域（出口导向还是内销导向企业）的分析结合起来才能得出全面的结论，不过这并不影响本模型的整体研究结论。

从汇率上看，人民币升值会减少当期出口需求。人民币升值降低了我国出口产品的价格竞争力，因此会降低国外对我国产品的需求；而人民币贬值则能够提高我国产品的价格竞争力，因此会提高国外对我国产品的需求。

（三）实证研究结论

通过对计量分析结果的深入研究，我们可以得出以下关于内外需互动关系的三点主要结论。

首先，内外需之间确实存在显著的相互影响关系，而且这种关系总体表现为一种相互促进的良性互动关系。这就要求我们在处理内外需关系时，一定要综合把握，坚持内外需并重的原则。

其次，内外需之间的相互影响表现为两种形式：一是即期或短期影响，二是滞后或长期影响。这就要求我们在处理内外需关系时，一定要综合考虑两种形式影响，避免出现只考虑当期影响的片面性。

最后，从当期的影响程度上来看，第一，当期外需对当期内需消费有成倍的拉动作用，对应弹性达 2.23，即当期外需增长 1 个百分点，当期内需消费会增长 2.23 个百分点，这也间接验证了出口对增加国民收入的重要作用。第二，当期国内变量，包括最终消费、投资和第三产业或服务业产值，对当期外需有显著推动作用，其综合效应达 0.45，即当期消费内需综合变动 1 个百分点，当期出口会增加 0.45 个百分点。

从考虑滞后效应的综合影响程度来看，第一，当期出口的滞后效应对当期消费有反向作用，这就验证了外需变化波动的剧烈性，不过综合影响仍达到 1.28。第二，当期投资的滞后效应对当期外需仍有稳定而强劲的拉动作用，并使综合影响达到 0.91。这就要求我们在处理两者关系时，一定要把内需作为基础，同时不能放松外需，从而使内外需在长期内保持相互促进的良性互动关系。

同时，考虑到外需对内需消费的强劲拉动作用及最终内需对外需的当期反向作用，我们对内需的拉动作用也要坚持合理适度的原则，在当前经济形势下，也不能对内需的拉动作用做出不切实际的预期，从而破坏内外需之间在较长一段时期内的良性互动关系。

第三章
我国内外需互动均衡点分析

一 问题的提出

两次金融危机都显示出我国经济运行中内外需的不平衡发展,而且内外需不平衡发展问题一直制约着我国经济发展向新经济发展模式转换。

1997年亚洲金融危机爆发时,我国经济发展中的内外需发展不平衡问题已初步显露出来,那时国内也已经开始调整导致内外需失衡发展的策略。然而,随着我国加入WTO后的对外贸易的迅速扩张,我国经济发展进一步深入经济全球化进程,暂时淡化了我国内外需发展失衡的问题。2008年美国次贷危机以及欧盟一些国家主权债务危机蔓延,使我国内外需不平衡发展进一步凸显出来,也使我国下决心调整经济发展战略,把扩大内需作为我国应对国际金融危机和平衡内外需发展的一个重要的战略措施。

随着2008年美国次贷危机的蔓延,我国学术界和实业界也开始重新认真思考我国内外需发展失衡的问题。但是,大部分思考点和思路仍然局限于西方凯恩斯主义需求管理范畴,本章从社会经济供给结构与内外需关系的视角,对我国内外需发展失衡问题进行研究探讨,从中找出我国内外需发展不平衡的原因。

二 我国经济内外需发展的结构性分析

不同经济发展所面临的问题不同,理解问题和解决问题的视角也不同。

中国扩大内需与稳定外需战略

自从凯恩斯主义宏观经济学诞生以来,西方经济学研究开放经济条件下的宏观经济问题大多是着眼于需求管理分析一国经济的内部平衡与外部平衡的,研究模型基本上属于静态分析模型。而且在西方经济分析模型中,内部平衡与外部平衡的关系,基本上是一种替代关系,也就是一种此消彼长的关系,还有一些西方经济分析模型把汇率与政府支出作为影响内部平衡和外部平衡的主要因素,实施的货币政策与财政政策也是基于这种宏观经济分析模型的。但是这种分析模型,只适用于短期分析,而不适于分析长期的内外需平衡发展问题,特别是不适于分析发展中国家的内外需平衡发展问题。发展中国家内外需发展的失衡问题是经济发展过程中出现的供给方面的问题,是历史使然,而不是西方工业发达国家经济发展中所出现的汇率问题,或国内政府支出问题。因为发展中国家与工业发达国家所面临的经济发展问题不同,发展中国家的经济发展水平落后于工业发达国家,发展中国家发展经济面临多重任务,既要致力于工业化和城镇化的发展问题,又亟须把现代经济发展中的新经济增长要素融入发展中国家的经济发展之中,其核心是发展生产力以提高经济供给能力,增加经济供给,因而对于发展中国家而言,解决经济供给与内外需平衡发展的关系,比解决宏观经济中的内部平衡与外部平衡问题更为重要。

发展生产力以提高我国经济供给能力,增加经济供给,实现经济供给结构的转换或变革,从而完成工业化和城镇化发展,一直是我国改革开放以来经济发展的主题。改革开放以后,我国经济供给结构的转换或变革的历程分为两个时期:第一个时期是1979~2005年,这是我国改革开放以后第一次生产力提升时期,也是我国改革开放以后第一次提高经济供给能力,增加经济供给,实现经济供给的转换或变革的时期;第二个时期是从2006年初开始,这是我国改革开放以后第二次生产力提升时期,也是我国经济发展开始提出实现我国供给结构转换和变革的新经济发展时期。发展生产力,提升生产力水平,实际上也是提升我国第一、第二、第三产业的供给能力。提高供给能力、变革供给结构,是我国内外需发展的主要推动力,也直接影响着我国内外需发展的比例平衡。

我国第一次生产力提升时期,提升生产力的战略实施主要分为两个阶段。第一阶段是1979~1993年,这一时期我国经济供给结构的特点是:

第三章
我国内外需互动均衡点分析

经过新中国成立30年的经济建设，我国初步建立起部门齐全的工业发展体系。但是，与西方工业发达国家相比，我国第一、第二、第三产业供给发展落后，国内工业制造技术和设备供给均与国际先进水平有巨大差距，现代工业制造技术和设备供给存在巨大缺口。因而，在这一时期我国提升生产力、提高现代工业制造技术和设备供给能力的主要策略通过努力扩大出口提供外需，然后进口工业发达国家的先进制造技术和设备，以求对于国内落后的技术设备进行更新和改造，从而填补国内现代工业制造技术和设备供给缺口，实现我国工业制造业供给的转换或变革，最终满足国内经济发展需求。

这一阶段从供给结构看，我国提供的外需产品，既包括石油、五金矿产品等资源性产品（虽然我国属于自然资源匮乏的大国）出口，也包括出口初加工或粗加工劳动密集型产品（如轻工业产品、纺织品）的出口和加工贸易出口，换回工业制造业先进技术和设备，填补了国内现代工业制造技术和设备供给缺口；1994~2005年是我国第一次生产力提升的第二阶段，这一阶段的主要策略是想通过与工业发达国家的跨国公司合作，吸引跨国公司总部及在我国设立研发中心，希望通过让渡一定的国内市场来换取工业发达国家的先进技术，但实际上并没有获得来自外部的核心技术和关键部件的制造技术供给。

第一次提升生产力战略实施，新的制造业供给结构从旧工业体系脱胎而出，实现了我国经济供给结构的第一次转换和变革，极大提高了我国第二产业的供给能力，我国生产力水平和加工制造能力与改革开放前相比获得了巨大进步，同时也形成了巨大的劳动密集型制造产品出口和加工贸易产品出口的巨大出口产业，开拓出了巨大的外需市场。我国第二产业因劳动密集型制造业产品的供给能力和中低端高新技术产品供给能力的提高进入了世界制造业大国的前列，成为世界贸易大国，我国经济发展的产业供给的整体能力迅速扩大，使我国迈入世界新兴经济体或新兴市场经济大国行列。

第一次供给结构转换变革时期，我国的经济发展战略是努力获取世界先进制造业技术设备的供给，通过出口换汇购买引进或与外资合资合作实现这一目标。这一战略的实施，使我国制造业形成了巨大的第二产业供给能力。

然而到这一阶段后期，随着我国第二产业供给能力的不断扩大，我国经济发展也开始遇到了新的矛盾与问题。1997年亚洲金融危机爆发，国际市场萎缩，外贸出口增长速度大幅度回落，我国提供的外需相对过大。为应对亚洲金融危机，我国依据需求管理的措施提出扩大内需，一方面启动国内居民消费需求拉动经济增长，另一方面采取鼓励投资的政策扩大国内的投资需求。实践结果显示，通过启动国内居民需求拉动经济增长的效果并不显著，基本上是靠扩大国内投资需求暂时拉动了经济增长。

启动国内居民消费需求拉动经济增长的效果之所以不显著，主要是由于我国经济发展遇到的新的供给结构与我国需求结构的矛盾。第一，第二产业制造业的供给能力和供给规模与国内居民消费需求的能力不成比例。一方面是我国居民可支配收入在GDP增长的相对比重中逐年下降，居民消费需求在总需求中的比重也是逐年降低；另一方面是我国第二产业制造业的生产力水平，产业制造的供给能力逐年扩大。经过对改革开放以来我国总需求的分析，进一步证实了这种宏观经济结构的失衡所引起的我国内外需发展的失衡。改革开放以来，在我国宏观经济发展中这种居民可支配收入与一般制造业供给能力组合的比例失衡下，我国投资需求占总需求的比重保持了相对平衡的态势，基本维持在30%～40%，而消费需求比重呈逐年下降趋势，特别是进入21世纪以后，与投资需求相比消费需求比重快速下降；出口需求比重则呈现出逐年上升的趋势。内需中的消费需求与外需表现出了"此消彼长"的特征。在增长速度方面，外需增长速度要明显高于内需增长速度。究其原因在于我国长期以来经济基础薄弱，居民总体可支配收入水平不高，启动消费需求难度较大，而国外发达国家的成熟市场已经形成巨大消费能力。改革开放以后，国际市场对我国的出口需求逐渐增大。第二，我国三次产业链中的高端供给并没有大规模形成，所以尽管我国一直在扩大国内投资需求，但是大部分投资仍然局限于三次产业的中低端领域，进一步积累的仍然是以制造业为主的经济供给能力。随着国际经济形势的好转，当国际市场需求转旺时，这种制造业的供给能力还将进一步转向外需，向国际市场释放。

从2006年起，我国经济发展开始进入第二次生产力提升时期，也可以说是开始进入第二次供给结构变革时期。这一时期，大量新的经济增长和发展因素或要素开始逐渐进入我国经济发展之中。这一时期我国经济发展的供给结构特点是：第二产业制造业的供给能力强势，但是产业链高端的供给能力依然不足；第一产业的供给平稳，但产业现代化供给能力不高；第三产业的发展迅速，但是国际市场竞争力低。总体而言，国内经济总供给中三次产业高端供给缺口依然存在，而且实践证明这一缺口难以通过国际贸易予以填补，并且三次产业高端供给缺口已经成为我国内外需发展不平衡的重要原因之一。2006 年我国正式提出要建立和发展创新型国家，就是要解决我国经济总供给中三次产业高端供给缺口问题。这一变化，标志着我国经济发展即将进入一个新的经济发展时期，在这一新的经济发展时期，我国经济发展的供给结构必然将进行新的转换与变革，内外需的发展必然随之进行重大调整。

三　我国经济内外需发展的理论均衡模型

不论是内外需发展不平衡问题，还是平衡发展问题，都是由供给结构失衡或平衡所引起的。按照经济学理论解释达到宏观经济基本平衡的必要条件是：

$$社会经济总供给 = 社会经济总需求 \qquad (3-1)$$

也可以展开为：

$$国内经济供给 + 外部经济供给 = 国内经济需求 + 外部经济需求 \qquad (3-2)$$

展开后的公式表示的是一个开放型经济体，等式的左边"国内经济供给 + 外部经济供给"表达的意思是：一国的社会经济总供给包括国内经济供给和外部经济供给两个部分，该国的国内经济供给不足，有缺口，所以需要由外部供给予以补充；等式的右边"国内经济需求 + 外部经济需求"表达的意思是：一国的社会经济总需求包括国内经济需求和外部经济需求两个部分，国内经济需求包括居民消费需求、政府支出和投资需求，外部经济需求即出口需求。发展中国家发展经济主要是通过发展生产力，提高经济供给能力和增加经济供给，在一定阶段国内供给满足外需更多的是为了通过国际贸易获取外部供给以填补国内供给的缺口，从而实现经济供给的转换或变革，最终满足国内经济需求。

中国扩大内需与稳定外需战略

国内经济供给,即国内产业供给能力,它决定了内外需产品供给能力,包括内外需产品供给的数量与质量,同时还是居民收入与社会保障的基础;外部经济供给反映的是国内供给缺口,包括进口和外资在我国形成的供给能力。产业供给能力是由生产力的要素构成决定的。按照马克思的观点,生产力是指社会生产力或物质生产力,生产力的结构是由生产力要素构成的。生产力的要素主要包括:生产资料(劳动资料与劳动对象)、劳动者、科学技术。产业供给能力是发展中国家实现工业化和城镇化发展的基本条件,决定了工业化和城镇化发展的水平和质量,也是内外需发展的基础。社会生产力水平或产业供给能力,决定了内外需供给的能力和结构水平。无论是供给能力的扩大,还是供给结构的变化都会影响到内外需供给的状况。

改革开放以后我国第一次生产力水平提升时期供给结构与内外需发展的理论平衡:

$$社会经济总供给 = 社会经济总需求(理论平衡) \tag{3-3}$$

$$国内经济供给 + 外部经济供给 = 国内经济需求 + 外部经济需求(理论平衡) \tag{3-4}$$

$$国内消费需求供给 > 国内居民消费需求 > 国内居民可支配收入 \tag{3-5}$$

$$国内供给(外部市场需求部分) = 外部市场需求 \tag{3-6}$$

$$国内市场产业高端缺口 \neq 外部市场供给 \tag{3-7}$$

公式(3-3)和公式(3-4)代表供给结构与内外需发展的理论平衡;公式(3-5)反映的是改革开放以后我国第一次生产力水平提升时期消费需求的供给实际上大于国内居民消费需求;公式(3-6)表示在改革开放以后我国第一次生产力水平提升时期我国的外贸出口与国际市场的需求基本上是一致的;公式(3-7)表示在改革开放以后我国第一次生产力水平提升时期国内市场产业高端缺口没有通过国际贸易予以填补。

改革开放初期,我国经济发展面临的最突出的问题是工业制造业水平与工业发达国家差距太大,一般制造业供给不足,现代工业制造业先进技术与设备供给能力存在巨大缺口,亟须解决的问题是填补这一供给缺口。改革开放我国发展经济的重点首先是发展生产力,提高我国产业的供给能力和转换供给结构,主要做法是优先发展外需,通过出口创汇进口工业发达国家工业

第三章
我国内外需互动均衡点分析

制造业的先进技术与设备，填补国内供给不足，满足国内社会经济发展需求。

鉴于我国当时的生产力结构（生产资料、劳动力和科学技术水平），我国通过引进购买和跟踪模仿提升生产力水平的方式，解决了一般制造业和高新技术产业劳动密集型产品的制造加工能力，产业供给能力和供给结构都有了很大提高，供给规模也迅速扩大，但是同时在高新技术产业的高端制造业和一些核心技术与关键零部件的生产能力和供给能力并没有形成，绝大部分依然依赖于或受制于工业发达国家，高端服务业的供给能力和供给结构水平都没有得到提高。以自主创新为主体的新生产力要素和高端人力资本并没有形成规模，高新技术产业、战略性新兴产业、高端服务业以及政府的公共产品的供给能力和供给水平并没有成为我国经济发展中的主导因素。

在这一时期的开始阶段，我国为提升生产力水平，主要是通过牺牲国内需求，有意让国内需求增长的速度慢于出口发展的速度，通过扩大出口换汇购买工业发达国家的工业制造技术和生产设备，提高我国产业的供给能力和供给结构。在这种经济发展战略思想的指导下，我国制造业的生产力水平，制造业产品的供给能力迅速扩大，与此同时我国的居民可支配收入水平的增长速度一直比较低，一方面是由于为出口换汇从而购买进口工业发达国家的制造业技术和设备而有意控制居民可支配收入的增长，居民可支配收入相对于 GDP 增长速度比较慢，80% 的居民可支配收入相对水平比较低，特别是农业居民的可支配收入水平比较低，加上 20 世纪 90 年代中期以后我国市场化进程的加快，住房、教育、医疗三大支出在居民支出中占了非常大的比重，居民生活消费需求的支出能力受到了极大的限制。另一方面是由于我国高端制造业生产力供给能力和结构还比较低，因为一般来说生产力要素的结构决定了产业的供给能力和供给水平，所以我国的供给力和供给水平长期停留在产业供给链中低端环节，我国制造业生产和产品出口大多数属于劳动密集型制造业环节，所创造的利润率不高，直接影响我国居民可支配收入水平的提高，居民可支配收入水平下降的结果导致居民的消费水平低，居民消费需求在总需求中的比重一直在下降，也就是公式（3-5）表示的国内消费需求供给 > 国内居民消费需求 > 国内居民可支配收入。我国一般制造业的供给能力，特别是劳动密集型制造业产品的供给能力迅速扩张，相比较而言国内需求的增长率一直低于外需的增长率，内需与外需的发展增长速度不协调,也就是通常所说的外需大于内需。另外,这种劳动密集型制造业产品出口的发展是有限度的,它发展到一定程度,必然会受到市场规模和生产资源的约束,表面上 2008 年美国次贷危机引发的国际金融危机使我国出口贸易受阻,实质上是国际市场规模和生产资源的有限性对于我国劳动密集型制造业继续扩大外需的供给能力的约束,这就使得我国外需发展相对过快。

新经济发展时期我国供给结构与内外需发展的理论平衡:

$$社会经济总供给 = 社会经济总需求(理论平衡) \quad (3-8)$$

$$国内新经济供给 + 外部新经济供给 = 国内新经济需求 + 外部新经济需求(理论平衡)$$
$$(3-9)$$

$$国内消费需求供给 > 国内居民消费需求 > 国内居民可支配收入(目前) \quad (3-10)$$

$$国内消费需求供给 = 国内居民消费需求 = 国内居民可支配收入(未来理论平衡)$$
$$(3-11)$$

$$国内供给(外部市场需求部分) > 外部市场需求(目前) \quad (3-12)$$

$$国内供给(外部市场需求部分) = 外部市场需求(未来理论平衡) \quad (3-13)$$

$$国内市场产业高端需求 = 国内创新研发供给(未来理论平衡) \quad (3-14)$$

公式(3-8)和公式(3-9)代表新经济发展时期我国供给结构与内外需发展的理论平衡;公式(3-10)表示的是目前我国国内消费需求供给仍然大于国内居民消费需求的状况;公式(3-11)表示的是未来我国新经济发展时期国内消费需求供给与国内居民消费需求和国内居民可支配收入基本保持一致;公式(3-12)表示当前我国的外贸出口暂时大于国际市场的需求;公式(3-13)表示未来我国的外贸出口与国际市场的需求基本一致;公式(3-14)表示未来我国通过自主创新研发,国内市场产业高端供给基本上可以满足我国新经济发展的需求。

新经济发展时期,也是我国第二次生产力水平提升时期,这一时期的内外需平衡发展模型是理想的内外需发展模型,也是属于理性的内外需发展模型。我国新经济发展模式的基本框架是:由知识经济为基础的科技经济、新能源经济、节约型经济、循环经济、绿色经济、新型工业化与现代城镇化,以及完善的社会保障体系构成的社会经济供给发展模式。未来,我国社会经济发展的产业供给和供给结构的调整，主要是基于新的社会经济发展模式，即着眼于新的经济结构调整和新生产力的增量。在新经济发展时期我国生产力水平提升内外需平衡发展模型中，新的社会生产力水平或产业供给，与我国第一次生产力水平提升时期相比是一种新的产业供给能力和供给结构，是经过调整以后的在第一次生产力水平提升时期产业供给能力和供给结构的基础上，增加了新的产业供给能力和产业供给结构，其中包括：研发创新产业的供给，高新技术产业领域的核心技术与关键零部件的供给能力和供给水平，绿色产业的供给能力和供给水平，高端服务业的供给能力和供给水平，我国在"十二五"规划建议中的战略性新兴产业的供给能力和供给水平。外部供给，将主要集中于三次产业高端供给和生产资源的供给。

在新经济发展时期，我国居民可支配机制将逐步合理化，居民可支配收入将随着我国产业供给能力和供给结构的提高而不断增长，特别是随着我国社会保障覆盖面的扩大和社会保障水平的提高，以及我国中小城市，特别是农村区域中的小城镇的发展，我国居民可支配收入水平将大幅度提高，这预示着我国居民消费需求水平将大幅度提高。我国的内需将随着国内居民可支配收入水平的提高和工业化、城镇化的快速发展而不断扩大，而且内需的增长速度将大于外需的增长速度。

在新经济发展时期，我国外需发展将进入理性发展阶段，外需增长的速度将慢于内需增长的速度，我国产业供给能力的重点将主要是国内需求，而不是外部需求。我国外需将在原来的基础上继续扩大，未来外需的主要增长动力，不是来源于一般制造业和劳动密集型制造业的供给能力，而是来源于供给结构的调整，来源于新的供给结构，即高新技术产业、新能源、新材料以及现代新兴服务业的供给能力。而新的产业供给能力和供给结构的基础是我国生产力要素结构的调整，即将新的生产力要素供给，比如新的生产资源（包括新能源、新材料等）、高端人力资本和科技创新等纳入我国生产力要素供给结构之中。

四　我国经济内外需均衡发展的政策路径

第一，内外需发展失衡问题，是发展中国家经济发展过程中发展生产力、解决社会经济供给问题的一种正常现象，也是产业现代化和城镇现代化发展过程中的一种过渡现象。随着工业化发展的完成和向后工业化社会的发展，内需发展和外需发展都将进入一种理性平稳发展的状态。

第二，我国目前遇到的经济发展问题是有效供给不足，主要是产业高端的供给不足。产业高端供给不足是我国制造业发展初期停留于中低端产业供给状态的主要原因，也是我国多年来内外需发展不平衡的关键影响因素。解决供给不足问题，在开放经济条件下，国际贸易是填补供给结构缺口的一种途径，但不是唯一的途径。而且，解决产业高端供给不足问题，根本还在于发展人力资本，进行自主创新，发展本国的研发产业。

第三，纵观历史上抓住历次工业革命和科技革命机遇而发展成为工业强国和科技强国的发达国家，无不是成功地改变了国民经济供给结构。没有供给结构的变革，没有新的有效供给的大规模增加，国民经济就很难产生跨越式发展。产业供给结构的转换或变革，首先是生产要素供给结构的转换或变革。我国经济发展正处于从旧经济发展模式向新经济发展模式转型的过程，提高新经济供给能力是我国内外需平衡发展的着眼点，也是我国内外需新平衡发展的开始。

第四，增加国内产业高端供给和提高国内居民可支配收入水平，是我国现实内外需平衡发展的两个重要因素。增加国内产业高端供给既可以减少在国际贸易中我国国民收入的流失，又可以在国际贸易中大幅度增加我国贸易收入，进而增加我国居民的可支配收入。提高国内居民可支配收入水平，还应当从改革国民收入分配机制、缩小东西部地区和城乡之间收入分配的差距入手，进一步完善我国社会保障体系，多方位地增加居民可支配收入。

第四章
扩大内需与稳定外需互动关系的经济条件分析

一个开放经济体在其经济发展过程中必须充分利用国内外两个市场和两种资源。利用国内外市场和资源的关系从本质上讲是内外需的关系,内需和外需两者之间既有数量方面的影响关系,更蕴涵着深层次的互动机制,内外需关系对于市场总均衡的形成和国内经济的稳定运行起着至关重要的作用。

外需是增长的发动机,直接受国际市场需求的约束,外需的大小实质上是国际竞争力的问题,而国际竞争力的强弱是由该国的资源禀赋和生产力水平所决定的。如果一国正确利用资源禀赋特点,具有适当的产业水平,产品具有良好的国际竞争力,这就意味着国内经济运行正常,且外需也将随着国内经济的增长而增长。相反,如果一国没有正确地发挥资源禀赋特点,国内经济就会出现生产水平落后,产业结构不合理等结构性矛盾,不管外需市场有多大,国内经济的失衡都将会直接制约外需的发展。可以看出,内需与外需之间的关系是相互影响、相互作用的关系。内需和外需之间既存在着相互促进的关系,也存在着相互制约的关系。

就促进关系而言,一方面,外需扩大能促进内需增长。外需可以直接带动就业,提高居民收入,拉动国内消费;外需扩大形成的规模经济和产业集聚效应,有利于促进国内消费结构升级;外需对相关产业及其上下游产业的投资需求,具有引导作用和乘数效应;外需可以带来技术外溢效应,可以带动国内技术进步和产业升级。另一方面,内需增长能够促进外需扩大。内需增长可以增强产业竞争,提高产业配套能力,为进一步扩大出口创造条件;内需增长可以带动国内研发和技术设备投资的增加,可以带动出口产品的技术含量和附加值的提高,推动高新技术产品出口;外商直接投资作为固定资产投资的组成部分,对扩大外需具有显著的拉动作用。

就制约关系而言,外需并不是越大越好,外需规模过大或结构不合理,就会对内需产生直接的抑制作用。在内需不足的情况下,外需的扩大对缓解国内供给压力、带动经济增长有着显著作用,但这种作用并不会一直持续下去。因为伴随着外需的扩大,以国际市场为导向的外需结构会引导国内产业结构调整,朝着满足外需市场的产业结构调整,而和内需市场相匹配的产业结构相背离。这就导致需求不振的国内需求情况更加恶化,从而抑制内需市场的发展。

上述分析表明,内外需之间的关系是互动的关系,既存在着促进的关系,也存在着制约的关系,尤其是外需对内需的制约作用,将不利于市场均衡的实现。两者关系处理不好,会影响到国内经济的平稳运行。这就涉及内需、外需比例的标准问题,尤其在当前国际经济不确定因素增多的背景下,我国经济要实现又好又快发展,就必须找出适合我国经济发展现状的内外需最佳标准,找出影响内外需发展的主要因素。要想搞清楚我国内外需的最佳标准和影响因素,内外需在我国国民经济发展中将发挥什么样的作用,作用的程度如何,就必须分析我国内外需互动关系的经济条件和作用机理。

一 从资源禀赋视角看扩大内需与稳定外需的互动关系

已有的比较优势理论和外向型经济战略基本上是依据资源禀赋与产品的比较优势。但分工和贸易的发展,会带来资源禀赋结构的变化。要素禀赋的丰歉程度会在其使用过程中发生质与量的变化,导致其市场价格的相应变化,从而影响着经济体中要素禀赋的结构变动。从众多发展中国家经济发展战略的实践来看,单纯依靠经济体自我的力量通过市场机制来实现禀赋结构升级,不仅可能永远会处于国际分工体系的最低端,而且还会造成缓慢增长。因此许多国家都通过实行改革开放,积极引进外部资源,借助外部力量加快禀赋结构升级。而且,经济全球化和新科技革命浪潮为跨国公司在全球范围内配置资源提供了有利的条件,并最终使发达经济体和欠发达经济体各

第四章
扩大内需与稳定外需互动关系的经济条件分析

自的要素禀赋优势相结合。可以看出，资源禀赋理论本质上追求的是国内市场与国际市场的良性互动，从而实现国内市场要素配置效率的提升和经济的繁荣。

从中国的情况来看，中国劳动力资源极为丰富，劳动力成本低（见表4-1和图4-1）。按照比较优势理论，中国劳动密集型产业具有国际竞争力，通过稳定外需可以进一步增强我国的劳动力资源禀赋优势，同时，可以带动资本、技术等生产要素的培育发展，逐步形成资本、技术等生产要素的资源禀赋优势，生产要素的积累和深化，从而可以推动内需产业发展。内需不断扩大的同时，反过来会加剧国内市场竞争，优化生产要素配置，从而提高我国产业的国内竞争力，增加我国海外投资的机会，提高增强外需的竞争优势和提升发展空间。

表4-1 制造业单位劳动力成本国际比较

年份\国家	中国	澳大利亚	加拿大	美国	法国	英国
2000	0.021	0.0345	0.322	0.749	0.978	0.872
2001	0.016	0.252	0.242	0.361	0.576	0.764
2002	0.015	0.268	0.241	0.35	0.61	0.819
2003	0.013	0.328	0.278	0.35	0.722	0.894
2004	0.0126	0.381	0.29	0.339	0.785	0.994
2005	0.011	0.408	0.31	0.337	0.781	1.005

资料来源：转引自王慧敏、任若恩《对国际竞争力指标——以单位劳动成本为基础的实际有效汇率的研究》，《生产力研究》2003年第1期。

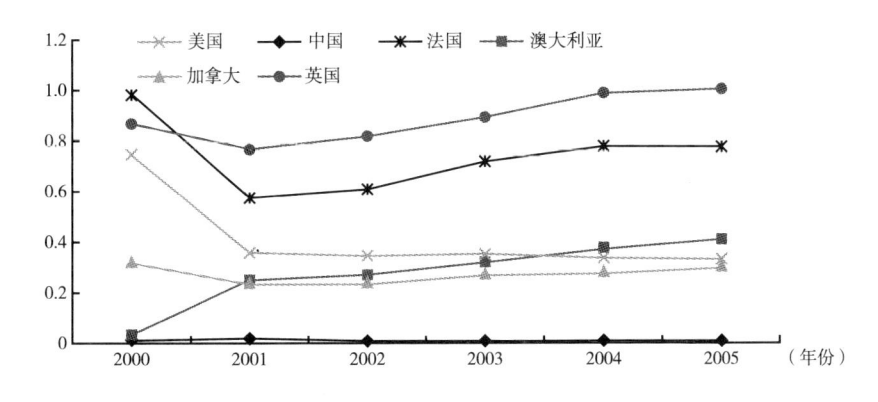

图4-1 制造业单位劳动成本国际比较

中国扩大内需与稳定外需战略

改革开放以来,中国的人口年龄结构就处在"人口红利"的阶段,每年供给的劳动力总量约为 1000 万人,劳动人口比例较高,保证了经济增长中的劳动力需求。在过去的 30 多年里,劳动力的充足供给和高储蓄率,为中国经济增长带来了可观的"人口红利",其对人均 GDP 增长的贡献超过 1/4。由于人口老龄化高峰尚未到来,劳动力供给充裕,社会保障支出负担轻,财富积累速度比较快,"人口红利"能继续保持比较优势,为我国外需的扩大稳定提供了保障(见表 4-2 和图 4-2)。除了劳动力资源优势,中国的城镇化进程缓慢,发展空间巨大。从城镇化数量来看,我国城镇化率与 GDP 水平相同的国家相比,也是比较低的,更低于发达国家水平。从城镇化质量来看,发展更加滞后,我国目前还是城乡二元结构,这严重阻碍了城镇化质量的提升。但是,辩证地看,正是有这样的差距,我国的城镇化具有巨大的发展空间(见图 4-3)。金融危机之后,中国未来二三十年城镇化的发展空间将建立在这一差距基础上。城镇化发展的巨大空间为我国内需市场的繁荣提供了机遇。

表 4-2 2010 年人口年龄结构和抚养比

单位:%

国家或地区	0~14 岁	15~64 岁	65 岁以上	抚养比
世 界	26.8	65.6	7.6	0.54
中 国	19.4	72.4	8.2	0.38
印 度	30.6	64.5	4.9	0.55
日 本	13.4	64.0	22.6	0.56
美 国	20.0	66.9	13.1	0.50
巴 西	25.5	67.5	7.0	0.48
法 国	18.4	64.8	16.8	0.54
德 国	13.5	66.1	20.3	0.51
意 大 利	14.1	65.6	20.3	0.53
俄 罗 斯	15.0	72.2	12.8	0.39
英 国	17.4	66.0	16.6	0.51

我国资源禀赋的特点及区域差异为增强外需竞争力和扩大内需容量提供了条件。中国疆域辽阔,人口众多,我国资源禀赋的比较优势总体上是劳动力资源丰富和劳动成本较低,因此发展战略基本上还是定位在出口劳动密集型产品。在发展外向型经济的热潮中,各地特别重视扩大出口,由于目前许

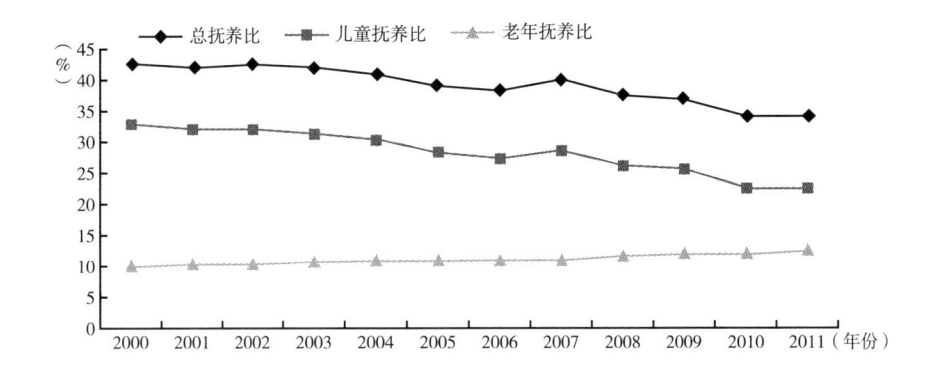

第四章
扩大内需与稳定外需互动关系的经济条件分析

图4-2 我国人口总抚养比、儿童抚养比和老年抚养比

资料来源：《中国统计年鉴》和国际劳工组织数据库。

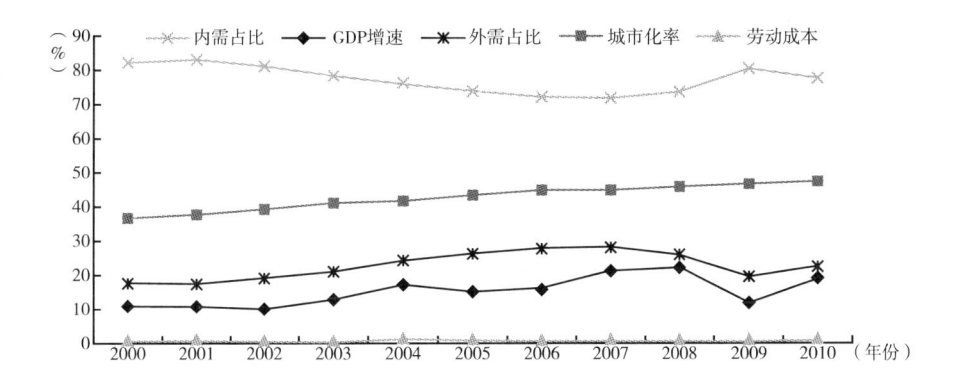

图4-3 我国经济增长、城市化率、单位劳动成本和内外需占总需求比重的情况

资料来源：根据《中国统计年鉴》整理。

多地区能够出口的大部分还是劳动密集型产品，由此各地竞相发展以出口为导向的劳动密集型产业。这种状况已经和正在产生的后果是：出口数量越多，劳动密集型产业就越多。这种状况如不及时扭转，中国的产业结构不但不能通过发展外向型经济得到升级，还会进一步低级化，更谈不上步入"世界工厂"到"世界办公室"的升级路径了。现在需要研究的紧迫问题是在经济全球化背景下的国际分工是否继续维持这种比较优势格局。

在按照资源禀赋理论确定我们的发展战略时，我们必须考虑到中国资源禀赋的区域差异。我国是个地区经济发展不平衡的发展中大国，国内空间距离较广，销售市场很大，不可能所有地区所有产业都是外向的，较低的城市化水平提供了巨大的内需市场（见图4-3）。在国内分工中，经济欠发达地区生产劳动密集型产品可充分发挥其比较优势，经济较发达地区则不能继续维持已有的比较优势，停留在出口劳动密集型产业上。

由此来看，不同的地区，由于资源禀赋的不同，必然存在着如何有效使用资源的问题，不同的地区，对应着不同的发展战略规划。地区之间要素禀赋的差异，导致了各地区在国际分工中的位置不同。尽管很多地区均适合发展制造业，但是各地区的实力差距很大，这也决定了各地区地方政府在促进制造业发展的举措方面应该存在差异性。不过，仅仅发挥静态的比较优势是不够的，还需要创造动态的竞争优势，否则就是步入"比较优势陷阱"。

（一）原有产业竞争优势的保持：产业转移中西部地区

产业生命周期规律揭示一个行业内的企业数量的发展过程：企业数量在产业萌芽期是由少到多，在产业成长期达到顶峰，在成熟期又会减至一个稳定的数值[①]。

改革开放30多年来，我国外贸出口产业主要集中在东部沿海地区，经过多年的发展，我国东部地区以劳动密集型为主的制造业已发展成熟，土地存量逐年减少，部分发展比较快的开发区目前工业用地十分紧张。在劳动力和土地成本不断上升的情况下，附加值低的劳动密集型产品逐渐失去了竞争优势。东部地区为了保持经济持续发展的势头，一方面，需要开拓新资源、新市场，扩大新的发展腹地，开拓区域发展新空间；另一方面，相对优势下降的传统产业与衰退产业需要向外转移，以腾出空间，有效承接跨国公司高端制造环节、研发中心、服务外包等新一轮国际产业转移，实现"腾笼换鸟"，从而对产业转移形成极强的推力。而广大的中西部地区经过十多年的准备，也已经具备了一定的接收能力。近年来高速公路、高速铁路、机场、内河、航运和物流等基础设施的建设，投资环境的日益改善，为吸引外来投

[①] 维农的产品生命周期理论认为，产品在市场上的表现呈周期性特征，该周期可大体划分为三个阶段，即新阶段、成熟阶段和标准化阶段，各个阶段与企业的区位决策、出口抑制或国外生产决策均有联系。1979年，维农对产品生命周期理论做了重要修改，以期突出跨国公司经营的寡占特征。产品生命周期的三个阶段重新命名为创新寡占阶段、成熟寡占阶段和弱化寡占阶段。

资和承接产业转移创造了有利条件，中西部地区有条件也有能力保持我国劳动密集型产业的国际竞争优势。中西部地区将成为我国保持原有产业外需市场地位的传承地。西部地区大量承接东部沿海及国外的产业转移，将创造大量的就业岗位，企业投资增多将增加对建筑材料和机器设备等需求。企业数量增加和工业增加值提高将增加当地财税收入，当地政府的财政收入增加将鼓励政府加大对基础设施的投入，政府的税费增加和居民的就业相对充分将提高人均收入，企业、政府和个人的购买力增强将进一步推动消费和投资，解决内需不足问题。

（二）高新技术产业优势的形成：东部沿海地区产业结构升级

面对国际、国内这一激烈的竞争态势，东部沿海地区经过30多年改革开放的积累，为新一轮的承接国际高新技术产业转移奠定了基础，具备推进本地产业结构的升级换代条件。经过30多年的积累，东部地区技术密集型和资金密集型产业近年来也得到了快速发展，在经济发展中的份额越来越大，从而使原来依靠低素质人力资源、发展低加工度、低附加值和劳动密集型产业的生存空间越来越小，比较利益越来越低。在承接新一轮国际产业转移的竞争中，东部沿海地区加速推进本地产业结构的升级换代，必须转移一批劳动密集型的产业以腾出发展空间。20世纪90年代以来，科学技术的发展和经济全球化趋势的加强，促进了各种资源和生产要素在全球范围的流动配置。发达国家为了抢占未来世界经济和科技的制高点，纷纷进行新一轮的产业结构调整。新一轮国际产业转移的高峰期，也是我国东部地区产业升级的重要机遇期，不仅各个发展中国家在积极创造条件吸纳国际转移，而且国内各个地区之间，尤其是东部沿海地区，都在努力争取吸纳更多的国际产业转移。

因此，在利益和市场的驱动下，一些传统的劳动密集型产业为了寻求生存空间被迫向中西部转移的同时，高新技术产业的竞争优势正在东部沿海地区形成。东部沿海地区具有竞争优势的高新技术产业，改变了中国外需市场的产品构成，劳动密集型产品的比重将会逐步降低，技术密集型产品的比重将会逐步提升，东部沿海地区高新技术产业在技术与质量、管理效率、品牌等诸多方面将在扩大外需市场份额上起到积极作用，高新技术产业也会进一步推动内需市场上企业技术改造升级和中西部地区企业的技术水平，有利于国内产业结构的升级和内需市场的繁荣。

（三）新兴产业竞争优势：内需与外需市场新优势的形成

事实上，近代以来世界上每一次技术革命的发生，总会出现新兴产业[①]。在新兴产业兴起并成长为主导产业的过程中，有的国家抓住产业更替的机遇后来居上，而有的国家却因丧失机遇而衰落。日本和韩国的崛起都是在政府的推动下，通过对新兴产业的突破实现的。由于日本和韩国完成跨越式发展的时期比较接近，因此，两国重点突破的关键产业的内容类似。到20世纪末，日韩两国在这些新兴产业领域均已走在世界前列。日本和韩国在造船行业名列世界第一、第二，并占有世界造船业市场超过60%的垄断性份额。日本汽车生产在世界上排名第二，仅次于美国，而韩国则排名第五。在现代通信领域，日本和韩国都名列前茅。可以说，在几乎所有现代关键性产业领域，两个国家在国际、国内两个市场都占有重要的一席之地。美国的发展历程更表明，抓住每次新兴产业更替的机遇不仅对一个国家的崛起而且对其保持领先优势都具有决定性的意义。可以说，在新兴产业领域取得突破是每一个国家跻身世界先进行列的基本经验，是落后国家跨越式发展实现后来居上的有效途径。事实上，任何国家只有在新兴产业中占据一席之地，才有可能跻身于先进国家的行列。

中国国内市场巨大，同时随着科学技术的迅猛发展，新技术的寿命周期越来越短，意味着新兴产业更替的周期也越来越短，这无疑给中国赶超先进国家提供了更多的机会。我国新兴产业在巨大的内需市场保障下可以培育壮大的同时，也意味着新兴产业在外需市场的国际竞争力增强，有利于进一步发展壮大新兴产业，有利于新兴产业竞争优势、产业集群和产业价值链的形成，能带动区域经济实现跨越式发展，从而带动区域投资增加和消费提高。

在金融危机后的一段时期内，低碳经济、新能源和服务贸易将成为我国

[①] 新兴产业是指承担新的社会生产分工职能的，具有一定规模和影响力的，代表市场对经济系统整体产出的新要求和产业结构转换的新方向，同时也代表新的科学技术产业化新水平的，正处于产业自身生命周期的形成阶段的产业。作为推动产业结构演进的新生力量，新兴产业的发展将起到至关重要的作用。

第四章
扩大内需与稳定外需互动关系的经济条件分析

新兴产业竞争优势的主要发展方向。与此前一直提倡的节能减排概念有所不同，低碳概念包含节能减排以及可再生能源两大部分，这意味在继续实施节能减排的同时，政府对新能源开发的力度需要持续加大，我国能源结构调整将提速。不论是中国自身可持续发展的需要，还是为提升外需竞争力的需要，转变经济增长方式，发展以低能耗、低污染为基础的"低碳经济"将是大势所趋。然而能否利用后发优势在工业化进程中实现低碳经济发展，则在很大程度上取决于资金和技术能力。低碳经济、新能源对于服务贸易的发展意义重大。自20世纪80年代以来，环境问题开始在国际贸易体系中显现出重要作用，1992年里约热内卢世界环境和发展大会召开以后，世界范围内的环境保护热潮对国际贸易产生了深刻的影响。国际贸易和环境保护之间的互相制约、互相协调的关系也日渐突出起来。一些国家把环境因素作为服务与货物贸易保护的一种武器，以环境保护法规和标准为原则，设置技术性贸易壁垒，用来影响其他国家的环境政策，保护本国的利益。要稳定我国的外需市场，就必须大力发展服务贸易，而服务贸易的发展是建立在低碳经济和新能源产业基础之上的。由此可见，低碳经济、新能源和服务贸易产业竞争优势的形成，离不开政府的积极引导和大力扶持。

二 从就业压力视角看扩大内需与稳定外需的互动关系

凯恩斯主义经济学认为，国内就业是由有效需求的派生需求决定的，在开放经济中，一个国家的有效需求是由内部需求和外部需求组成的。内部需求是由投资需求和消费需求构成的，而外部需求则是由对外贸易决定的。总就业量决定于总需求；失业是由总需求不足造成的。由于总需求不足，商品滞销；存货充斥，引起生产缩减；解雇工人，造成失业。当就业增加时，收入也增加。社会实际收入增加时，消费也增加。但后者增加不如前者增加那么多，这就使两者之间出现一个差额。总需求由消费需求与投资需求两者组成。因此，要有足够的需求来支持就业的增长，就必须增加真实投资来填补收入与这一收入所决定的消费需求之间的差额。换言之，在消费需求已定的情况下，除非有效供给增加，人为地增加社会需求，否则就业是无法增加的。而在相对稳定的国内经济环境中，一个国家的有效需求也就是对就业的

中国扩大内需与稳定外需战略

影响也决定于外部需求的变化。一个国家,要追求国内就业的稳定环境,就要致力于对外贸易的平衡,要追求增加国内的就业和收入水平就必然会追求对外贸易顺差的扩大[①]。

中国存在大量的剩余劳动力,面对国际金融危机,就业压力越来越大。经济增长是扩大就业的基础,近几年,我国经济保持了较高的增长速度,但实际增长速度仍然低于潜在的增长能力,因此,进一步缓解就业压力的空间是存在的。在今后相当长的一段时期内远远不足以达到充分就业,在这种情况下,外需扩大能够在不加大通货膨胀压力的情况下增加就业,提高居民收入,进而增加国内居民消费需求。

一方面我们的国内市场很大,是应对金融危机、发展国民经济的基础保障,内需的扩大必将增加新的就业岗位,缓解就业压力,扩大内需、新增就业为外需产业的发展提供了更多可供选择的高素质劳动力,对稳定外需有积极作用。另一方面,巨大的国际市场为我们实施"走出去"与互利共赢开放战略提供了空间。出口不仅可以增加一国的就业总量,还可以影响一国的要素配置,促进劳动力在不同行业的流动,带动内需产业结构调整,从而为内需产业的健康有序发展提供帮助。从表4-3和图4-4可以看出,虽然我国的就业率有下降的趋势,但就业程度都保持在97%以上。由于我国人口基数大,就业压力仍不容忽视。从内外需对就业的影响来看,内需的变化趋势和就业率一致,也呈下降趋势,而外需则呈上升趋势,可以看出,要解决我国的就业压力,在保持外需吸纳就业的同时,要充分发挥内需对劳动力的吸收。

对于一个开放经济体来说,内外需互动的增加,可以通过市场网络的延伸、专业化分工、知识扩散以及创新激励等途径,促进经济的长期发展。克鲁格曼等关于发展中国家外贸和就业关系的个案研究表明,对外贸易在引致经济增长的同时,也为全社会总就业规模的扩大提供可能。一般而言,发展中国家的比较优势在于丰富而廉价的低技能劳动力,在这种状况下,如这些

---

① 在国际贸易与就业关系的理论之中,影响最大的当数赫克歇尔-奥林-萨缪尔森理论和凯恩斯主义的对外贸易乘数学说。前者是以要素禀赋优势理论和生产要素均衡化的趋势来解释国际贸易及贸易双方的就业效应,后者则基于消费倾向这个心理规律,把"投资乘数"运用于对外贸易顺差的分析中,用"对外贸易乘数"解释国际贸易对国内经济增长和就业产生的影响和作用。

第四章 扩大内需与稳定外需互动关系的经济条件分析

国家能够利用自己的比较优势参与国际分工，即鼓励劳动密集型出口产业的发展而不是资本密集型进口替代产业发展，那么，这种做法将有助于就业规模的扩大。

表4-3 我国GDP增长、内外需占总需求比重与就业率

单位：%

年份	GDP增速	内需占总需求比	外需占总需求比	就业率
1997	10.11	83.75	16.25	98.6158
1998	5.97	84.48	15.52	97.9885
1999	3.64	84.57	15.43	98.0808
2000	10.64	82.36	17.64	97.4227
2001	10.52	82.88	17.12	98.1097
2002	9.74	81.31	18.69	97.8503
2003	12.87	78.62	21.38	97.8403
2004	17.71	76.08	23.92	97.8874
2005	14.60	74.02	25.98	97.3651
2006	15.67	72.54	27.46	97.6433
2007	21.41	71.95	28.05	97.8956
2008	21.90	74.33	25.67	98.0765
2009	11.50	80.15	19.85	97.8300
2010	18.80	77.96	22.04	97.0876

资料来源：根据《中国统计年鉴》（各年）整理。

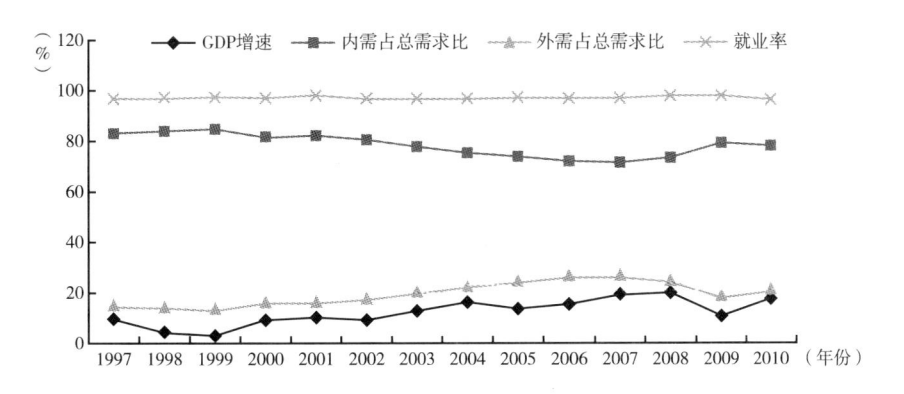

图4-4 内、外需占总需求比重与就业率变化比较

服务业在吸纳就业方面成效显著，但就当前国情来看，制造业在解决中国就业压力中仍扮演重要角色。随着中国制造业大国地位的提升，内外需的

良性互动必将为制造业在解决中国就业压力过程中发挥更大的作用。

从就业压力来看，扩大内需与稳定外需都有利于缓解中国就业压力。内需的扩大，会增加新的就业岗位，会为外需产业的发展提供更多的更熟练的劳动力，会提高外需产业的国际竞争力。外需的稳定会提供稳定的国内就业机会，劳动者的收入水平会随之提高，这将有利于增加内需的购买力，内需市场也能得以持续扩大。

我国受金融危机冲击最大的是中小企业，而吸纳就业最多的也是中小企业。在我国，企业和个体经营户较多的地方，是经济较为发达、城镇实际失业率不高、能大量吸收外地劳动力就业的地区；反之，则是经济不发达、城镇实际失业率高、向外挤出剩余劳动力的地区。目前，我国中小企业面临着较大的压力，受经济危机的影响，我国中小企业困难加大，表现在效益下滑，倒闭破产现象较多。国家对此非常重视，提出了很多对中小企业发展有利的措施，提出"扩大内需，保持平衡发展"的重大决策。保就业，首先要善待中小企业，中小企业将是我国扩大内需的重要增长点。一是要进一步营造有利于中小企业发展的良好环境；二是要切实缓解中小企业融资困难；三是要加快中小企业技术进步和结构调整；四是要支持中小企业开拓市场，扩大外需。

三 从居民消费水平视角看扩大内需与稳定外需的互动关系

消费理论认为虽然有众多的因素都影响着居民的消费支出，但是具有决定意义的是居民收入水平。凯恩斯消费函数强调实际消费支出是实际收入的稳定函数，这里所说的实际收入是指现期、绝对、实际的收入水平，即本期收入、收入的绝对水平和按货币购买力计算的收入。

对我国宏观经济问题与西方发达国家的宏观经济问题进行比较可以发现，我国目前的经济发展中存在的需求不足的主要原因并不仅仅因为我们的收入水平低、购买力低，更主要的是因为我们的有效供给不足。我国的二元经济社会特点，我国工业化和城市化的发展进程，决定了我国经济增长有长期、巨大的市场需求空间，与西方工业发达国家相比我国宏观经济问题主要是有效供给不足，即知识创新、核心技术和人力资本的有效供给不足。

第四章
扩大内需与稳定外需互动关系的经济条件分析

有效供给的增加自然会提高我国的消费水平,内需得以扩大,内需扩大的同时,可以维系国际贸易和国际收支的相对平衡,可以相应增加中国的进口,从而为稳定出口奠定基础。外需的稳定反过来可以稳定国内就业和劳动者收入,增强了国内居民的货币支付能力,为扩大内需尤其是最终消费做出贡献。

我国居民消费占GDP支出的比重下降的趋势很明显,最终消费率呈现逐年走低的趋势。我国消费率不仅在纵向分析中呈现出偏低的态势(见表4-4和图4-5),而且与其他国家的消费率在时间横截面上的比较中也呈现出偏低的状况。这就使得我们启动内需市场存在一定的困难,因此,我们在经济战略选择上,必须充分考虑到扩大内需与稳定外需的协调发展。

从表4-4和图4-5中可以看出,虽然我国经济增长保持较高速度,外需发展的规模和速度也很快,但我国居民消费率不断走低,和内需占总需求的比重变化趋势基本一致,外需发展并没有有效地提升我国的消费水平,因此我们要充分发挥内需在提升消费水平上的积极作用。

表4-4 我国GDP增长及内、外需占总需求比重与居民消费率

单位:%

年份	GDP增速	内需占比	外需占比	居民消费率
1993	34.0	87.7	12.3	45.2
1994	36.0	82.6	17.4	44.6
1995	25.9	83.3	16.7	46.1
1996	17.3	85.3	14.8	47.1
1997	10.1	83.8	16.3	46.5
1998	6.0	84.5	15.5	46.7
1999	3.6	84.6	15.4	47.6
2000	10.6	82.4	17.6	48.0
2001	10.5	82.9	17.1	46.6
2002	9.7	81.3	18.7	45.1
2003	12.9	78.6	21.4	43.2
2004	17.7	76.1	23.9	40.2
2005	14.6	74.0	26.0	38.2
2006	15.7	72.5	27.5	36.3
2007	21.4	72.0	28.1	35.3
2008	21.9	74.3	25.7	35.3
2009	11.5	80.2	19.8	35.1
2010	18.8	78.0	22.0	35.1

资料来源:根据《中国统计年鉴》(各年)整理。

中国扩大内需与稳定外需战略

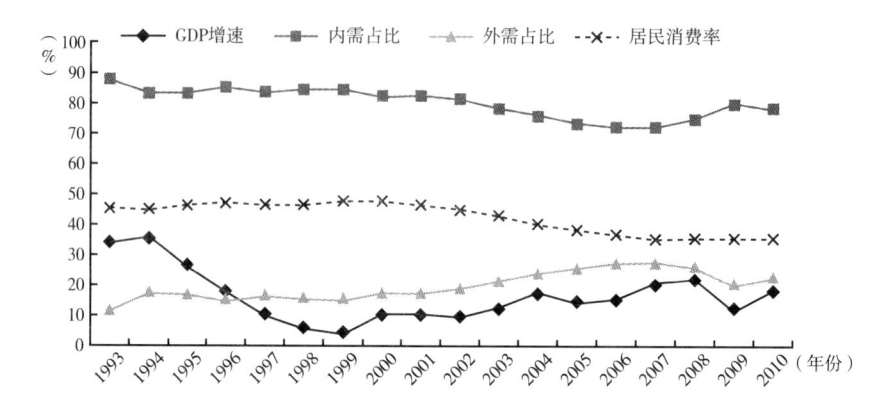

图 4-5 我国 GDP 增速和内、外需占总需求比重与居民消费率变化比较

（一）我国居民消费水平历史比较

从 1980 年开始，我国消费率开始掉头向下，从 1989 年的 50.9%，连续 5 年急跌后，到 1994 年跌到了 43.5%。整个国民经济这时也历史性地由短缺转为过剩，而且过剩的程度发展很快，此时外需市场和内需市场都面临增长不足的问题，在 1994 年已经出现了过剩危机导致经济"硬着陆"的危险。恰在这时，"外需"大显身手，1994 年人民币汇率大调整后中国外贸由逆差转为顺差，而且从此一发而不可收地走向了"双顺差"大国。大量外需消化了过剩危机导致的"硬着陆"风险，保证了经济平稳发展，就业形势一片大好，居民收入稳步提高，国内销售总量稳步攀升，也使中国的增长模式具有越来越明显的出口导向型特点。1997 年东亚经济危机后中国的出口面临压力，从此"拉动内需"之说响亮起来，到现在已经响亮了 10 多年。这个时期虽然拉动很吃力，但内需大体还能维持一个稳定水平，2000 年居民消费率为 46.4%，还略高于 1994 年。2001 年中国成功加入 WTO 后，"中国奇迹"更加耀眼，而经济的外向型特征也大大突出。出口爆炸式增长，"双顺差"乃至"三顺差"（经常项目、资本项目连同"误差与遗漏"项）越来越突出。然而在这一切成就背后，居民消费占 GDP 的比率却前所未有地大幅下滑，从 2000 年的 48.0% 滑到了 2006 年的 36.3%，2010 年更是跌到了 35.1% 的新低。由于国内消费不足，伴随而来的是进口贸易金额下滑、贸易摩擦增多、进口贸易量萎缩，导致国外企业开工不足，跨国公司对中国

第四章
扩大内需与稳定外需互动关系的经济条件分析

的采购会受到影响,从而影响中国企业的定单数量和企业职工的绩效工资及地方政府税收。因为就业不足和收入降低会使国内销售和政府投资减少。

(二) 我国居民消费水平的横向比较

近几十年来走出口拉动型经济发展道路的国家不只是中国,尤其是在东亚、东南亚,高出口、高顺差、高外汇储备的现象在不少"新兴工业化地区"都是一个重要阶段。这些经济体在这个阶段的消费率也不高,但却远远没有低到中国目前的这种程度。如日本在这个阶段最典型的是1980年的消费率为55%,韩国在1990年的消费率为52.3%,马来西亚1990年的消费率为51.8%,泰国1990年的消费率为56.6%,中国台湾1980年的消费率也有51.5%。这些消费率都比如今的中国高了10~20个百分点。作为发展中大国,印度1980年、1990年与2002年的居民消费率也分别达到72.1%、61.7%和64.9%。印度虽然并非高顺差的出口导向型国家,但在近年来的经济高速增长阶段积累率也比较高,从20世纪80年代的20%左右上升到2008年财政年度的39%,在年经济增长率提高到9%的同时,居民消费率也从20世纪80年代的70%~80%降到2008年的54%。最近这些年来印度居民消费率虽处于历史低位,但仍比中国高得多,而它的经济增长率只比中国稍低一点。中东欧诸国(即所谓的"新欧洲"国家)的制造业也很发达,转轨后向西方出口制造品也有大幅度增长。与中国的明显不同在于它们的居民消费率提高得很快。

总之,无论就中国经济几十年来的纵向分析看,还是就中国与其他国家及经济体的横向比较看,我国如今这样极低的居民消费率,无论与东亚、东南亚那些经济发展模式与我国类似的出口导向型经济体相比,还是与印度那样同处于高增长阶段的发展中大国相比,或与"新欧洲"那些同样发生了经济转轨且增长率也很高的"前计划经济国家"相比,甚或与文化传统相似的韩国、中国台湾等东亚"儒家文化圈"中的经济体相比,我国如今的居民消费率都要明显低得多,在国际、国内都被认为是不正常的。

(三) 消费水平与钱纳里-赛尔昆"标准结构"的比较

在收入增长的长期过程中,消费水平是持续长期增长的,但消费率是变化的,而且不同发展水平的国家的消费率是不同的。著名发展经济学家钱纳里和他的合作者赛尔昆的标准结构揭示了消费率与人均收入之间的关系，消费率随着人均收入水平的增长而变化。人均收入水平和消费率之间的关系具有一般性，一国的消费率随着人均收入水平的提高而呈现出下降的趋势，也就是说，人均收入水平较低的国家其消费率相对较高，反之则消费率较低。

通过比较发现，我国的人均国民生产总值水平一直处于"标准结构"的较低阶段，在这些阶段中的相同人均国民生产总值的水平上，我国消费率水平均低于"标准结构"所揭示的水平，而且差距比较大。因此，通过我国消费率水平与"标准结构"的比较，我们有理由认为我国消费率水平偏低。

与"标准结构"相比，我国最终消费率偏低主要是由我国居民消费率偏低造成的，或者说我国最终消费率与"标准结构"的差距主要是由我国居民消费率与"标准机构"的差距造成的。在同样的人均 GNP 水平上，我国居民消费率低于"标准机构"多少百分点，我国最终消费率就低于"标准结构"几乎同样的百分点。我国最终消费率与"标准结构"的差距和居民消费率与"标准结构"的差距表现出惊人的相似。这表明我国居民消费率偏低是造成我国最终消费率偏低的主要原因，高储蓄（或者说高投资）挤占了居民消费，导致国内需求不足，特别是广大农村市场的消费需求潜力没有被开发出来，居民消费率过低，并未挤占政府消费，所以中国近年一直靠投资拉动内需，从而带动外需增长。

（四）消费水平与我国经济结构

改革开放以来，随着我国居民消费水平的变化，我国的经济结构也产生了相应的变动。根据库兹涅茨的研究可知，人均国民生产总值与结构变动率存在着一定的比例关系。人均国民生产总值在 50～130 美元时是产值结构变动率最高的第一时期，人均国民生产总值在 220～360 美元时是产值结构变动率很高的第二时期。产业结构的转变过程，根据钱纳里等人的理论，可将其划分为三个阶段：①初级产品生产阶段；②工业化阶段；③发达经济阶段。工业化阶段是结构转变幅度最大的时期，这一时期，需求结构及生产结构、外贸结构发生显著的变化，我国在改革开放时工业化程度已经相当高，但是人均收入水平却是相当低的。一般而言，工业化的起步是要以一定的收入水平和消费水平为前提的，工业化程度超过人均收入水平的状况必然会影响到产业结构的进一步变动。

整体来看,目前我国消费领域酝酿着一次新的消费升级——"住行消费升级"(在此之前,已有几次消费结构升级)。其间消费投入大、积蓄时间长,这使得消费需求不足的现象在一定时期内存在。收入的增长必然引起消费水平的增长,而消费水平的增长又会引起经济结构的变化。这一变化用恩格尔定律可以表现出来。我国农村居民的恩格尔系数则没有多大的变化,城镇居民的消费结构有较大的变化。消费水平的上升必然引起需求结构的升级,需求结构的变动会引起资源向消费需求多的产业部门转移,从而实现经济结构的变化。经济的增长主要是生产要素投入的增长和经济结构变化所带来的增长,只要结构合理,就可以提高全社会总要素的生产率,进而实现更高的经济增长率,这样就必然能够带来消费水平的提高,拉动国内需求和国外进口量,推动外需的市场空间。

四 从汇率视角看扩大内需与稳定外需的互动关系

布雷顿森林体系解体之后,主要的西方发达国家均采用了管理浮动汇率制度。因此,经济学家们对汇率进行理论分析的重点从固定汇率制下国际收支的决定或由汇率调整而导致的国际交易的调整开始转移到汇率的短期和长期的均衡的决定方面。汇率变化通过替代效应和收入效应影响内需和外需。替代效应:汇率变化会导致进口品和非贸易品最佳替换率的变化,消费者将调整两者的消费比例,增加相对便宜商品的消费。收入效应:汇率变化会使消费者实际收入发生变化,即使名义收入不变,进口品价格的上升或下降会使其实际收入下降或增加。

汇率下降,货币升值,出口竞争力下降,外需稳定难以实现,从而减少国内就业岗位,收入水平下降,对扩大内需不利;但货币升值能提高购买力,增加居民实际收入;有利于保持进出口基本平衡,改善贸易条件;有利于保持物价稳定,降低企业成本;有利于促使企业转变经营机制,增强自主创新能力,加快转变外贸增长方式,提高国际竞争力和抗风险能力;有利于优化利用外资结构,提高利用外资效果。汇率变化对内外需的作用强度或影响程度主要取决于进口品的需求弹性以及进口品在总消费中的比重。

中国扩大内需与稳定外需战略

汇率上升，货币贬值，出口更具竞争力，外需规模将会增长，所以汇率上升可以起到稳定外需的作用；外需的稳定将有利于增加国内就业岗位、提高收入水平，从而为扩大内需创造良好的条件。从表4-5和图4-6中可以看出，人民币兑美元的汇率不断降低的同时，我国的内需比重也在降低，与此同时，外需的比重非但没有下降，反而在提高，这可能是因为虽然美元的汇率在降低，但对欧元的汇率却在上升，存在一定的反作用抵消。

表4-5 GDP增速及内、外需占总需求比重与人民币兑美元、欧元的年平均汇率

单位：%

年份	GDP增速	内需占比	外需占比	人民币兑美元	人民币兑欧元
1997	10.11	83.75	16.25	8.2898	—
1998	5.97	84.48	15.52	8.2791	—
1999	3.64	84.57	15.43	8.2783	—
2000	10.64	82.36	17.64	8.2784	—
2001	10.52	82.88	17.12	8.277	—
2002	9.74	81.31	18.69	8.277	8.0058
2003	12.87	78.62	21.38	8.277	9.3613
2004	17.71	76.08	23.92	8.2768	10.29
2005	14.60	74.02	25.98	8.1917	10.1953
2006	15.67	72.54	27.46	7.9718	10.019
2007	21.41	71.95	28.05	7.604	10.4175
2008	21.9	74.32	25.68	6.9451	10.2227
2009	11.5	80.15	19.85	6.831	9.527
2010	18.8	77.96	22.04	6.7695	8.9725

资料来源：根据《中国统计年鉴》（各年）整理。

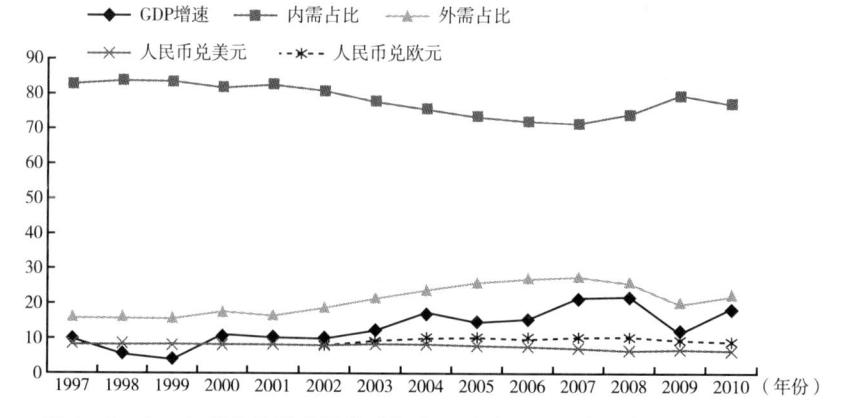

图4-6 内、外需占总需求的比重与人民币兑美元、欧元的年平均汇率比较

近年来，人民币升值对出口影响很大，使得我国一些出口产品失去竞争力，但从中长期来看，人民币升值会促使我国贸易结构升级，引导加工贸易向产业链高端发展，由单纯加工向设计、研发、品牌市场营销、维修服务等领域延伸，延长产业链和价值链，逐步实现加工贸易从以简单的加工装配向深度加工，以产品出口为主向兼顾进出口和拓展国内市场转变，提高企业产品附加值、技术含量及自主发展的能力和企业的核心竞争力。同时，人民币升值有利于我国企业"走出去"发展，包括国际并购，通过外包或在外国设厂等方式，让加工贸易从"引进来"变为"走出去"，扩大外需市场，带动国内需求。由于我国进出口产品在总消费中的比重不是很大，因此人民币升值将大幅度提升中国现有资产的价值，特别是能大面积地增加国内居民的实际收入，有助于扩大内需，并通过内需的持续扩大反作用于长期经济发展增速。

五　从技术进步视角看扩大内需与稳定外需的互动关系

波斯纳（1961）技术差距模型认为技术差距是国家间开展贸易的一个重要原因，一国的技术优势使其在获得出口市场方面占有优势，当一国创新某种产品成功后，在国外掌握该项技术之前产生了技术领先差距，因此可出口技术领先产品。由于新技术会随着专利权转让、技术合作、对外投资、国际贸易等途径流传到国外，当一国创新的技术被外国模仿时，外国即可自行生产而减少进口，创新国就会渐渐失去该产品的出口市场，因技术差距产生的国际贸易也会逐渐压缩。随着时间的推移，新技术最终将被技术模仿国掌握，技术差距消失。贸易将持续到技术模仿国能够生产出满足其对该产品的全部需求的时候。由技术差距产生的贸易格局是：技术创新的发达国家出口创新产品，进口传统产品；落后国家进口创新产品，出口传统产品。

内需的增长，可以带动国内研发和技术设备投资的增加，可以带动出口产品的技术含量和附加值的提高，推动高新技术产品出口；外需增加的同时，有利于引进外部的资本和先进技术，有利于国内生产厂商技术进步，对内需具有显著的拉动作用。

改革开放以来，我国贸易结构不断优化，工业制成品出口比重明显提高。20世纪80年代中后期至90年代初，我国完成了出口商品结构的第一

中国扩大内需与稳定外需战略

个转变,即由初级产品出口为主向工业制成品出口为主的转变。新中国成立初期,我国出口商品中80%以上是初级产品。1978年,初级产品出口占我国出口的53.5%,工业制成品出口占46.5%。1990年,初级产品和工业制成品占出口商品的比重转变为25.6%和74.4%,工业制成品在出口产品中的比重大幅提高。2008年,初级产品和工业制成品所占比重进一步转变为5.4%和94.6%,工业制成品成为中国出口贸易的主打产品。[①]

工业制成品出口,特别是高技术产品的出口能够通过技术外溢效应和学习效应带动国内生产部门的技术进步,提高国内有效供给能力,填补国内对高技术和高品质产品的供需缺口,最终扩大总需求。从表4-6和图4-7中可以看出,随着外需的增长,资本产出比和资本劳动比代表的技术进步在不断提升。

表4-6 GDP增速及内需、外需占总需求比重与资本产出比、资本劳动比

单位:%

年份	GDP增速	内需占总需求比重	外需占总需求比重	资本产出比	资本劳动比
1997	10.11	83.75	16.25	20.54881	2.4311
1998	5.97	84.48	15.52	0.414888	2.7558
1999	3.64	84.57	15.43	6.149662	2.9572
2000	10.64	82.36	17.64	27.6897	3.3054
2001	10.52	82.88	17.12	6.736324	3.6725
2002	9.74	81.31	18.69	22.35475	3.9338
2003	12.87	78.62	21.38	34.65947	4.0757
2004	17.71	76.08	23.92	35.3159	4.2176
2005	14.6	74.02	25.98	27.5843	4.5383

资料来源:GDP增速及内需、外需占比数据根据《中国统计年鉴》整理;资本产出比、资本劳动比数据转引自董艳萍、黄怡《我国经济发展中的资本深化过程及其就业效应》,《经济问题探索》2008年第3期。

伴随着经济全球化的热潮,贸易自由化和国际资本流动自由化趋势日益加强。科学技术的突飞猛进和知识经济的蓬勃发展,使得国际竞争越来越表

---

① 改革开放前,我国的出口商品以初级产品和资源性产品为主。改革开放后,我国实行了一系列工业制成品优先出口的政策,对工业制成品中具有比较优势、附加价值较高、有利于带动产业结构调整、提高总体竞争力的产品给予出口优惠政策。产品结构逐步完善,机电产品和高新技术产品成为我国外贸主打产品。

第四章
扩大内需与稳定外需互动关系的经济条件分析

现为技术水平和知识积累的竞争。技术进步已经成为当代经济增长最重要的推动力。对世界经济的整体增长而言，不仅需要各国独立的技术创新，同时为了节约稀缺的世界经济资源，需要各国尽可能地分享这种具有"公共产品"性质的技术进步，而国际贸易正好实现了技术进步的全球共享。此外，国际贸易还能从各个方面刺激或促进贸易双方的技术创新活动，使世界整体的技术存量不断增加，从而为世界经济的长期增长提供有效的保障。我国实施对外开放政策的主要目的之一也是要引进国外先进的技术、设备、管理经验和组织能力，从而更有效地提高生产率，促进本国的经济发展。

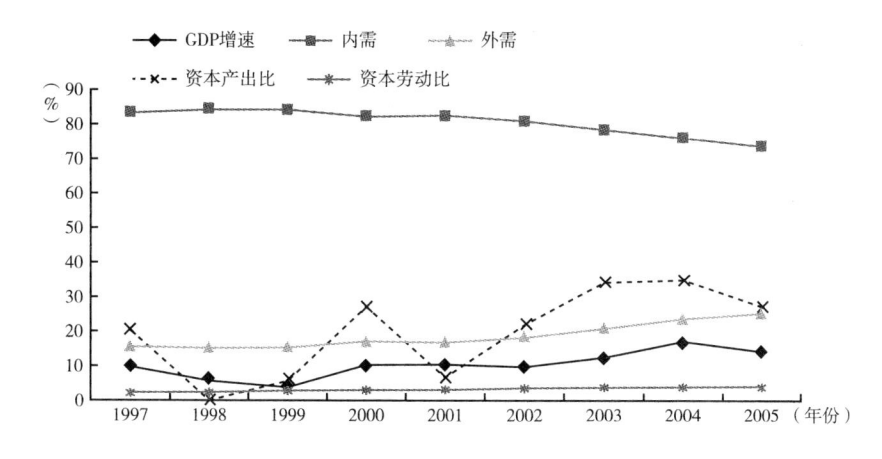

图4-7 GDP增速及内需、外需占总需求比重与技术进步变化比较

国际市场的吸引、消费者对高端差异化产品的偏爱，都会促使厂商在实力允许的条件下尽可能雇佣技能较高的工人，从而提升产品档次以获得更多收益。企业这种自发行为的本身会促进新技术的使用，为技术创新提供新的原动力。随着技术的逐渐扩散，众多生产者的生产技术普遍得到提升，从而使更多的厂商能够有机会进行出口生产，进入更广阔的市场并因此受益，因此国际市场的技术竞争会变得更加激烈。这种竞争会进一步推动出口厂商对先进技术的偏好，并可能给技术创新者提供垄断利润。于是在巨额垄断利润的指引下和剧烈竞争的压力下，厂家必定会加大对R&D的投入。从我国实践来看，伴随着我国外需规模的持续稳定增长，在政府和大中型工业企业两个层面上，无论是研究与开发（R&D）经费支出还是科技人员投入，我国的技术进步投入的整体趋势基本上是逐年增加的。

中国扩大内需与稳定外需战略

外需带动技术进步不仅体现在技术创新上，还体现为出口的学习曲线效应。一方面企业在出口过程中，国外的消费者会对产品的性能进行反馈，迫使企业根据市场的需求改进产品结构，改进生产工艺，提高产品功效。在开放条件下，企业面临国内和国外两个市场，无论是国内的还是国外的消费需求特性，都会影响我国企业在国际市场上的竞争优势。我国企业在对外贸易过程中，紧密跟踪国外需求潮流，有利于我国企业技术创新和发展。

另一方面由于外需扩大了市场容量，厂家可以通过规模生产降低生产成本，通过大量生产积累技术改良经验。同时出口部门与国内部门的前向、后向产业链接效应加速了国外技术在国内的扩散与传递。在我国的进出口中，加工贸易发展迅速，对外加工企业进口外国的关键料件和设备进行组装生产，在加工过程中摸索、了解和吸收国外同行的知识和技术窍门，逐步掌握生产这些中间产品的能力，使产品产化率不断提高。我国不少企业在"干中学"过程不断获得知识和技术，在完成资本积累的同时也有能力推出自己的品牌，与国外品牌同场竞技。[①]

内需的一个重要方面是进口产品。倘若就技术落后的国家而言，内需对技术创新的影响主要依赖于以下几个渠道。其一，进口将新产品输入发展中国家的同时，给输入国带来了模仿生产的动机，而模仿生产的本质就是一种学习新技术、新工艺的过程，在这个过程中，技术溢出开始发生，输入国的技术创新水平有所增强。其二，由于进口商品的竞争力会影响到当地厂商的市场份额，国际贸易也会间接地刺激当地厂商的技术创新活动，以期达到抗衡的目的。其三，如果进口商品本身拥有一定的技术含量或技术诀窍，国际贸易往往伴随着各种形式的技术指导，由此技术创新会在不同程度上扩散到输入国。其四，在国际贸易的准备阶段，为了便于进口方了解产品的性能，减少信息不对称对商品认知的差异，输出方会在一

---

① 以纺织业为例，纺织产业是传统产业，改革开放以后，中国纺织业不失时机地抓住了国际产业结构重组的有利时机，在20世纪90年代初开始引进国外先进技术和纺织设备，实施大规模的纺机改造，产业规模效应明显，形成了从纤维生产到纺纱、织造、染整、服装、纺机等完整的纺织产业链，织品的原料和产品都能够达到规模，从而降低了单个企业的运输成本和交易成本。同时由于中国纺织产业市场规模大，市场辐射能力强，能比较及时地反映国际纺织品的需求信息，纺织企业不仅能及时获得最新的产品技术信息，而且可以及时获得产品的反馈信息。

定限度内展示其产品的特性,由此导致技术创新的部分流失,一旦贸易谈判破灭,这种扩散往往不能得到相应的补偿。其五,国际技术贸易是技术创新扩散最为直接的方式,它不仅会对技术引进国的技术存量具有积极有效的影响,而且由于引进国的市场需求状况、人力资本、生产设备等诸方面与输出国存在着较大差距,还会刺激引进国的"二次创新"或适应性创新。

总之,通过以上种种方式,内需商品的进口最终会增强输入国的整体技术创新能力。进一步而言,通过上述渠道积累的某种技术一旦达到一定的水平,原输入国不仅能减少对由该技术生产的产品的进口依赖,而且,极有可能成为国际市场上相应的商品净供给者。发展中国家通过国际贸易引进国外先进技术,不仅在静态意义上提高了本国的技术存量水平,缩小了与发达国家的技术差距,改善了本国的技术能力,更为重要的是在动态意义上通过各种渠道和机制促使本国技术创新能力的提高以及创新机制的形成,为赶超发达国家提供了某种可能性。源于技术创新的产品不仅在内需市场上占有先机,也会扩大在外需市场的竞争能力,还将推动领先企业的技术升级行动,带来新一波的技术创新活动和内外需增长。

六 从 FDI 视角看扩大内需与稳定外需的互动关系

英国经济学家邓宁以优势理论、内部化理论和区位理论为基础形成的综合理论提出了"国际生产折中理论",用以解释国外直接投资(以下简称 FDI)。这种生产折衷理论除了包括所有权特定优势、内部化优势,还有区位特定优势。区位特定优势理论是指投资者要选中某投资对象国家或某一地区的投资环境,主要包括当地政府的吸引外来直接投资的政策和法律、市场规模和潜力、生产要素的特点和潜力、生产要素的特点和成本等对跨国公司利润最大化构成影响的一切因素。

内需市场的扩大,会增强对外商直接投资的吸引力,外商直接投资活动增加,能够直接扩大供给能力,会带动国内市场的需求和竞争,有利于提升中国企业在国际市场的竞争能力,从而有利于外需市场的繁荣。尤其是中国外商直接投资呈现高度的出口导向特征,大量外资企业属于加工贸易企业,

中国扩大内需与稳定外需战略

这部分外商直接投资基本上由外需拉动。同时,外商直接投资作为固定资产投资的组成部分,对扩大内需具有显著的拉动作用。表4-7和图4-8表明,外商直接投资变化趋势和外需变化趋势基本相似,而内需的增长速度比较缓慢,比较平稳。可以看出外商直接投资规模对我国外需有积极的影响,且影响显著,外商直接投资带来外需增加的同时,对内需也有积极影响,但影响程度相对较弱。在当前国际金融危机的背景下,中国巨大的国内市场对外商直接投资具有较强的吸引力,外商直接投资对增加国内的有效供给,提升内需水平和扩大外需规模都具有重要作用。

表4-7 GDP增速及内需、外需增长与外商直接投资增速

单位:%

年份	GDP增速	内需增速	外需增速	外资增速
1997	10.11	7.4331127	20.54881	17.52
1998	5.97	6.1373524	0.467657	-9.08
1999	3.64	6.8586675	6.09391	-10.07
2000	10.64	8.7713516	27.69465	12.72
2001	10.52	10.677696	6.732186	-19.50
2002	9.74	9.9472375	22.35475	9.707
2003	12.87	13.778632	34.65947	2.012
2004	17.71	17.081458	35.3159	14.13
2005	14.60	14.255771	27.5843	-0.4167
2006	15.67	14.864374	23.85787	15.23
2007	21.41	17.93279	20.576	13.80
2008	21.9	19.88779	7.301237	23.58
2009	11.5	13.97156	-18.293	-2.600
2010	18.8	14.28167	30.46835	17.45

资料来源:根据《中国统计年鉴》(各年)整理。

我国经济基础薄弱,技术(包括管理、营销等)水平低,人口众多,改革开放初期,存在着"资本缺口"和"技术缺口"。外资的进入能在很大程度上弥补这两个缺口,外资通过强化中国的比较优势而提升了中国出口产品的竞争力。中国产品出口竞争力的提升,使国内市场竞争加剧,有利于内需市场的繁荣。

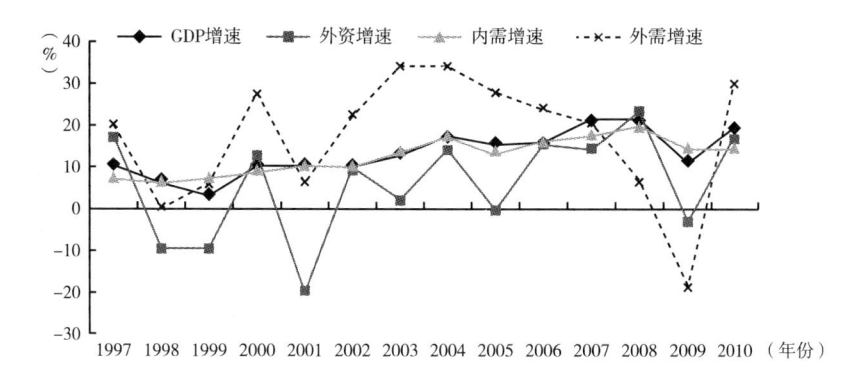

第四章
扩大内需与稳定外需互动关系的经济条件分析

图 4-8　GDP 增速及内需、外需增长与外商直接投资增速变化比较

（一）FDI 与外需

1. FDI 增长有利于外需稳定

FDI 的技术转移及其溢出效应促进中国出口贸易增长。外商直接投资的目的在于谋取利润，但同时它也会带动新技术、管理经验和营销技巧向中国的转移，这就是外商直接投资的"溢出效应"。

改革开放 30 多年来，外商直接投资带来了一批先进实用的技术，填补了我国许多产品技术的空白，使许多行业的大批产品更新换代，一大批老企业技术设备得到改造。外商投资促进了我国汽车、电子、通信等重要产业的发展。外资企业不仅本身引进技术和设备，而且带动了相关工业的技术进步，很多配套企业的产品已进入国际市场。外商直接投资技术转移及其溢出效应为我国国内企业所消化吸收，进而形成相对持久的示范效应，由此不仅可以推动国内工业的技术进步，缩小国内技术与国际先进水平之间的差距，还可以提高我国出口产品生产的技术装备水平和工艺水平，提高产品的国际竞争力，从而使以当地原材料和零部件加工制造产品的外资项目形成更大的出口规模。

FDI 的分工深化效应带动中国出口贸易增长。外商直接投资与我国生产要素的结合，不仅在短期内使中国相关产业纳入跨国公司的垂直分工和水平分工网络，使中国出口结构得以优化、国际分工地位得以改善，增加高附加值产品出口的机会，而且还会在长期内更进一步带动相关产业在投资国和中国之间的梯次转移，使得原来发展中国家向发达国家进口制成品、出口初级产品的分工格局逐步被改变成为制造业内部资源密集程度不同的产品的分工，刺激发达国家与发展中国家间的贸易由产业间贸易向产业内贸易和企业内贸易转化，产业内贸易的发展无疑会在更大程度上促进中国的出口贸易发展。

FDI的贸易环境改善效应带动中国出口贸易增长。研究表明，跨国公司不仅在东道国是自由化的重要支持者，而且在投资国同样是自由贸易的主要推动力量。显然，外商直接投资在很大程度上推动着中国市场经济的进程，从而促进中国贸易环境的改善。在中国对外贸易政策向自由贸易调整的进程中，无论是国际贸易的参加主体，还是国际贸易的参加行业、产品都越来越自由便利，这种贸易环境的便利化发展必然使中国的出口贸易向更大规模方向发展。

2. 外需稳定使国内市场产生"资本短缺效应"，从而吸引外资流入

中国在生产要素方面应当是公认的劳动密集型国家，资本则相对比较稀缺，但任何产品的生产都必须使用不同要素的组合。出口贸易虽然使我国突破了国内市场狭小的限制，实现了国内资源与生产要素的合理配置，扩大了经济规模，获得了较好的经济效益，促进了国民经济的高速发展。但是，随着中国出口贸易的发展，国内生产要素的丰裕度优势自然会逐渐下降，原本稀缺的资本要素，会更加稀缺。资本相对于其他要素的回报率急剧上升，因而扩大了国内与资本要素比较充裕的发达国家的资本边际生产力和利润方面的差异，从而吸引期望实现更高利润率的国外产业资本不断进入中国。

（二）FDI与内需

1. FDI导致国内市场产生需求增加和"竞争效应"，从而提升内需市场产品供给

由于科学技术的迅猛发展，消费者对产品的性能和质量要求越来越高，市场非价格竞争因素的作用越来越大。FDI使国际企业进入国内市场，参与国内竞争，国内企业就必须不断降低产品成本和提高产品质量。FDI增长本身意味着我国国内投资的增加，意味着内需的增加，FDI生产出来的产品会加剧国内市场的产品竞争，从而导致国内市场产生"竞争效应"。

2. 内需市场的繁荣，导致 FDI 的增加

中国拥有潜力巨大的内需市场，中国经济也仍能在一段时期内维持接近两位数的增速，这与欧美国家一两个百分点甚至是负增长的经济增速相比差异非常明显。此外，较低的劳动力成本、较为稳定的社会秩序和地方政策的支持，也是吸引外资落户中国的基础性因素。因此，短期来看，适度宽松的货币政策发挥出实效后，中国经济已经领先于全球主要经济体而反弹，不仅复苏的趋势很明确，反弹的速度也超出了市场的预想。现在的反弹周期，为外资实业资本布局中国提供了较好的时点。从经济基本面和外商加码投资中国的行为来看，中国仍将是大多数跨国企业扩张业务的首选地。全球经济的缓慢复苏趋势将推动跨国企业继续扩张业务，而中国经济的稳定增长，会持续地吸引跨国企业到中国投资，并有望使得中国的 FDI 在近两年出现平稳增长局面。

七　从人民币国际化视角看扩大内需与稳定外需的互动关系

从理论上讲，凡是非储备货币国家，无论其汇率制度如何合理，由于其国际货币兑换数量受到限制，如果把握不好，都有可能发生危机。经验表明，由汇率波动导致的货币支付和清偿危机，都发生在非储备货币国家，储备货币国家不存在这样的问题。当然，如果非储备货币国家有充足的外汇储备和外汇存款，足够解决贸易、债务和汇率波动干预以及应对金融交易投机所产生的对储备货币的需求，或者其货币的国际化程度提高且被信任，那么，它实行的汇率自由浮动和资本账户开放的风险就会很小，就可以加快推进汇率和资本流动的自由化进程。

人民币国际化有利于增加中国在国际市场的话语权，当我国真正拥有了国际货币发行权，可以提高本国货币政策的独立性，甚至可利用发行权来影响储备国的金融经济，并提升发行国自身抵御金融冲击的能力。最重要的是，国际货币发行国在国际金融体系中具有较大的话语权。这种话语权意味着制定或修改国际事务处理规则方面巨大的经济利益和政治利益，有利于进一步提升我国的国际地位和国际竞争力，有利于扩大外需市场。外需市场的扩大，必然会加快人民币国际化进程，导致国际市场对人民币需求增加；人

民币的实际购买力相对提高，有利于我国内需市场的扩大。

衡量人民币国际化程度，就是衡量人民币在国际范围内具备国际货币的特征和功能的程度，其度量指标由价值尺度的国际化指标、支付手段的国际化指标、价值储备的国际化指标和国际经济政策工具的指标这四大指标构成。从以上四个人民币国际化指标的分析来看，人民币还不是一个国际货币。这一结论的最大表征就是，国际贸易中以人民币计价的交易数量微乎其微，而且流通范围较为局限。人民币在周边流通的主要职能是计价单位和支付手段，而作为国际金融市场投资交易货币、国际储备货币等高级国际货币职能的表现则非常弱：在国际金融市场上流通的以人民币计价的债务尚不成规模，世界各金融机构包括各经济体中央银行所持的人民币资产也为数不多。总而言之，人民币目前所能发挥的国际货币职能相当有限，而且多限于周边经济体，人民币国际化还处于货币自由化的深入阶段和货币区域化的初始阶段。

（一）人民币国际化与外需

百年一遇的金融危机促使全球金融体系进行改革，其中全球储备货币改革也迫在眉睫。中国已经清楚意识到目前全球储备体系的弊端，并要面对储备过多美元的风险，改革势在必行。全球金融危机爆发之后，作为中国经济界寻求破解当前中国经济在全球化背景下发展新路径的探索，人民币国际化开始真正有了实质性的起步：2008年12月以来，中国先后同韩国、中国香港、马来西亚、白俄罗斯、印度尼西亚和阿根廷签署了总额达6500亿元的货币互换协议；2009年4月的国务院常务会议决定，在上海、广州、深圳、珠海、东莞5个城市开展跨境贸易人民币结算试点工作。

中国目前加快了人民币国际化的步伐。人民币国际化可以缓解庞大外汇储备带来的过多风险问题。近期推进的人民币国债在香港发行，以及人民币跨境贸易结算，是迈向人民币国际化的坚实一步。人民币国际化若成功，有助于中国摆脱目前"贸易大国、货币小国"的形象。

人民币国际化是一个动态过程，其对外需的影响具有双重性。一方面，它可能会给中国带来巨大好处，包括降低汇率风险、增强人民币在国际货币体系中的领导作用，以及促进中国的投资。另一方面，其也会使中国目前的贸易机制、汇率和货币政策面临巨大挑战。

首先，人民币国际化促使中国更多的企业走出去。除印度尼西亚、马来西亚、泰国、蒙古共和国和中国台湾地区之外，目前中国对大多数贸易伙伴都是顺差，同时中国是净资本流入国。中国在对外经济中的"双盈余"特点导致人民币供应不足，阻碍了以人民币计价的市场的快速发展。为了向其贸易伙伴提供流动性保证，也为了未来的地区贸易发展，中国必须以资本流出的方式提供充足的人民币，促使中国企业加快走出去步伐。

其次，为外贸和对外投资活动提供便利。当本币成为国际货币以后，对外经济贸易活动受汇率风险的影响就将大大减少，国际资本流动也会因交易成本降低而更加顺畅和便捷，因此货币国际化也将给发行国居民和企业的对外交往创造方便条件，使得外需实体经济和金融经济的运作效率都不同程度地提高。

最后，改善贸易条件。IMF的研究曾指出，当越来越多的外国人接受某一国际货币时，每一单位的该货币能购买的商品数量也随之上升，使得国际货币发行国的贸易条件得到实质性的改善。

（二）人民币国际化与内需

首先，人民币国际化促使中国调整内需政策。国际市场中人民币大量流通对中国的货币政策效果产生巨大影响。央行加息以收紧市场流动性时，全球人民币流动性可能流入中国追求更高回报，因此导致货币供应增加，紧缩措施的效力大打折扣。同时，这一过程将使中国人民银行目前的利率决策和控制贷款规模的机制受到挑战。

其次，人民币货币国际化有利于提升资产价格。在一国货币逐渐实现国际化、成为全球储备货币之一的过程中，本国资产对于外国投资者的吸引力势必上升，因此包括股票、房地产在内的资产价格有望受益，意味着居民的实际购买力提升，有利于内需的扩大。

八 内外需互动关系的模型分析

一般认为，目前我国的消费对经济增长的拉动作用较弱，扩大消费是下一步工作的关键。同时，内外需应当保持协调发展的关系，在一定意义上，

中国扩大内需与稳定外需战略

稳定外需就是稳定内需;在扩大内需方面要实现"以外促内"的策略。此外,国内有识之士对内外需协调发展的关系和实现方式进行了比较全面的分析。我们对内外需互动关系进行了定性分析之后,将进行实证考察,以研究内外需是否、如何以及在多大程度上相互影响,研究结论对目前的政策取向含义究竟意味着什么。

总体来看,内外需互动关系的中间变量主要包括:资源禀赋、就业、消费率、汇率、技术进步和国外直接投资(FDI),除此以外,特殊的国际国内环境也会成为我们制定内外需政策时的考虑因素,因此本模型也包括代表世界经济危机的虚拟变量。

我们的基本思路是通过计量分析来检验这些变量是否以及在多大程度上影响了内外需的相对比重(内需消费/外需出口)。假设内外需的相对比重为 Ra,人口红利为 Pb,人均能耗为 Re,就业率为 Em,消费率为 Cr,汇率为 Ex,TFP 贡献率为 TFP,FDI 为 FDI,经济危机为 Cr(见表 4-8)。计量方程设定如下:

$$Ra = \alpha_1 Pb + \alpha_2 Re + \alpha_3 Em + \alpha_4 Cr + \alpha_5 Ex + \alpha_6 TFP + \alpha_7 FDI + \alpha_8 Cr + \varepsilon \quad (4.1)$$

由于统计数据的限制,我们无法得到与理论变量完全一致的统计数据,因此在实证分析中必须寻找替代变量。解释变量的具体定义方法如下。

资源禀赋 - 人口红利:在计算人口红利对经济增长贡献的研究中,研究者往往使用人口抚养比来表示人口红利,即用 15 岁以前的这部分人口数加 65 岁以后的人口数做分子,然后 16~64 岁的人口数做分母。不过相关数据较短,无法追溯至 1978 年,因此笔者使用职工人口数占总人口的比例替代。从对这一指标的初步分析中可以看出,从 20 世纪 90 年代初到现在,职工比例一直呈下降趋势,这与我国人口红利正在逐渐消失的趋势一致。

资源禀赋 - 人均能耗:用能源消费总量(折算成万吨标准煤)除以总人口,得到人均标准煤数量的能耗。

就业率:用 1 减去国家统计局公布的登记失业率。

消费率:首先使用城镇人均消费支出除以城镇人均可支配收入得到城镇平均消费率,然后使用农村人均消费支出除以农村人均纯收入得到农村平均消费率,最后取二者的均值。

第四章
扩大内需与稳定外需互动关系的经济条件分析

汇率：历年人民币对美元汇率的年平均汇率。

技术进步：国家发改委测算的全要素（TFP）贡献率。

FDI：历年官方公布数据。

经济危机：1979~1983年、1989~1991年、1997~1999年、2008年经济危机。

表4-8 基本统计量

统计量	内外需比例	人口红利	人均能耗(吨标准煤/人)	就业率(%)	人口（万人）	消费率	汇率	技术进步	FDI	全球经济危机
最大值	9.30	0.13	4.29	97.44	132802.00	0.91	8.62	62.86	6417.27	1.00
最小值	0.95	0.08	0.62	78.47	96259.00	0.74	1.50	-110.99	0.00	0.00
平均值	3.47	0.11	1.93	92.02	116791.45	0.82	5.59	22.42	2135.91	0.42
中值	2.35	0.11	1.96	94.22	118517.00	0.83	5.76	27.38	1585.41	0.00

资料来源：根据联合国贸易数据库数据计算整理所得。

表4-9给出了模型分析的参数估计结果。

表4-9 因素分析模型参数估计

变量	参数值	标准差	变量	参数值	标准差
人口红利	-45.0310***	12.9108	技术进步率	0.0081**	0.0040
能源约束	-0.6604**	0.2915	FDI	0.0004*	0.0002
就业率	-0.1657***	0.0382	经济危机	0.5599**	0.2650
消费率	30.4501***	3.8286	R^2	0.9258	
汇率	-0.2499*	0.1345			

注：1. 在使用有限信息极大似然法估计进行工具变量回归时，传统的R^2计算方法会导致出现负值，这时考察方程总体拟合优度可采用准R^2替代，此处使用了实际值与预测值的相关系数。

2. *** 表示参数在1%的显著性水平上显著；** 表示参数在5%的显著性水平上显著；* 表示参数在10%的显著性水平上显著。

从表4-9中可以看出，方程的总体拟合优度很高，调整R^2达到了0.9258，所有变量均非常显著。这表明此模型比较准确地反映了我国的现实，其估计结果能够作为指导我们今后工作的定量依据。

估计结果反映出：①从人口红利来看，人口红利越大，内需相对比重越大。这是因为，人口红利越大，意味着适龄工作人口（本研究中指职工）

比重越大，国民经济整体消费能力越强，因此内需比重相对就大。

②从资源禀赋来看，人均能源消耗越少，意味着面临的能源约束越紧，内需相对比重就越大，有限的资源要优先满足国内需求，并加强相关资源的进口；而人均能源消耗越多，能源约束越松，外需相对比重就越大。这表明我国应该从实际出发，限制稀缺资源的出口，同时这也印证了我国长期以来"积极利用国际和国内两个市场、两种资源"的发展思路。

③从就业率来看，就业率越高，内需的相对比重越小，这是因为长期以来，我国相当多的就业机会是由出口导向型企业创造的。从这个角度，就业的增长，促进了出口的增长，从而降低了内需的相对比重。

④从消费率来看，消费率越高，内需相对比重越大。因此提高内需相对比重，提高居民的消费意愿，提高居民消费率是一个重要手段。

⑤从汇率来看，汇率水平越高，内需相对比重越小，这是因为人民币贬值会扩大外需。

⑥从 TFP 贡献率来看，技术进步是提高内需比重的重要手段，需要大力推进。

⑦从 FDI 来看，外商直接投资是扩大内需的重要因素，渠道可能在于通过直接扩大国内投资需求，以及提高就业率和居民收入。

⑧从经济危机来看，中国经济 30 年历史数据表明，一旦经济进入危机时期，内需相对比重就会上升 0.56，这表明，扩大内需是我国经济渡过危机的一个必要选择。

基于以上分析，我国今后在协调内外需关系总量上要着力做好以下几个方面的工作：①重视人口红利的利用和资源的有效开发；②扩大就业，提高就业率；③大力刺激消费；④保持汇率稳定或相机抉择；⑤大力促进技术进步；⑥积极引导 FDI；⑦保持适度的特殊时期政策措施。

九 结论：我国应实施内外需并重的战略路径

从中国的资源禀赋、就业压力、消费水平、汇率变化、技术进步、外商直接投资和人民币国际化七个方面来看扩大内需、稳定外需的互动关系，内需和外需在实践中是相互促进，相辅相成的：内需的扩大和结构性变动推动

第四章
扩大内需与稳定外需互动关系的经济条件分析

外需的拓展，外需的拓展反过来又进一步促进内需的发展与结构性升级，从而促进国民经济健康稳定的增长（见图4-9）。

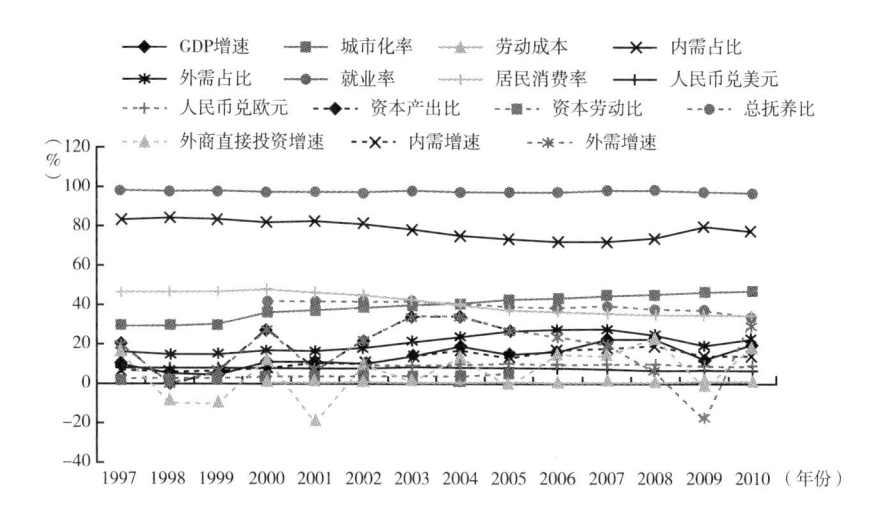

图4-9 资源禀赋、就业压力、消费水平等与内外需关系

国内市场需求及生产可以为出口提供重要的物质基础支持。一是庞大的国内市场可以发挥规模经济效应，降低生产和交易成本，增强产业竞争力，为出口提供坚实的产业基础；二是消费结构的升级可以拉动新兴产业的发展，带动出口产品结构的升级；三是国内研发和技术设备投资的增加，可以带动出口产品技术含量和附加值的提高，特别是推动高新技术产品出口；四是国内市场和产业技术优势还可以促进双向跨境投资，促进对外贸易的迅速发展；五是国内服务业的发展与升级，还可以有力推动产品开发设计、市场营销、物流供应链等产业链高端环节的加快升级，从而提高产业和企业核心竞争力，促进国际化品牌和知名跨国公司的培育。外需对内需也有着同样巨大的拉动作用。这特别突出地表现在：一是出口部门可以增加大量就业和收入，拉动国内即期消费，特别是通过吸纳大量农民工产生巨大的人口红利，拉动贫困阶层、低收入群体福利和消费水平的提高；二是对发展中国家拉动内需和消费结构升级有特殊效应，通常发展中国家新兴产业和高端产业的发展都会遭遇本地需求不足的严重制约，高成本、高价格瓶颈制约的打破需要充分利用国际市场；三是我国成为"世界工厂"，在规模经济、竞争效应、

中国扩大内需与稳定外需战略

消费引导等综合性外溢效用作用下,我国城乡消费品市场得以迅速成长;四是出口对即期投资有很大的拉动作用;五是外贸通过上下游产业产生乘数效应,拉动国内第一、第二、第三产业需求的扩大和升级。

因此,中国应该积极实行扩大内需与积极争取外需相结合的发展战略,内外需并重。内外需并重就要求我们增加有效供给,即知识创新、核心技术和人力资本的有效供给,必须从提高有效供给的角度制定内外需并重的经济发展战略。扩大内需与积极争取外需相结合的内外需并重经济发展路线符合中国的客观经济条件,同时从世界范围比较来看,也是切实可行的。

我国与发达国家产业互补性分析。无论是从比较优势理论还是从产业内贸易理论来考察,中国和发达国家在双边贸易方面都存在着很强的互补关系。和欧美等发达国家相比,中国在劳动密集型产品上具有较强的比较优势,而在资本密集型和技术密集型产品上则处于比较劣势,这符合我国要素禀赋的特点。从商品结构来看,我国向发达国家出口的主要是低附加值的轻纺和机电产品,进口的则主要是资本密集型产品及高科技含量产品。发达国家向我国出口的主要是资金与技术密集型产品,而我国向发达国家出口的产品,除机电产品外,基本属于劳动密集型产品。我国的贸易顺差主要通过出口大量的劳动密集型产品而获得。

随着中国经济的高速发展和国际贸易自由化不断向前推进,特别是随着我国出口市场多元化战略的实施,近年来中欧双边贸易的互补性指数[①]有所下降(见表4-10),但中欧双边贸易的双向互补性关系依然存在。中欧之间贸易互补性主要是由于两国资源禀赋和在产业结构上存在的明显差异,两国之间的贸易以跨行业贸易(垂直贸易)为主,同时存在相当部分的垂直型产业内贸易。

表4-10 中欧双边贸易互补性指数(1992~2008年)

年份	1992	1993	1994	1995	1996	1997	1998	1999	2000	2006	2007	2008
贸易互补性指数	1.032	1.029	1.032	1.022	1.014	1.011	1.009	1.004	1.000	1.003	0.996	0.987

资料来源:根据联合国贸易数据库数据计算整理所得。

---

① 贸易互补性依赖于产业结构、消费需求和要素禀赋,贸易互补性指数反映了贸易双方出口供给与进口需求之间的产品吻合程度。

第四章
扩大内需与稳定外需互动关系的经济条件分析

从我国与各主要贸易伙伴的贸易互补性指数（见表4-11）可以看出，我国与很多发达国家或地区在双边贸易方面都有很强的互补性，这足以说明我国在世界上的国际分工地位在不断提升，在以扩大内需为基础的同时以稳定外需为主导是相互作用、相互促进的关系。

表4-11　中国与主要贸易伙伴的双边贸易互补性指数（2008年）

国家或地区	欧盟	中国香港	美国	中国台湾	韩国	日本
贸易互补性指数	1.01	1.15	1.02	0.96	0.92	0.93

资料来源：根据联合国贸易数据库数据计算整理所得。

总之，中国外需市场的稳定与扩大将有利于双方经济的发展和社会福利的提高。无论是中国的出口与发达国家的进口之间，还是中国的进口与发达国家的出口之间，均存在着较强的互补关系。中国和欧美等发达国家处于不同的经济发展阶段，在产业结构、要素禀赋上的差异很大。通过贸易规模的不断扩大，可以增加各国的有效需求，提高各国资源的利用效率，使各自的比较优势得以更加充分的发挥。另外中国和欧美等发达国家之间产业内贸易比重的提高，不仅可以满足消费者对产品差异化的需求，而且将有利于改善双方的产业结构，实现规模经济。

我国与新兴经济体产业竞争力比较。对构成全球竞争力三大因素的制度、基础设施、宏观经济稳定性、健康与初等教育、高等教育与培训、商品市场效率、劳动市场效率、金融市场成熟性、技术准备、市场规模、商务成熟性、创新12个子要素进行考察，可以发现，中国的竞争力具有以下特点。

与印度相比，中国在基础设施、宏观经济稳定性、健康与初等教育、市场规模等方面明显占优，而在金融市场成熟性方面处于明显劣势；与俄罗斯相比，中国在制度、基础设施、宏观经济稳定性、商品市场效率、市场规模、商务成熟性、创新等方面明显占优，而在高等教育与培训方面处于明显劣势；与巴西相比，中国在制度、基础设施、宏观经济稳定性、商品市场效率、劳动市场效率、市场规模、创新等方面明显占优，而在金融市场成熟性方面处于明显劣势；与越南等新兴制造业国家相比，中国的劳动力资源不仅丰富，具有成本优势，还具有劳动力素质优势和产业链工种齐全优势，具有

中国扩大内需与稳定外需战略

更高的劳动生产率。同时,中国外需产业发展相对成熟、产业配套完善,具有产业集聚优势。

从中国的比较优势来看,已经出现劳动力数量成本优势逐渐向劳动力素质优势转化,劳动力素质优势的提升比出口竞争力的提升更为重要,因为劳动力素质的提升,不仅可以提升中国的出口竞争力,同时可以促进中国的内需繁荣。

我国企业走出去的可能性。随着中国企业在外需市场上的多年发展,中国企业在国际市场上的竞争力不断提升,越来越多的企业走出去,通过"外包"或在国外设厂等方式,让加工贸易从"引进来"变为"走出去"。经济全球化的主要特征是资源全球配置,生产全球合作,资本全球融通。中国的发展离不开世界,世界的发展也离不开中国。实施"走出去"战略是中国企业参与经济全球化的客观需要。我国正处在全球经济调整的战略机遇期,正处于小康社会的建设期、经济体制改革的深化期、经济结构的调整期。就世界范围的情况来看,各国正采取积极的行动来应对这场危机。我们完全可以利用这次机遇,在国际市场上增加我们的话语权。就我国自身的情况来说,这也是一个加快经济结构调整的机遇。从目前情况来看,那些受到危机冲击最为巨大的产业,正是我们所急需调整的产业。而以扩大内需为基础、稳定外需为主导的内外需并重战略使中国企业"走出去"战略更加成为客观需要和现实可能。当前,国际金融危机正在后续"发酵",发达国家的一批生产型企业也面临破产倒闭,中国企业进行国际兼并收购正面临前所未有的历史机遇。中国虽然已经建立起一批现代工业化、信息化产业,但缺乏核心技术和关键产品、零部件生产能力,国际化经营水平低。通过国际并购,中国企业要在境外获得上述这些高级生产要素,从而提升经济的整体水平。

综上所述,在今后一个时期,我国经济发展必须坚持内外需并重经济战略,关注以下几个问题。

第一,内外需在国民经济发展中是互动协调的关系。

从资源禀赋等经济条件来看,内需的扩大有利于外需的稳定,外需的稳定同样有利于内需的扩大,两者是相互影响、相互促进、相互协调、相互制约的关系。因此,从某种意义上讲,稳定外需就是稳定内需。扩大内需与大力开拓国际市场,积极发展对外经济贸易并不矛盾。应对国际金融危机,国

第四章
扩大内需与稳定外需互动关系的经济条件分析

民经济又好又快发展必须正确处理扩内需与稳外需的关系，近期内特别要千方百计稳定外贸，尽力避免因外部订单减少带来的损失，为扩内需政策发挥作用赢得时间和空间。而且，强调扩大内需，并不是说对外贸易不重要。实现经济平稳发展目标，不是只靠一个国内市场，还必须依靠两个市场。我们要充分估计到当前出口的困难，但绝不能听之任之，无所作为。当前，我们正处在难得的发展机遇期，用科学发展观统筹国际和国内两个市场，协调内需和外需的可持续增长显得尤为重要。

第二，我们应该坚持内外需并重发展战略。

作为一个大国，中国拥有巨大的潜在内需，国内需求具有较大的发展潜力，这是中国的优势，也是抵御外部经济波动冲击的重要基础，这就要求我们必须把扩大内需作为经济发展的长期的战略方针，充分发挥优势，拓展需求的空间。与此同时，外需对于经济发展也同样重要，外需是经济增长的发动机，外需可以诱导经济结构进入持续改善的良性通道；外需除了可以给我国带来诸多经济利益外，还会带给我们安全利益和文化利益；扩大外需会增强非政府组织在中国的力量，进而促进中国全面的政治、经济、社会管理体制改革。所以，只有内外需并重，才能充分释放潜在经济增长能力。

第三，当前要避免重内需、轻外需现象。

我国的内需一直难以大幅度提升，所以扩大内需受到各地、各部门的普遍重视，但我国内需的扩大空间并非如大家想象的那么大，我们应防止由于对扩大内需采取特殊鼓励措施而对外需部门造成事实上的歧视，误导资源流向；防止内需部门挤占出口部门所需的稀缺资源；防止在扩大内需中，强化我国在国际分工中的不利地位。从国际上看，外需扩张是大国经济崛起的重要动力，利用外需是新兴国家经济追赶发达国家的重要手段。从国内看，30年成功的经验表明，利用外需是我国经济发展、体制改革和技术创新的综合引擎，是发挥要素比较优势、汇集国际先进要素的重要平台，是统筹国内发展和对外开放的重要切入点。外需带动了经济增长，外需带动了规模扩大，外需促进了国内消费结构升级，外需促进了国内创新能力。当前应对国际金融危机绝不能放弃外需，必须坚定地坚持内外需并重，是因为即使在金融危机背景下，中国出口产品仍然具有较强的竞争力，外需市场还有一定的增长空间，只要外部经济能够复苏，中国的外需增长仍然可以维持一段时间。在

中国扩大内需与稳定外需战略

外需以加工贸易为主的情况下，我国外需比重达到 40%～50% 并非难事，但随着我国产业结构的升级和贸易结构的改善，外需比重可能有所下降，30% 左右将比较合适。

内外需并重是我国经济发展的必由之路，特别是在当今国内有效供给不足、国际市场需求不振的现实背景下，要积极寻找国际合作和投资机会，抓住时机，拓展国际市场，并发挥对外投资在转移国内产能、带动产品出口、转移国内储蓄、间接带动国内消费等方面的积极作用。与此同时，继续贯彻执行国家扩大内需的政策，进一步调整国内投资与消费结构以及改进投资结构、进口产品结构、引进外资结构等，使内需增长建立在优化的产业结构基础之上，并同时促进外需的有效增加。

第五章
内外需互动关系发展的国际经验借鉴

我国应该充分汲取世界主要国家内外需结构调整，以及其在经济增长中的作用和国际经验。在以日本、德国和美国等发达国家及印度、俄罗斯、巴西等新兴经济体的内需和外需在国民经济增长中的作用为案例，进行实证比较分析。通过研究这些国家的内外需结构特征，以期为我国内外需良性互动关系的建立提供有益借鉴。

一 德国、美国、日本内外需结构分析及其主要发展模式

（一）德国内外需结构分析

1. 第二次世界大战后德国的出口导向型经济增长模式

德国的经济增长模式是外向型的。德国在"二战"前就是工业强国。"二战"后，得益于美国的"马歇尔计划"，其工业很快重振，20 世纪 50～70 年代年平均增长 9.7%。其间，德国贸易顺差稳步增加，由 20 世纪 50～60 年代的 10 亿欧元逐步向 100 亿欧元逼近。70 年代保持在 100 亿～260 亿欧元，1974 年顺差最大，占当年德国进出口总额的 12.4%。80 年代后半期，德国年均贸易顺差突破 500 亿欧元，其中 1988 年达到 728.6 亿欧元，占当年进出口总额的 12.7%①。德国统一后，贸易顺差曾一度减少，但 1995

---

① 数据来源是联邦德国统计局网站。

中国扩大内需与稳定外需战略

年以后重上 500 亿欧元的高位。此后直至 2007 年,一直是世界最大的贸易顺差国。德国凭借其强大的出口订单,经济一直在欧盟"独领风骚",其对外贸易额占 GDP 的 47%。相比于欧洲其他国家,德国经济对出口的依赖非常明显,是典型的出口导向型经济增长模式。

表 5-1 1991~2010 年德国 GDP 及内需、外需结构

单位:百万欧元,%

年份	GDP	贸易差额	外需	内需	外需占比	内需占比
1991	1463561.9	-5808.1	377191.9	1469370	20.4	79.6
1992	1594066.5	-7241.3	383777.5	1601307.8	19.3	80.7
1993	1711383.9	-464.7	381351.2	1711848.5	18.2	81.8
1994	1809747	2632.1	417939.6	1807114.9	18.8	81.2
1995	1929422	9049.8	462186.6	1920372.2	19.4	80.6
1996	1921660.5	17278.9	478412.7	1904381.6	20.1	79.9
1997	1907246.1	23806	523960.5	1883440.1	21.8	78.2
1998	1952107	26638.8	559436.2	1925468.2	22.5	77.5
1999	2012000	17440	591490	1994560	22.9	77.1
2000	2062500	7250	688390	2055250	25.1	74.9
2001	2113160	42510	735600	2070650	26.2	73.8
2002	2143180	97720	765700	2045460	27.2	72.8
2003	2163800	85930	771310	2077870	27.1	72.9
2004	2210900	112930	849920	2097970	28.8	71.2
2005	2242200	118880	921820	2123320	30.3	69.7
2006	2325100	132460	1054910	2192640	32.5	67.5
2007	2428200	171700	1139490	2256500	33.6	66.4
2008	2495800	155690	1179360	2340110	33.5	66.5
2009	2374500	118500	995900	2256000	30.6	69.4
2010	2476800	135500	1159800	2341400	33.1	66.9

注:德国马克于 2001 年 12 月 31 日不再是德国法定货币,但是在 2002 年 2 月 28 日之前可以转换成欧元,到 2002 年 2 月 28 日,德国马克作为原有法定货币停止使用。

资料来源:欧盟统计局网站(http://epp.eurostat.ec.europa.eu),德国联邦统计局网站(www.destatis.de)。

从表 5-1 中可以看出,德国外需占比从整体上来看呈现在微小波动中平稳上升的趋势。德国外贸从两德合并后的第三年起开始持续顺差。这主要与其制造业具有较强竞争力有关。其制成品,特别是精密光学仪器、高端机

械制品和成套机器设备质量优异,在世界市场享有盛誉,"Made in Germany"的标签几乎等同于质量保证书。在德国出口产品的构成里,出口主要集中在汽车、机械和化工领域,份额和增速远远大于服务类消费品。然而,这次经济危机却揭示出当今世界经济的一个特点:制造业在经济中所占比重越大的国家,受危机的打击越重。同时,较高的外贸依存度使得德国经济在主要贸易伙伴国的经济出现问题时其经济也容易随之波动。所以,2008年世界经济危机爆发后,德国的外向型经济受影响较大,出现了"二战"以来最严重的经济衰退,金融业和实体经济完全笼罩在危机的阴影下。从2008年第二季度开始,德国经济一路下滑,2009第一季度GDP环比降幅达3.8%,为历年之最。以2009年1~4月为例,德国出口同比跌幅达22.9%,尤其是德国的机械制造业也未能在危机中幸免。从2008年第四季度开始,德国机械制造业订单额急剧下降,较2007年同期萎缩30%以上。但是,德国出口的产品具有高品质、高科技和可持续性等特点,全世界对德国的制造业高度依赖,因此,其抗风险能力较强。即使金融危机爆发一年后,2009年10月欧债危机全面爆发,德国的出口也未受到欧债危机的影响。德国机械设备制造业联合会的调查数据显示,2011年上半年,德国重点工业产品出口总额为689亿欧元,与2010年同期相比增长了18.2%。综合分析,在欧元区内,德国是最具实力的第一大经济体,是典型的出口导向型国家。德国出口在经历小幅震荡后走高,得益于以下三方面的因素。第一,也是最主要的,自身出口产品的结构优势;第二,新兴经济体国家对德国出口的强劲需求;第三,受欧债危机拖累,欧元对美元持续贬值,创4年来新低,使德国产品向欧元区之外的国家出口更具竞争力。

2. 经济增长模式的转变——扩大内需成为德国经济新引擎

2008年金融危机爆发后,为应对危机、扶持实体经济,出口大国德国转而重视国内市场,通过扩大内需来抵消出口下滑对经济的拖累。德国政府先后在2008年底和2009年初出台了两套经济刺激方案,规模分别为300亿和500亿欧元,主要从加大基建投资、保障企业融资、增加可支配收入、扶持企业、促进就业等六大方面助推经济。此外,第二套方案中,政府委托复兴银行成立了1000亿欧元的企业信贷担保基金,帮助企业渡过难关。为支持企业出口,德国政府加大了对出口企业的信用保险力度,2009年财政预算中的出口信用保险额度为1170亿欧元。

德国政府的经济刺激计划对经济增长起到了明显的促进作用。2009年8月14日公布的数据显示，德法两国经济率先转入正增长，第二季度GDP季率均增长0.3%，德国成为欧元区经济回暖最快的国家之一。此后，德国的经济强劲复苏。2011年3月18日，德国联邦经济部网站发布的月度经济形势综述指出，在2010年的德国经济增长中，内需做出的贡献约占2/3。内需一方面来自投资的活跃，另一方面来自私人消费支出的增加。调查显示，2011年德国企业依然有明显的增加投资意愿，扩大投资成为企业增加投资的重要目的。就业方面，许多企业计划增加雇员，这将进一步给良好的就业市场带来积极影响。就业增加，家庭收入提高，为私人消费的大幅增加打下基础。而据德国联邦统计局2012年1月公布的数字，按恒值计算，2011年德国家庭的消费至少增加1.2%，传统上不太喜欢花费的德国家庭将使2011年成为"10多年以来德国家庭消费成绩最好的一年"。这对传统上属于外向型的德国经济来说是一个积极的变化，可以说，内需已成为除出口以外的又一重要驱动力，形成了"两条腿"支撑经济增长的局面，综合内外需结构来看，德国经济将更趋于平衡。

（二）美国：以内需为主的经济发展模式

1. "马歇尔计划"下的出口导向型经济发展战略

第二次世界大战期间，美国大做军火生意，成为最大的军需品生产和出口国。在战争的刺激下，美国的工业生产能力得到了很大扩充，经济实力也迅猛增长。"二战"结束后，国内市场因政府较少订货而大幅缩小，而生产能力却在扩大，产销矛盾逐渐显露。同时，因为大批军人复原以及军事企业进行改组和撤销，大规模失业的社会问题成为威胁。美国从战时经济向和平时期经济的转型，出现了危机征兆。在此背景下，美国国务卿马歇尔提出"欧洲复兴计划"。从表5-2中可以看出，在该计划实施期间，美国支出款项总计131.5亿美元，其中88亿美元用于采购国内货物。美国出口贸易开始急剧增长，1947年几乎占资本主义世界总出口额的1/3，而战前的1937年仅占14.2%。1946~1950年，外贸顺差平均每年达58.8亿美元。在出口猛增的同时，1947 年美国进口、出口贸易却仅占世界进口总额的 12.9%，因而造成当时资本主义世界的"美元荒"。

表 5-2　1946~1952 年美国进口、出口贸易额

单位：十亿美元

年　　份	1946	1947	1948	1949	1950	1951	1952
出　　口	14.2	18.7	15.5	14.5	12.4	17.1	16.5
进　　口	7	7.9	10.1	9.2	11.6	14.6	15.3
净出口	7.2	10.8	5.5	5.2	0.7	2.5	1.2

资料来源：美国商务部经济分析局公布数据（http://www.bea.gov）。

"马歇尔计划"对美国经济的影响主要体现在以下两个方面：①大量的商品输出和资本输出，为美国商品扩大了海外市场，削弱了西欧国家的关税壁垒，取消了大部分贸易限额，为美国经济此后的海外渗透开辟了新的发展道路；②国内过剩的经济能力因此得以释放，缓解了美国内部经济改组中的困难，从而消除了美国经济的潜在危机。这在一定程度上为战后美国经济的持续繁荣奠定了基础。

可见，美国在"二战"后经济恢复和改造阶段以出口为导向的经济发展战略使美国成功完成了由战时经济向和平时期的转变，同时也加强了美国对西欧各国经济的控制和支配能力，从而为美国在政治、军事上与西欧结盟奠定了经济方面的基础。

2. 经济稳步增长时期以内需为主的发展模式

"马歇尔计划"的对外贸易扩张带动了美国经济在 20 世纪 70 年代之前的高速增长。20 世纪 50~60 年代，美国的贸易差额一直保持着顺差。但是，70 年代后一些新兴的发展中国家和地区的高速发展，使美国在世界市场上面临的竞争日趋激烈，进出口贸易的增长受到了制约，1972 年开始进出口贸易出现逆差，而且这种逆差状况持续至今，而且逐步扩大（见表 5-3）。

虽然美国贸易进出口逆差多年持续增大，但是 20 世纪后 30 年美国 GDP 增速一直保持在 7.2%，1990 年以后，美国经济增长放缓，但 GDP 增速仍稳定在 6% 左右。这一状况与美国的内需有着密切的关系。美国是世界上最大的消费市场，个人消费开支在推动战后美国经济平稳增长方面始终扮演着

中国扩大内需与稳定外需战略

表 5－3　1965～1990 年美国进口、出口贸易数额

单位：十亿美元

年份	净出口	出口	进口	年份	净出口	出口	进口
1965	5.6	37.1	31.5	1978	－25.4	186.9	212.3
1966	3.9	40.9	37.1	1979	－22.5	230.1	252.7
1967	3.6	43.5	39.9	1980	－13.1	280.8	293.8
1968	1.4	47.9	46.6	1981	－12.5	305.2	317.8
1969	1.4	51.9	50.5	1982	－20	283.2	303.2
1970	4	59.7	55.8	1983	－51.7	277	328.6
1971	0.6	63	62.3	1984	－102.7	302.4	405.1
1972	－3.4	70.8	74.2	1985	－115.2	302	417.2
1973	4.1	95.3	91.1	1986	－132.5	320.3	452.9
1974	－0.8	126.7	127.5	1987	－145	363.8	508.7
1975	16	138.7	122.7	1988	－110.1	443.9	554
1976	－1.6	149.5	151.1	1989	－87.9	503.1	591
1977	－23.1	159.4	182.4	1990	－77.6	552.1	629.7

资料来源：美国商务部经济分析局公布数据（http://www.bea.gov）。

关键角色。尽管不同时期的国内和世界经济时有波动，美国消费者信心也随之起伏，但总体而言，国内居民消费持续高涨。统计数据显示，美国的个人消费开支自 1970 年至今年均增长 7.5%，总体而言，略快于同期的美国 GDP 增速，使得消费开支在美国 GDP 中所占的比重高达 70%。从内外需结构来看，美国的内需占总需求的比重一直保持在 90% 左右，进入 21 世纪后比重有所下降（见表 5－4）。这说明美国 90% 以上的最终产出是用来满足国内需求的，可见美国是一个典型的内需主导型国家。

3. 后危机时代美国内外需结构调整的发展战略

2007 年初，美国出现次贷危机。随后次贷危机全面暴露，住房抵押贷款公司破产，对冲基金被迫清盘，投资银行宣布亏损，商业银行和保险机构也遭受了重大损失，全球股市大跌，次贷引发的信用风险最终演变成一场全球性金融危机。在全球金融危机的背景下，美国奥巴马政府上台。新政府为应对危机提出了全新的经济发展战略。

第五章
内外需互动关系发展的国际经验借鉴

表 5-4　1970~2010 年美国 GDP 增速及内需、外需结构

单位：十亿美元，%

年份	GDP	GDP增速	个人消费占比	外需占比	内需占比	年份	GDP	GDP增速	个人消费占比	外需占比	内需占比
1970	1038.3	5.5	62.4	5.7	94.3	1991	5992.1	3.3	66.4	10.0	90.0
1971	1126.8	8.5	62.3	5.6	94.4	1992	6342.3	5.8	66.8	10.0	90.0
1972	1237.9	9.9	62.2	5.7	94.3	1993	6667.4	5.1	67.2	9.8	90.2
1973	1382.3	11.7	61.6	6.9	93.1	1994	7085.2	6.3	67.1	10.2	89.8
1974	1499.5	8.5	62.2	8.4	91.6	1995	7414.7	4.7	67.3	10.9	89.1
1975	1637.7	9.2	63.1	8.5	91.5	1996	7838.5	5.7	67.3	11.1	88.9
1976	1824.6	11.4	63.1	8.2	91.8	1997	8332.4	6.3	66.9	11.5	88.5
1977	2030.1	11.3	62.9	7.9	92.1	1998	8793.5	5.5	67.3	10.8	89.2
1978	2293.8	13	62.2	8.1	91.9	1999	9353.5	6.4	67.8	10.6	89.4
1979	2562.2	11.7	62.1	9.0	91.0	2000	9951.5	6.4	68.6	11.0	89.0
1980	2788.1	8.8	63	10.1	89.9	2001	10286.2	3.4	69.5	10.0	90.0
1981	3126.8	12.1	62	9.8	90.2	2002	10642.3	3.5	69.9	9.4	90.6
1982	3253.2	4	63.8	8.7	91.3	2003	11142.1	4.7	70.0	9.3	90.7
1983	3534.6	8.6	64.7	7.8	92.2	2004	11853.3	6.3	69.8	11.0	89.0
1984	3930.9	11.2	63.6	7.7	92.3	2005	12623.0	6.5	69.7	10.3	90.0
1985	4217.5	7.3	64.4	7.2	92.8	2006	13377.2	6.0	69.7	11.0	90.6
1986	4460.1	5.8	64.9	7.2	92.8	2007	14028.7	4.9	69.7	11.8	90.7
1987	4736.4	6.2	65.4	7.7	92.3	2008	14291.5	1.9	70.2	12.9	90.0
1988	5100.4	7.7	65.7	8.7	91.3	2009	13939.0	-2.5	70.8	11.4	89.7
1989	5482	7.5	65.6	9.2	90.8	2010	14526.5	4.2	70.8	12.7	89.0
1990	5800.5	5.8	66.1	9.5	90.5						

注：内需数据选取了居民消费支出和政府消费支出两部分之和，外需选取了出口总额。
资料来源：美国商务部经济分析局公布数据（http://www.bea.gov）。

"扩大出口、买美国货、减少贸易逆差"：美国制造业在机械、化工和交通设备等方面优势明显，三者出口产品相加占美国出口额的将近一半。美国制造业年出口金额曾经在 2008 年夏天达到 1.095 万亿美元的高峰，但次贷危机发生后，美国年出口金额在低谷时期不到 8000 亿美元。对此，奥巴马政府在经济刺激方案中推出"买美国货"条款，鼓励出口企业扩大出口，争取改善美国长期的贸易逆差问题。从实施效果来看，2010 年美国出口超过德国，成为世界第二。制造业出口也反弹至 1.074 万亿美元。在制造业吸纳就业方面，自 2009 年 10 月以来，已经连续 27 个月增加雇用人数，这也

是自 1972 年以来的最长复苏期。众多数据显示,美国出口和就业之间呈现出一种正相关的联系,制造业已经成为美国经济增长中的一个新亮点。

奥巴马政府在 2010 年提出了五年内出口翻番的"国家出口计划",与此同时,也指出创造 200 万个就业的目标,而这差不多是经济危机期间美国制造业的裁员人数。对此,奥巴马政府在 2011 年 11 月之前连续与哥伦比亚、韩国、巴拿马等亚太区国家签署自贸区协定,在于夏威夷举行的 APEC 期间,再度力推《跨太平洋战略经济伙伴关系协定》(TPP),"重返亚洲",试图主导亚太地区经济格局发展,以此进一步增加美国与亚太大多数国家之间的贸易。

在内需方面,美国私人消费占美国 GDP 的 70% 以上,是美国经济增长的主要动力。私人消费中,有 50% 以上属于信用消费,20% 属于负债消费。而近期数据显示,美国民众在 2011 年 6 月消费支出出现 2009 年 9 月以来的首次下降,当月个人消费支出环比下降 0.2%,而此前市场预期是增长 0.2%。同时,美国居民储蓄增速有所加快,当月个人储蓄率升至 5.4%,为将近一年来的最高水准。究其原因,主要是美国美债上限法案的通过要求美国政府在不增加税收的情况下,消减社会治安、医疗补助计划和医疗保险等公共福利方面的开支,这直接导致了私人消费疲软,储蓄率提高。这也是美国把出口贸易摆在空前重要的位置的主要原因之一。

(三) 日本内外需结构分析

1. "二战"后日本政府提出贸易立国,经济高速增长

"二战"结束后日本确立了贸易立国、出口导向型的经济发展战略。该战略在 20 世纪 60~70 年代日本经济高速增长的过程中起到了十分重要的作用。这一时期的日本经济实力不断增强。

根据表 5-5 的数据我们可以看出,1956~1978 年,日本贸易增长速度要高于经济增长速度,对外贸易持续出现顺差。从进出口贸易来看,只有 5 年为逆差,多数年份为顺差。一般而言,贸易顺差会带来 GDP 的增长,因此,长期顺差对拉动日本经济发挥着重要的作用。在这 22 年间,从内外需所占的比重来看,外需占比基本保持在 10% 左右,1956 年曾达到 14.63%,但总体而言,变化相对稳定;净出口对 GDP 的年均贡献率为 7.8%,最高年

第五章 内外需互动关系发展的国际经验借鉴

表 5-5　日本 1956~1978 年 GDP 增速、贸易差额、内外需比例

单位：十亿日元，%

年份	GDP增长率（%）	进出口增长率（%）	内需占比（%）	外需占比（%）	贸易差额（10亿日元）	净出口拉动率（%）	净出口拉动GDP增长（%）
1956	12.5	51.7	85.37	14.63	354.3	32.1	4.0
1957	13	-8.9	89.11	10.89	-54.1	-4.2	-0.5
1958	4.8	-11	89.56	10.44	194.7	36.3	1.7
1959	15.5	23.9	89.33	10.67	113.7	6.2	1.0
1960	19.1	16.3	89.89	10.11	20.6	0.8	0.2
1961	22.5	15	91.39	8.61	-256.6	-9.8	-2.2
1962	9.1	3.9	90.88	9.12	13.4	0.7	0.1
1963	18.1	21.1	91.40	8.60	-365.6	-9.3	-1.7
1964	15.5	17	90.52	9.48	39.8	1	0.2
1965	10.6	13.3	89.75	10.25	411.8	13.2	1.4
1966	16.7	16.2	89.88	10.12	415.5	7.6	1.3
1967	17.5	15	90.51	9.49	-49.5	-0.7	-0.1
1968	17.8	18.8	89.98	10.02	591.5	7.4	1.3
1969	18.3	22.8	89.57	10.43	808.5	1.4	0.3
1970	21	14.4	90.00	10.00	1074.7	8.2	1.7
1971	10.1	8.5	89.47	10.53	2232.2	29.2	2.9
1972	16.5	8.4	90.42	9.58	1983.2	13.8	2.3
1973	21	40	90.61	9.39	-1000	-4.9	-1.0
1974	18.7	52.4	87.86	12.14	-264.1	-1.2	-0.2
1975	10	-0.2	88.67	11.33	297.2	2.1	0.2
1976	12.2	16.1	87.96	12.04	1611.3	8.6	1.0
1977	11	0.2	88.46	11.54	3698	19.6	2.2
1978	9.7	-6.7	90.27	9.73	2469.3	13.3	1.3

注：外需拉动率 = $\frac{(当期不变价净出口 - 同期不变价净出口)}{当期不变价支出法GDP - 同期不变价支出法GDP} \times 100\%$

外需拉动GDP增长（百分点）= 净出口拉动率 × GDP增长率

资料来源：《日本统计年鉴》1970年、1980年；《国外经济统计资料》1949~1976年。

份在1958年和1971年，达到30%左右。可以说，日本战后经济增长是出口导向型的高速增长。

2. "广场协议"后的战略调整——扩大内需

日本的出口导向型经济发展战略帮助日本实现了战后经济的高速增长，

中国扩大内需与稳定外需战略

占据了世界经济大国的地位。但是，出口主导型的经济发展模式使日本受国际环境的影响较大。1985年"广场协议"签订后，日元被迫大幅升值，在两年时间里升值近一倍。日元的大幅升值给以出口为导向的日本经济带来了沉重打击，特别是制造业出口企业。面对日元升值后出口受阻的局面，日本政府将宏观经济政策的首要发展目标调整为刺激投资消费、扩大内需，并采取了一系列政策和措施。从1985年至2010年，日本经济发展战略的调整可以大致划分为三个阶段（见表5-6）。

表5-6 1985～2010年日本GDP和内需、外需结构

单位：10亿日元，%

年份	GDP	出口	内需占比	外需占比
1985	330396.8	44396.3	87.8	12.2
1986	342266.4	37361.1	89.8	10.2
1987	362296.7	36036.6	90.7	9.3
1988	387685.6	38648.9	90.8	9.2
1989	415885.2	43643.5	90.4	9.6
1990	451683	46126.6	90.6	9.4
1991	473607.6	46987.2	90.8	9.2
1992	483255.6	47237	90.9	9.1
1993	482607.6	43477.6	91.6	8.4
1994	489378.8	44283.9	91.6	8.4
1995	497740	46221.8	91.4	8.6
1996	509095.8	51054	90.9	9.1
1997	513612.9	56397.5	90.0	10.0
1998	503324.1	53493.8	90.2	9.8
1999	499544.2	52151.4	90.4	9.6
2000	504118.8	55632.4	89.9	10.1
2001	493644.7	52272.5	90.4	9.6
2002	489875.2	56679	89.5	10.5
2003	493747.5	60375.7	88.9	11.1
2004	498490.6	67038.7	88.0	12.0
2005	503186.7	74902.1	86.9	13.1
2006	510899	83889.4	85.7	14.3
2007	515822.8	92221.7	84.6	15.4
2008	497678.7	78314.4	86.4	13.6
2009	491130.8	70984.7	85.5	14.5
2010	517322.4	83420.7	83.9	16.1

资料来源：日本内阁办公厅网站（www.cao.go.jp）。

第五章
内外需互动关系发展的国际经验借鉴

第一阶段是20世纪80年代末，日本的内需占比逐步增大，从1985年的87.8%提高到1989年的90.4%，但是增幅不大。这是因为此阶段的日本政府仅从战略层面提出扩大内需的构想。1987年，日本政府发表了《为国际协调进行经济结构调整研究会的报告书》，明确日本经济的中期目标是减少对外收支的失衡，致力于与国际社会的协调；强调基本政策是进行开放市场、放松管制等结构性改革，实现由出口大国向内需主导型的消费大国的经济结构转变。在这一阶段，日本政府的主要任务是克服日元升值对出口的冲击，摆脱日元升值萧条。因此，政府实行超低利率的超金融缓和政策。1986年1月30日将法定贴现率从5%调到4.5%，3月10日调到4%，4月21日调到3.5%，11月1日又调到3%，1987年2月23日再调到战后历史最低水平2.5%。这一超低利率是战后历史上的最低水平并一直持续到1989年5月31日。结果，日本的货币供应量在1987~1990年大幅增加，年均增加率超过10%，这一增加率也大大超过了名义国民生产总值的增加率。另外，日本政府还采取了扩张性财政政策。1987年5月末，日本政府制定综合财政扩张计划，东京都政府也制定了大型的城市发展计划。这些计划不仅刺激了地价的上涨，同时也使拥有土地的企业的股票价格大幅攀升。结果，金融和财政双扩张的经济政策使得虚拟资本迅速膨胀，进一步加剧了日本当时已经高度累积的"泡沫经济"。可以说，日本在这一阶段所采取的扩大内需的政策是不成功的，不仅未起到平衡贸易黑字的作用，反而为泡沫经济的膨胀埋下了"祸根"。

第二阶段是20世纪90年代。1991年，日本泡沫经济开始崩溃，日本经济出现衰退。失业率急剧上升，消费需求不足，市场相对疲软已成为制约日本经济高速增长的关键因素。因此，日本政府将扩大内需作为这一阶段启动日本经济的重要杠杆，并采取了一系列的政策和措施：①增加财政预算支出，实行扩张性财政政策，以扩大公共投资为核心，刺激政府消费；②实施减税政策，降低利率，大力发展消费信贷，刺激并鼓励个人消费。从表5-6中可以看出，这一时期日本的内需占比均超过90%，这些举措使日本经济在90年代中期出现了一个短暂的复苏，但是此次复苏并没有使日本经济稳步提升。随后日本经济又陷入低谷，出现负增长。

第三阶段是21世纪初至今。此阶段日本经济的复苏始于2002年，可以说，此次复苏的主要拉动力是对外出口扩张。外需占比从2002年起突破10

个百分点,到 2010 年增长到 16 个百分点。日本在 21 世纪初的经济复苏以出口为启动器,将出口拉动迅速转化为民间企业设备投资,而企业收益的扩张进一步带动了民间消费,从而实现扩大内需。当然,日本这一阶段的"出口-投资-消费的联动链条",与其大规模的经济体制改革是密不可分的。21 世纪初,日本开始大刀阔斧地进行金融体制改革,建立了银行业的混业经营;企业治理创新改革,在国际新产业分工体系中,确保了日本在生产设备、核心部件以及原材料等生产资料领域的龙头地位,这为日本对外投资,带动生产资料出口,进而带动国内设备投资增加,创造了良好的前提条件。此外,日本政府力推行政、财政体制改革,压缩公共投资,确保民间企业投资的空间。尤其在解决通货紧缩这一问题上,日本政府摒弃了传统的"金融和财政双扩张的经济政策",而是针对全球化的新形势,压缩财政支出,同时放宽金融政策。

在全球性金融和经济危机冲击下,对外需依存度高的日本经济在 2008 年和 2009 年陷入严重衰退。对此,日本政府和企业在竭力刺激国内消费、扩大内需的同时,还通过多种渠道拓展海外市场,稳定和扩大外需,以刺激经济复苏。具体而言,主要有以下几项措施。一是对企业海外活动提供金融支持,通过设立海外事业紧急支援金,对海外陷入融资困难的日本企业提供援助。二是加强国际合作,开展经济外交,为企业寻找发展空间,日本政府将经济外交的重点放在亚洲地区和新兴市场国家。三是积极推进"低碳革命"战略,支持企业开发领先世界的太阳能发电、低耗能汽车及节能机器技术,并通过补贴和环保积分等措施推广普及家庭太阳能发电系统和节能家电、汽车等。这些措施不仅扩大了内需,也有助于企业抵御外需不振的影响,为进军海外市场打下基础。

3. 内外需互动关系——外需拉动内需增长

从上述三个阶段日本政府扩大内需的举措来看,最初,日本的经济发展战略逐步从出口导向型向内需主导型转变。从 20 世纪 80 年代中后期开始,日本政府采取了一系列扩张型政策措施。但是,由于日本经济长期严重依赖外需,国内经济结构很大程度上是在外需的引导下形成的,与国内需求结构不相吻合,尽管日本政府制定了一些扩大内需的政策措施,然而,由于难以形成新的主导产业及投资和消费热点,日本政府被迫不断地进行产业重组以及经济结构调整。

作为一个资源极为匮乏、土地贫瘠而人口众多的岛国，在这个自然条件下，要发展其国民经济，必须通过对外贸易来实现。实践证明，日本经济仍然难以摆脱外需拉动的发展模式。内需主导型的经济发展战略以及同时期采取的政策、措施都是不合时宜的，使得日本没能够把握住经济复苏的机遇，最后导致日本经济陷入长期的经济萧条。其中两个主要的政策错误是：①过于宽松的货币政策，使得虚拟资本增大，给日本经济埋下了泡沫经济的隐患；②产业发展方向偏差。日本没有能够确定正确的新主导产业，因而没能利用当时日元升值带来的有利机遇进行产业结构的调整和升级，没有能够赶上世界经济新一轮的结构调整，至今其支柱产业结构仍旧是以汽车和家用电器等传统产业为主。

进入21世纪，日本政府吸取了20世纪90年代制定的错误经济政策的经验教训，调整了经济发展战略，以共同推进内外需为发展目标，并寻求出一条"出口－投资－消费链条"的有效发展经济的途径，使日本重新找到了发展经济的突破口，终于使日本走出了长期经济萧条的困境。从内外需结构来看，历年的出口需求仅占总产出的10%多一点。也就是说，日本与美国一样，近90%的产出是用来满足国内需求的。但是与美国不同的是，日本的国际收支长期表现为顺差，这说明日本其实是以内需为主的国家，但是多年来离不开外需对经济增长的拉动作用。从表5-5和表5-6的数据中可以看出，在战后日本历次的经济恢复性增长中，外需扩大始终起到了很重要的作用。但是，多年来日本的外需占比并不高，这说明历次的经济复苏，不是单靠外需拉动的，而是通过外需的"引擎"作用带动内需发展，同时内需促动外需，二者相互促进的结果。可见，这种通过发展外需来拉动内需增长，从而促使内外需齐头并进的方法是日本实现经济快速复苏的关键。

二 德国、美国、日本发展模式比较及内外需变动规律总结

（一）出口导向型经济发展模式的优劣比较

出口导向型的经济发展模式是指以出口为龙头来带动一国经济的增长。

实施国通常实施更加自由的贸易体制和鼓励出口的政策，以促进本国产品的出口。从上文的分析中可以看出，该模式的优点较为显著，主要表现为以下几点。

①它为一国国内过剩的商品或者限制的资源提供出路，拓展国外市场，使国内优势生产资源得到充分利用和合理配置，提高了要素利用率，能够更多地享受国际分工所带来的经济利益；②扩大或获取规模经济效应。每一个产业和行业甚至产品都有一个大致的适度规模，通过扩大出口，可以使得生产达到适度规模，获取规模效益；③通过扩大出口，可以赚取更多的外汇，以支持和扩大国内必要的进口；④该模式实施的自由贸易体制能够促进国外先进技术的进口，进而更能发挥贸易的动态效应，达到改善产业结构的目的。

但是，该模式同时存在一些缺陷和不足。一是依赖大量出口来推动本国经济发展，增加了本国经济的对外依赖性。特别容易受国际环境的影响，世界经济的动荡或者国际市场需求结构的变动都会反映在出口总量与增长速度的变化上，进而通过传导机制对整个国民经济产生深远影响，这给经济的长期稳定发展带来隐患。二是加剧了经济发展的不平衡。外向型工业部门发展很快，而一些面向国内市场的工业和农业部门却发展缓慢。

（二）内需主导模式之优劣比较

与出口导向模式相对应的是内需主导模式，实施该模式的国家经济发展的主动力往往来自国内需求。实施该模式的国家一般具有资源丰富、人口众多、疆域广阔、市场容量足、产业部门比较齐全等特点。该模式对一国经济平稳发展发挥着重要的作用，主要表现在以下几个方面。

第一，内需是推动经济平稳增长的根本保障。满足国内居民日益增长的物质文化生活需要，提高国内居民的生活消费和各种福利水平，是任何一个国家经济的首要目标。从日本、德国以及美国的内外需结构来看，内需都占有绝对的主导地位。因此，满足国内市场的需求，就成为经济稳步增长的基础和根本保障。

第二，有效降低对外贸易依存度，使经济受外部的影响变动减小，降低贸易摩擦案件的发生率。

第三，促进产业结构升级。由于一国各地的消费习惯与消费水平存在着巨大的差异，能够产生各种不同的需求，因此可以培养出一批产品差异性较大的生产企业集团，形成有效的竞争格局，并有利于产业结构的升级。因此，内需主导型的模式只要在良好有序的环境下，通过国内的区域贸易和区域竞争，就可以维持国内市场的竞争性，改善市场结构，提高资源配置的效率，促进创新活动，从而保证经济健康发展。

内需主导型的不足之处主要表现为以下两点。①受本国资源禀赋的制约。需求结构受供给结构的制约，而供给结构又受产业结构和资源结构的约束。世界各国在社会资源蕴藏能力上存在差异，一个国家内部有的产业会难以全部吸收现有资源，或者出现供给落后于需求的增长。当然，在经济全球化背景之下，国际分工和合作越来越细致、紧密，促进了国际交换的发展，有效地调节了国内需求过剩或者不足。②开拓国内消费市场仅靠自身循环作用十分缓慢。积极扩大内需，尤其是积极扩大消费需求，是实施内需主导模式要长期坚持的方针。要提高消费的比重，需要以完善的教育、医疗、养老等社会保障体系为基础，也需要有良好的流通服务设施和社会就业环境，而这些因素的建立都需要政府的巨大财政支出以及长期的扶持政策为前提，并非一蹴而就，而是一个长效机制。

（三）主要发达国家内外需变化规律总结

不同的国家在不同的经济发展阶段，内需和外需的重要性存在差异。总体而言，二者的变化规律以及相互关系应该是互为补充、协调发展的。具体而言，外需对小国的作用大于大国，在经济起飞阶段的作用大于成熟阶段。内需对大国的作用大于小国，在经济成熟阶段的作用更为显著。日本、德国以及美国在经济起飞阶段基本上都实施了出口导向型战略，对经济的高速增长起到了十分重要的作用。经济起飞后，这些国家都在不同程度上调整了本国的经济发展战略，先后转向了内需主导型战略。

德国长期以来实施出口导向战略，且外贸出口长盛不衰，"二战"后至今，德国一直都是贸易顺差国。1991年德国统一后，外需占总需求的比重从20%逐年增大，2005年至今，年均超过了30%，外需对GDP的拉动作用巨大。德国对外贸易能够保持快速持久的发展与其出口产品结构合理、质量好、信誉高和技术优势等因素密不可分。汽车工业和机械制造业是德国产业的两大王牌，其出口的产品具有技术高端先进，质量、信誉双保障等特点，具有很强的国际竞争力。但是，此次经济危机爆发后，德国的外向型经济受影响较大，出现了"二战"以来最严重的经济衰退。德国政府也因此开始反思这种出口导向战略的缺陷，并积极有效扩大内需，摆脱经济增长过分依赖出口的发展模式，争取以更强的国际竞争力迎接"后危机时代"。

日本是一个从出口导向战略调整为内需主导战略的国家。从内外需结构来看，日本内需占比一直是较高的，从1956年至今，近90%的产出是用来满足国内需求的。而"二战"后至广场协议这一阶段的出口导向战略，外需有了明显提高，年平均占比超过10%，这一时期的外贸带动了日本经济的高速增长，大大推动了日本实现工业化的进程。广场协议以后受国际环境影响，日元被迫升值，出口紧缩，日本政府的政策导向从重视出口向扩大国内需求转变。此后，日本政府采取了增加公共支出、降低利率等一系列的扩张型政策措施，然而，由于受到资源禀赋条件的约束，日本经济长期严重依赖外需，国内经济结构很大程度上是在外需的引导下形成的，与国内需求结构不相吻合，这些政策措施的成效并不显著。国内难以形成新的主导产业及投资和消费热点，对此，日本政府被迫进行不断的产业重组以及经济结构调整。虽然日本的贸易中心、出口结构都不同程度地发生了变化，但是多年的实践证明，日本经济仍然难以摆脱外需拉动的发展模式。2002年经济的缓慢复苏依然归功于出口增长带动国内生产，2002~2010年外需占比均超过10%。在生产部门，出口增长刺激了国内生产，促进设备投资的增加；在消费部门，出口增长促使企业效益改善，个体收入增加，虽然仍存在通货紧缩问题，但在一定程度上带动了个人消费信心的回升；在产业体系内，制造业景气效果逐渐向非制造业传递，金融、通信以及房地产等第三产业，也相继在这次复苏中出现恢复性增长。可以说，以外需为主导、出口为媒介的经济复苏再次实现了日本经济改革难以实现的目标。

美国是一个典型的内需主导型国家。就内外需结构而言，美国与日本的内需占比较为相似，从20世纪60年代至今，历年的内需占比一直保持在 90% 上下。但从经济贸易发展的角度看，美国长期实行鼓励出口的政策，尤其在 20 世纪 90 年代以及 2005 年以来，美国的外需有逐步扩大的趋势，外需占比年均超过 10%。但是，与日本不同的是，外需对美国的拉动作用并不显著，美国是高消费的国家，其经济的基本特征是信用消费，国家财政赤字和广大居民借贷都以透支的方式进行大规模消费。通常情况下，个人消费开支占 GDP 的 70% 以上。因此，这种不断升高的消费水平以及不同层次的消费需求为美国的经济增长源源不断地提供动力。但同时，透支型消费也造成了实体经济与虚拟经济的严重脱节，造成一种国内需求虚假繁荣的景象。日益膨胀的虚假泡沫一旦破灭，就会产生"毁灭性"的灾难。2008 年席卷全球的美国次贷危机就是信用消费模式下的一种极端产物。

综合而言，从上述三个发达国家的内外需结构的变化规律中可以看出，内需是经济发展的基础，外需则在各国实现经济起飞或者赶超阶段中具有不可替代的重要作用和地位。从内外需结构来看，我国与美国同样是内需占绝对优势地位的国家，但我国的内需明显不足，而内需又是经济平稳发展的重要保障。因此，作为一个大国，中国在今后较长时期内应该主要依靠自身的市场、资源和资金来发展经济。同时，保持外贸稳定也是我国经济发展的必然选择。无论从国际上德国、日本的经验，还是从中国的实际来看，重视利用外部市场，大力发展对外贸易，是一个国家经济增长的重要推动力量，更是后进国家和地区实现经济赶超的必由之路。同时日本的经验告诉我们，外需对内需有着巨大的拉动作用，特别突出地表现在：第一，庞大的出口部门能够带动国内巨大的生产性需求，包括能源、原材料、上下游加工制造业以及交通运输、物流、市场营销等生产性服务业，带动覆盖整个三大产业的巨大产业链。第二，外需能够带动国内最终消费的增加。出口产品生产的增加，能带动国内就业工人收入和国家税收的增加，从而推动国内最终消费需求的增加。第三，外需还可以通过优化产业结构和消费传导效应促进新的消费需求形成。第四，外需能够拉动有效的投资需求，包括增加出口及其相关部门的投资，改善投资预期等。可见，内需和外需的发展是并行不悖的，应当是协调发展、相互补充的。

三 德国、美国、日本发展经验对我国正确处理内外需互动关系的启示

依据经济发展的动力来自国内需求或者国外需求的不同，经济发展战略一般分为内需主导型经济发展战略和出口导向型经济发展战略。国际经验表明，大国多实施立足国内市场需求的内需主导型战略，小国更多实施利用国际市场资源的出口导向型战略。但是，不同的国家在不同的经济发展阶段，内需和外需的功能存在差异，两者之间并不是截然对立的，同一国家可能在不同的历史发展时期相继采用这两种战略。总体而言，二者的变化规律以及相互关系应该是互为补充、协调发展的。借鉴主要发达国家的经验，在当前后危机背景下处理好内外需发展的良性互动关系，对推进我国内外需结构的调整以及我国经济的健康发展具有重要的战略意义。

（一）内外需结构调整的国际经验

1. 实施出口导向型经济发展战略是一国经济起飞阶段的有效之举

内需和外需在各国不同经济发展阶段的总体规律是外需对小国的作用大于大国，在经济起飞阶段的作用大于成熟阶段；内需对大国的作用大于小国，在经济成熟阶段的作用更为显著。从内外需的结构来看，主要发达国家基本上都实施过出口导向型战略，如"二战"结束后日本、德国纷纷确立了出口导向型的经济发展战略，该战略的实施带动了两国战后的经济高速增长；"二战"后的美国在经济恢复和改造阶段实施了具有出口导向的"马歇尔计划"，使得其成功完成了由战时经济向和平时期的转变。可见，实施出口导向战略，客观上存在着一个"时机"问题。在经济起飞阶段，要实现经济的高速增长，就要善于抓住时机，利用开放条件，积极推动出口贸易。

2. 出口产业结构合理、产品质量好、信誉高、技术优是外向型经济持续发展的关键因素

日本的出口产业结构发展轨迹是一个动态变化的过程。20世纪50年代，日本国民经济处于恢复阶段，出口产品中主要是劳动密集型的轻工产品；60年代中期，日本的产业结构开始由劳动密集型产业向资本密集型产

业转移，国民经济进入以重化工业为主体的高速发展时期，这一时期的出口产品中，重化工产品占据主导地位；70年代初期，由于石油危机的爆发，日本产业结构开始由资本密集型产业向节约能源、资源的技术密集型产业转化，成套的机械设备和电子产品成为当时日本出口贸易的新支柱；进入80年代，日本的产业结构进一步转向高附加值的技术、知识密集型产业部门。日本政府投入巨额资金从事技术开发，促使该技术、高附加值的产品不断涌现，这极大地提高了日本出口商品的国际竞争力。日本这种劳动密集型－资本密集型－技术、知识密集型的产品结构动态化升级使其出口商品能够一直处于国际市场的需求之中。

德国也长期实施出口导向战略，且外贸出口长盛不衰，从"二战"至今，德国一直都是贸易顺差国。1991年东西德合并后，外需占总需求的比重从20%逐年增大，2005年至今年均超过了30%，外需对GDP的拉动作用巨大。德国对外贸易能够保持快速持久的发展与其出口产品结构合理、质量好、信誉高和技术优势等因素密不可分。汽车工业和机械制造业是德国产业的两大王牌，其出口的产品具有技术高端先进，质量、信誉双保障等特点，具有很强的国际竞争力。近些年来，德国可再生资源、纳米技术和环保产业也取得了突飞猛进的发展，成为德国外贸优势产业。同时，为使德国机械制造业得以持续发展，德国政府确立了三大发展目标："绿色制造""信息技术""极端制造"（是指在极端条件下，制造极端尺度或极高功能的器件和系统，集中表现在微细制造、超精密制造等方面）。可见，只有高技术含量、高附加值的产品才能在国际市场上具有更强的国际竞争力。

3. 出口导向型战略易受国际经济环境影响，应适时调整经济发展战略

出口导向型经济发展战略主要依赖大量出口来推动本国经济发展，增加了本国经济的对外依赖性，特别容易受国际环境的影响，世界经济的动荡或者国际市场需求结构的变动都会反映在出口总量与增长速度的变化上，进而通过传导机制对整个国民经济产生深远影响，这给经济的长期稳定发展带来隐患。同时，该战略加剧了经济发展的不平衡，外向型工业部门往往发展很快，而一些面向国内市场的工业和农业部门却发展缓慢。因此，主要发达国家实现经济起飞后在不同程度上调整了本国的经济发展战略，先后转向内需主导型战略。

日本在 1985 年广场协议后，日元被迫升值，外贸盈余不断扩大，贸易摩擦日益增多，日本政府开始从重视出口的主导作用向扩大国内需求转变，并采取了增加公共投资、降低利率等一系列扩张型政策措施。这些措施使日本的贸易中心、出口结构在不同程度上发生了变化，但是由于日本经济长期严重依赖外需，扩大内需战略很难在短时间内形成新的主导产业及投资和消费热点，日本政府被迫不断进行产业重组及经济结构调整。此外，出口大国德国在 2008 年世界经济危机中也因出口贸易急剧萎缩转而重视国内市场，先后在 2008 年底和 2009 年初出台了两套经济刺激方案，规模分别为 300 亿欧元和 500 亿欧元，主要从加大基建投资、保障企业融资、增加可支配收入、扶持企业、促进就业等六大方面助推经济。这两套经济刺激方案对经济增长起到明显的促进作用，德国成为欧元区经济回暖最快的国家之一。可见，出口导向型战略存在经济发展对外依赖性较高、易受国际经济环境影响等缺陷。因此，有效扩大内需、降低对出口的依赖是外向型经济应对国际经济环境变动冲击、实现平稳发展的有效应对之举。

4. 内需是经济平稳发展的基础，居民消费是拉动内需的持久动力

在稳定性方面，内需必然是基础，这是由一国经济发展的客观要求所决定的。满足国内居民日益增长的物质文化需要，提高国内居民的生活消费和各种福利水平，是任何一个国家发展经济的首要目标。从日本、德国以及美国的内外需结构来看，内需都占有绝对的主导地位。因此，满足国内市场的需求，就成为经济稳步增长的基础和根本保障。一般而言，扩大内需，尤其是积极扩大居民消费需求，是内需主导战略要长期坚持的方针。美国是一个典型的内需主导型国家，拥有世界上最大的消费市场，居民消费自 1970 年至今，年均占 GDP 比重高达 70%，这是美国在进出口贸易逆差持续增大的情况下，经济依然保持平稳、高速增长的关键。在这方面，日本池田内阁在 1960 年倡导并实施的"国民收入倍增计划"，对我国有一定的借鉴意义。该计划的主要内容有：①充实社会资本；②产业结构高度化，提高生产率部门在产业中的比重；③促进对外贸易和国际经济合作；④培训人才、振兴科学技术；⑤缓和城乡二元结构，确保社会安定。日本政府在实现"国民增收"的同时，十分重视国民收入分化问题。为此，日本政府引入了"最低工资制"，同时扩展了社会保障计划，完善养老保险金，提高健康保险付给率，全面实施"全民皆保险"。这一计划引发了日本的三次消费革命,推动日本进入了"大众消费型社会"。国民收入倍增计划的实现和"消费革命"的强大拉动,使日本经济得到飞速发展。

同时需要明确的是,居民消费能够作为拉动内需的持久动力,需要以优化的收入分配格局和健全的社会保障体系为前提,居民只有提高了收入,在教育、医疗、住房、养老、就业等方面无后顾之忧,才有意愿进行消费支出。而这些因素的建立和完善都需要政府提供巨大的财政支出以及长期的扶持政策,并非一蹴而就,是一个长效机制。

5. 外需拉动力强,"以外促内"带动扩大内需

从内外需结构来看,日本的内需占比约为90%,远远高于外需的占比,但是与美国不同,其经济增长并不是以居民消费为重心的,而是依赖外需对内需的拉动作用。2002年以来日本经济缓慢回升,此次经济复苏主要归功于出口增长带动国内生产。此后,日本外需占比年均超过10%。在生产部门,出口增长刺激了国内生产,促进设备投资的增加;在消费部门,出口增长促使企业效益改善,个体收入增加,虽然仍存在通货紧缩问题,但在一定程度上带动了个人消费信息的回升;在产业体系内,制造业景气效果逐渐向非制造业传递,金融、通信以及房地产等第三产业,也相继在这次复苏中出现恢复性增长。可以说,这种"出口-投资-消费的联动链条"实现了日本经济改革难以实现的扩大内需的目标。

可见,外需对内需有着巨大的拉动作用。首先,庞大的出口部门能够带动国内巨大的生产性需求,包括能源、原材料、上下游加工制造业以及交通运输、物流、市场营销等生产性服务业,带动覆盖整个三大产业的巨大产业链。其次,外需能够带动国内最终消费的增加。出口产品生产的增加,能带动国内就业工人收入和国家税收的增加,从而推动国内最终消费需求的增加。再次,外需还可以通过优化产业结构和消费传导效应促进新的消费需求形成。最后,外需能够拉动有效的投资需求,包括增加出口及其相关部门的投资,改善投资预期等。

(二)对我国的启示

金融危机爆发后,各国重新反思本国的经济发展模式,相关国家也开始在不同程度上显露出改弦更张的迹象。从上述三个国家的不同经济发展阶段的分析中可以看出，日本、德国和美国的后危机时代经济发展战略在不同程度上均做出了调整。日本仍然是坚持出口导向型的发展模式，但更关注外需对内需的拉动作用；德国转而重视国内市场，考虑如何通过扩大内需来抵消出口下滑对经济的拖累，并逐步实现内需驱动型经济发展模式的转型；美国在进一步刺激国内市场需求的同时，积极鼓励出口发展对外贸易。相比较，我国经济发展战略的转变与德国有相似之处，危机后我国也强调重视内需，试图通过国内市场来弥补外需的不足。但实质上两国之间也存在差别。对于德国，扩大内需是为实现经济增长模式的彻底转型，从而降低对出口的依赖。但是对于中国而言，仍应坚持出口型的经济发展战略，积极争取外需，同时推进内需的扩大，内、外需相互促进、协调发展，共同带动经济稳步增长。

1. 坚持走以内外需并重的经济发展道路

从上述对日、德、美三国的分析中可以看出，出口导向型的经济发展战略作为赶超型国家或地区发展经济的重要手段，在经济起飞阶段的指导战略是行之有效的。中国作为一个正在成长中的世界性经济大国，必须具有自己自主性较强的经济发展战略。后危机时代的中国，不可能在较短时间内实现经济完全由出口导向型向内需驱动型的转变，其主要原因有以下四点。

第一，传统经济增长模式的惯性巨大，由出口导向型经济转为内需驱动型经济意味着整个国民经济结构将产生巨大的制度变迁。但从目前情况看，中国并不具备实现这个转换的必要的制度条件，特别是社会保障和医疗改革的公共福利政策还处于改革摸索过程中，至少在可预见的未来，中国居民储蓄率不会出现明显下降趋势。

第二，虽然危机致使欧美进口需求萎缩导致中国出口锐减已成为既定事实，也给我国的经济带来不小的冲击，但对于危机中的另外两大威胁——贸易融资规模下降和贸易保护主义上升势头，中国应该采取积极的态度，在反对贸易保护时寻找拓展外需的新兴国际市场。

第三，根据宏观经济学的一般原理，扩大内需的积极财政政策通常会引起利率上升，由此对企业投资形成一个潜在的"挤出效应"，将大大增加出口企业的投融资成本，这会给本已陷入危机的企业雪上加霜。此时必须用宽松货币政策予以配合，也就是银行信贷的持续扩张。银行体系如果能为出口企业提供有效的担保和融资便利，对于企业顺利渡过难关无疑将是一个莫大的帮助。

第四，中国的外需市场仍有很大的发展潜力。根据 2006 年 1 月 11 日海关总署所发表的数据，2005 年中国与欧盟、美国和日本的贸易额占中国对外贸易总额的 43%，如果再加上韩国则超过 50%。出口市场的过度集中，不仅带来了贸易摩擦和争端，而且由于对单一市场的依赖性强，则容易受制于人。因此，在稳定现有出口市场的同时，应加大对新市场的开拓，不断扩大出口市场的布局，减少在国际市场上的风险。近年来中国不断开拓欧美之外的其他市场，如南美、非洲、中东等，这对减缓出口的整体下滑趋势起了重要作用。同时，应加快与周围国家建立自由贸易区的进程，此次危机事实上也为促进东亚贸易和投资一体化创造了难得契机。促进商品、资本和劳动力的双向自由流动，提高区域内贸易和投资，能有效降低对欧美市场的依赖，获得更为广阔的发展空间。这样不但能够获得静态贸易效果，而且还能通过区域内国家产业结构调整、缓和限制进而提高竞争力等，达到更大的动态收益。

2. 确立战略性产业，形成我国新型的内外需结构

与西方工业发达国家相比，我国宏观经济问题主要是经济结构不均衡，即知识创新、核心技术和人力资本等高附加值的产业发育不足，高耗能，低效率，高劳动密集的产业供给过剩。多年来在我国经济增长中，产业结构升级和改善的步伐缓慢，粗放经营的增长方式一直未发生根本性改变，从而导致我国在国际产业分工中一直处于产业价值链的低端。我国对外贸易发展仍沿袭单纯追求数量扩张的粗放模式，特别是加入 WTO 以后，我国对外贸易发展一直在遭受越来越多的反倾销、反补贴调查，根源正在于我国国民经济体系和产业素质缺乏一流的国际竞争力，即经济增长思路没有发生根本性改变，没有以前瞻性眼光，从调整产业结构的角度去思考制定经济发展战略。我们要把新能源产业、研发产业、高端服务业确立为我国重点发展的三大战略产业，这样就可以形成我国新的内需和外需结构，使我国内外需在新的产业结构基础上进行新的良性循环和互动平衡发展。

3. 扩大海外投资，转移过剩产能，促进国内经济结构的优化调整

中国当前正面临产能严重过剩的困境，前些年可以通过强劲外需拉动进行消化。但全球金融危机爆发后,中国的对外贸易急速下滑,使得中国经济的所谓依靠出口贸易"去产能化"在短期内无法实现。借鉴"马歇尔计划",扩大海外投资,向不发达国家提供贷款,将巨大的过剩产能转化为国家债权。在制造业、交通运输、基础设施、城市建设等产能过剩领域,恰恰是一些不发达的亚非拉国家迫切需要的。尤其,我国目前拥有 2 万亿美元的巨额外汇储备,其中 40% 能够满足安全性、流动性、收益性即用于储备性质,其余部分可转化为非储备资产用于海外投资。实践证明,海外投资一方面能够将制造业过剩的生产能力转移出去,有利于我国经济结构调整,并促使优势资源向新兴产业,特别是生产性服务业、服务外包产业的集中,以加速现代服务经济态势的形成;另一方面,可以获取稳定的海外优质资产,获得急需的技术和管理要素,对有效供给的形成具有积极的作用。同时,可以突破各种贸易壁垒,巩固并扩大出口市场,从而起到稳定外需的作用。

4. 合理引导和扩大内需,增加国民财富积累,促进消费增长

后危机时代的中国和 20 世纪 80 年代的日本面临着类似的汇率问题和压力。从日本的历史经验来看,"广场协议"后的日元大幅升值是导致日本泡沫经济破裂、日本经济陷入长期低迷的诱因,而更深层次的原因是日本宽松的货币政策和内需管理的不善,这些教训值得中国汲取。当前的中国由于外需受阻,因此有效引导和扩大内需对于我国来说,不仅仅是应对危机的重要举措,更是一项长期的经济发展战略。只有最大限度地提高社会公众的长期消费能力,扩大内需才能长久地持续下去。目前中国在经济高速增长的同时也应该同步实现"国民增收",使国民经济和国民生活水平相均衡,缩小高速发展的生产力水平与居民生活水平之间的差距,以及各阶层收入的差距。其中,关键在于构建政府、企业、居民间的合理分配机制,完善社保体系(医疗、养老等),这是充分拉动经济增长和内需的基石。

四 印度、俄罗斯、巴西内外需互动关系实践经验

一般认为,内需是一国经济增长的根本动力,外需是一国经济增长的重要补充,内需是基础,外需是条件。在短期内,也许外需起重大作用,但从长期来看,内需是一个国家保持持久增长的动力源泉。通过对同属于"金

第五章
内外需互动关系发展的国际经验借鉴

砖四国"的印度、俄罗斯和巴西的内外需互动模式进行分析，探寻内外需互动发展规律，以借鉴新兴经济体处理内外需互动关系的经验。

（一）印度内外需互动模式分析

1. 内需做基础、外需做辅助

印度开放时间滞后。20世纪90年代以前，印度的经济发展完全依靠国内需求，经济政策主要以控制经济"制高点"——内生增长为本国经济主要推动力，促进经济增长。由于印度经济的振兴基本上是从1991年拉奥政府推出新政开始的，因此本书主要截取1992~2008年的数据对其进行研究。其内外需结构占比如下（见表5-7）。

表5-7 1992~2008年印度内需、外需结构

单位：十亿卢比（INR bn），%

年份	GDP	GDP增速	总需求	内需	外需	内需占比	外需占比
1992	7483.700	—	6522.500	5849.400	673.100	89.68	10.32
1993	8592.200	14.81	7586.500	6725.000	861.500	88.64	11.36
1994	10127.700	17.87	8744.100	7728.000	1016.100	88.38	11.62
1995	11918.100	17.68	10122.880	8815.550	1307.330	87.09	12.91
1996	13786.200	15.67	11786.170	10337.630	1448.540	87.71	12.29
1997	15271.600	10.77	13046.100	11394.070	1652.030	87.34	12.66
1998	17512.000	14.67	15324.080	13371.280	1952.800	87.26	12.74
1999	19520.400	11.47	17379.810	15102.840	2276.970	86.90	13.10
2000	21023.100	7.70	18887.940	16106.680	2781.260	85.27	14.73
2001	22789.500	8.40	20428.430	17520.860	2907.570	85.77	14.23
2002	24545.600	7.71	21991.540	18435.980	3555.560	83.83	16.17
2003	27546.200	12.22	24216.500	20138.470	4078.030	83.16	16.84
2004	31494.100	14.33	27552.130	21861.620	5690.510	79.35	20.65
2005	35867.400	13.89	31649.860	24398.620	7251.240	77.09	22.91
2006	41291.700	15.12	36461.700	27293.660	9168.040	74.86	25.14
2007	47234.000	14.39	40746.200	30751.790	9994.410	75.47	24.53
2008	53217.500	12.67	47364.370	35298.370	12066.000	74.53	25.47

注：内需数据选取了居民消费支出和政府消费支出两部分之和，外需选取了出口总额。
资料来源：由IMF数据资料整理得出。

中国扩大内需与稳定外需战略

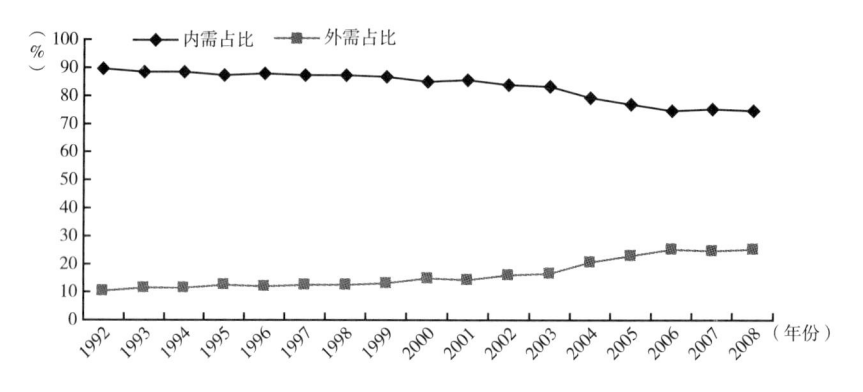

图 5-1 印度内需、外需比例关系

资料来源：根据表 5-7 中的内需、外需占比数据绘制。

由表 5-7 和图 5-1 可知，印度的内外需一直保持内需占主体地位、外需为辅的态势。内需一直在经济发展中占有重要地位，绝对值不断增加。虽然内需在总需求中的占比震荡下行，但与世界其他国家相比，其内需在总需求中所占比重还是相对较高的。外需在总需求中所占的比重由于政策等方面的原因而不断增大，但由于基数较小，其比重在总需求中仍然较小。印度经济发展完全依靠国内需求，外贸依存度、外资依存度低。从20世纪90年代初到2001年，内需、外需平稳过渡时期，内需有微弱下行趋势，外需则缓慢上升。

20世纪90年代初期，印度政府确立了内外需互动对经济发展的作用，即经济发展的目标向"自由化"和"全球化的方向"发展。从内需政策方面，减少或取消政府对经济活动的限制和控制，降低公营部门在国民发展中的作用，强调私营部门的重要性，鼓励私营部门自由发展；针对外需市场，从有选择开放到扩大对外开放，尤其是对服务贸易进行政策引导和支持。内外需不同政策的扶持，促进了印度外贸出口增长。同时，对私营企业的政策开放及扶持也促使其内需不断成长，提高了国内产业竞争力及出口能力。外需中服务业出口增加导致外需比重较大幅度增加，内需比重进一步下降。但因政策惯性、时滞性以及落实的彻底性等原因，此阶段外需有上升的趋势，但上升较缓慢，而内需下降趋势也比较缓慢。

2000年后，连续五年时间里，在内外需互动中，印度引资的重点在两个方面：一方面引资投入技术密集型的服务业，FDI资金有23.55%流向第三产业，促进了外需中服务外包产业的兴起、发展和出口。另一方面加大关系国计民生的能源产业和交通运输设备制造业的引资力度，2007年3月，印度制造业出口达到800亿美元，占商业出口总额的65%以上，成为与巴西、泰国、马来西亚一样的制造业出口大国。

2. 印度经济增长模式选择中，内外需对经济增长的作用各有侧重

第一，内需创造增长数量、外需创造增长质量。

印度经济总需求中，内需占74%～89%，其余为外需，长期以来处于内需占主导的发展态势（见表5-7）。印度20年的经济增长遵循一条"内需为主，外需为辅"的增长方式，内外需共同创造经济的总量增长，二者对经济增长的作用各有侧重。内需拉动经济增长的总量，外需提升经济增长的质量。内需层面，印度支持国内中小企业的成长，增加国民收入，稳定经济，促进增长。在外需方面，其出口的重点领域为服务外包和传统的纺织品（其中，纺织品出口是传统的劳动力要素密集型出口，与我国相同）以及珠宝。在服务外包出口领域印度定位承接国际金融服务后台外包和软件外包，高端服务满足外需市场，创造了世界级的"印度外包品牌"，印度国家在全球IT外包和金融后台服务外包市场中占据着"世界品牌"的绝对优势。

第二，中小企业长期构成内外需经济主体，稳定内外需市场。

在印度经济中，中小企业长期以来一直是活跃内外需经济的主体，支持经济基本面的主要为中小企业，其中很多是家族企业。中小企业同时也是印度出口的主力，提供了大量就业机会。支持中小型企业的稳固和发展，就稳定了就业市场，同时也稳固了印度内外需经济的基础。此次金融危机，印度出台了有力度的支持中小企业发展的政策。印度中央银行为印度小企业开发银行提供了700亿卢比的再融资通道，放宽贷款担保要求，将"微型和小型企业信贷担保计划"的涵盖范围从500万卢比提高到1000万卢比，并缩短冻结期，以鼓励银行按现行担保政策向更多中小企业提供贷款，通过信贷管理，稳固中小型企业发展势头。

第三，居民收入稳步增长，内需市场后续推动力强劲。

印度的收入分配中顾及低收入群体，基尼系数长期保持平稳态势。印度的基尼系数在20世纪90年代有所上升，但是其增加幅度远小于中国。印度不均等程度上升只是近几年出现的，因而现在断定印度和中国一样，不均等程度正处于上升趋势还为时过早。实际上，20世纪90年代初以前，印度消费不均等的上升趋势统计上并不显著（Brunoetal, 1998）。同时印度以增加居民收入作为繁荣内需的手段。

第四，基于本国比较优势和发展战略，外需定位高端服务外包市场和优势劳动力产业。

印度的出口行业是典型的劳动力密集产业，为1.5亿印度人提供工作岗位，就业人数仅次于农业人口。从总体上看，2000~2006年，印度出口额世界排名基本保持在30名左右。在出口中，服务贸易比重较高。印度没有追求经济增长的数字，但追求经济的高质量发展。具体体现为两方面战略，一是品牌创造，二是技术升级。一方面，印度打造世界级服务外包市场，创造国家品牌。对于市场前景广阔、发展较好的服务外包行业，主要采用市场开发方式。印度的软件和后台服务外包行业得到大量海外订单，如今已占据印度国民生产总值的5%。服务贸易长期顺差在2005后进一步扩大。另一方面，印度以现有技术为基础，升级换代出口产品。技术升级换代有利于出口产品稳固现有外需市场、实现市场渗透。此次危机中，主要市场在欧美的印度纺织业受损最重。同时，美国市场的服务外包出口，也在一定程度上受到金融危机的冲击。印度加大传统出口纺织产品的技改，增加产品的技术含量。同时，劳动密集型产品技术的升级意味着成本的降低和竞争力的增强，对于稳固外需市场非常积极有效。印度政府特别针对纺织业新增140亿卢比技术升级基金，将所有纺织手工艺品列为特别支持项目，鼓励纺织企业技术升级，增强出口竞争力。

第五，产业政策引导FDI投向服务业等相关重点领域，拉动内需产业成长。

投资方面，印度对国外的直接投资（FDI）有导向的进行引资，产业政策导向明显，如投入服务外包领域。目前，印度的FDI主要集中于基础设施、软件、服务（尤其是IT）和技术上具有复杂性的资本密集型产品。相反，在印度制造业的出口增长中，外资的贡献则相对很小。印度的制造业一直保持依赖国内市场的模式，20世纪90年代初期，与FDI相关联的出口只占印度制造业出口额的3%。

3. 印度未来增长将实施内需主导型的经济发展战略

经过此次经济危机的调整，印度未来的经济发展战略遵循稳固现有市

第五章
内外需互动关系发展的国际经验借鉴

场、不断鼓励开拓未来市场的战略,主要包括以下几点。

一是巩固内外需市场,在传统出口产业、优势服务业及制造业方面推出支持性政策。通过退税、补贴、信贷支持等手段,支持在金融危机中受冲击的劳动密集型产业和占国民经济主导地位的服务产业,力图稳固现有市场地位。针对劳动密集型产业,在印度政府2008年12月8日公布的一份经济刺激方案中,政府将在2009年4月前投资超过200亿卢比,对纺织品、皮革、珠宝、海产品等劳动密集型产业的出口信贷提供2%的利息津贴,并拨款110亿卢比以保证商品消费税的出口退税;上调了部分纺织品及科技产品的出口退税率,比如将棉织布出口退税率从4.5%提高到5%。服务贸易出口方面,出口商除了享受正常的退税政策外,还可以就所缴纳的服务税获取退税。制造业方面,大力培育"印度制造"。印度政府除了继续在扩大内需上做文章外,着力在培育"印度制造"上制定各项激励政策和措施。如加大印度国家和地方出口加工区的建设速度,以及相继出台免税、减税和补贴等各项优惠政策和措施,并且更加鼓励印度企业扩大出口,同时给予这些企业更加宽厚的优惠政策。

二是稳固内需基础,稳步增加居民的个人消费收入,继续还富于民。居民消费成为印度内需稳定的消费群体,随着经济的发展,增加居民个人收入,还富于民,使国内居民同时分享到经济增长带来的利益。同时,居民收入是内需的重要组成部分,还富于民同样可以起到稳固内需的作用。

三是稳定内需就业市场,加大中小企业政策支持,保证内需市场持续繁荣。中小型企业一直是印度吸收就业和影响国内企业竞争力的重要组成部分,印度的中小型企业在国际上的知名度和竞争力已达相当优势,是其经济发展中的亮点。印度出台了支持中小企业发展的政策。印度中央银行为印度小产业开发银行提供了700亿卢比的再融资通道,放宽贷款担保要求,将"微型和小型企业信贷担保计划"的涵盖范围从500万卢比提高到1000万卢比,并缩短冻结期,以鼓励银行按现行担保政策向更多企业提供贷款。

四是鼓励外需产业的品牌创造,增强出口产品竞争力,促进国内产业升级。品牌对于一个企业来说具有形象塑造功能、增值功能、降低成本功能以及维权功能。尤其对于外向型劳动密集型产品企业而言,品牌的建立对于本企业商品区别于其他产品,拓展市场具有十分重要的意义。珠宝、纺织等受金融危机影响较大的行业协会也积极开拓新市场。印度珠宝行业出口促进委员会除了加大在中国、越南和独联体的促销力度外,还试图通过"品牌印度"行动开发中东市场。协会表示,未来还将开发韩国、朝鲜、文莱、爱尔兰和新西兰等市场,推动印度珠宝出口。

五是内外需并重,鼓励传统产业技术升级,增强产业国际竞争力。任何产品都有追求技术升级的必要性,以现有技术为基础,升级换代,有利于产品稳固现有市场、实现市场渗透。劳动密集型产品技术的升级意味着成本的降低和竞争力的增强。对于稳固外需市场非常有效。印度政府还特别针对纺织业新增 140 亿卢比的技术升级基金,将所有纺织手工艺品列为特别支持项目,鼓励纺织企业技术升级,增强出口竞争力。

六是拓展外需市场,探寻多元化出口市场,改变单一路径出口依赖模式。如果一个国家的出口市场过分集中于某几个国家和地区的时候,情况就非常危险了,其势必需要应对进口国经济波动、贸易摩擦、市场萎缩等风险。与其"把鸡蛋放到一个篮子里",不如多准备几个篮子,以分散这些风险。以印度的 IT 金融服务外包为例,近年来其发展迅速,潜力巨大。其外包产品的出口曾有一半是美国市场的路径依赖。金融危机的教训使其注意到了这种结构性的失衡,目前正在积极寻找欧洲新市场,调整市场份额结构。

(二) 俄罗斯内外需互动模式分析

1. 俄罗斯不同时期的内、外需结构状况及其影响因素

自苏联解体以来,俄罗斯就开始了市场化进程的改革,在其转型期间,为了保证国民经济的稳定和发展,进行了一系列的改革措施,在对外贸易和国内经济发展方面也不断地进行有效、有序的调整。其中有积极的成果,也有失败所带来的惨痛教训;在内、外需结构上不同的时期针对国情进行调整,取得了较好的经济增长的效果。然而,我们也看到俄罗斯过多地依赖石油等原材料的大量出口,换回大量外汇,同时也面临本币汇率的极大不稳定,国内需求乏力,生产能力不足,产业结构失衡等问题。

从表 5-8 中我们可以看到,在 1994 年以前,俄罗斯的外需比重一直很低,不足 3%;内需比重在 1994 年接近 98%。这一现象与俄罗斯当年的改

革措施有极大的关联性。1992 年俄罗斯开始采用"休克疗法"这一激进的方式来实现计划经济向市场经济过渡,造成了较为严重的影响:沉重的赋税和紧缩的银根使得企业生产停滞,生产能力急剧缩减;通货膨胀日益加剧;金融和投资环境恶化;对外贸易不断下降,卢布汇率大幅度贬值;"外贸自由化"的方针,使得对外贸易和经济秩序陷入混乱,出口急剧下滑;失业率增加,居民生活贫困化和贫富两极化。

表 5-8 20 世纪 90 年代以来俄罗斯的经济增长及最终需求和内需、外需结构

单位:10 亿美元,%

年份	GDP	GDP 增长率	总需求	外需	内需	外需占比	内需占比
1992	85.592	-14.5	—	—	—	—	—
1993	183.816	-8.7	—	—	—	—	—
1994	276.901	-12.6	327.421	6.754	320.667	2.1	97.9
1995	313.451	-4.1	374.396	81.095	293.301	21.7	78.3
1996	391.775	-3.6	460.605	88.6	372.005	19.2	80.8
1997	404.946	1.4	478.561	88.33	390.231	18.5	81.5
1998	271.038	-5.3	329.053	74.884	254.169	22.8	77.2
1999	195.907	6.4	235.444	75.665	159.779	32.1	67.9
2000	259.702	10.0	304.361	105.565	198.796	34.7	65.3
2001	306.583	5.1	360.347	101.884	258.463	28.3	71.7
2002	345.071	4.7	406.037	107.301	298.736	26.4	73.6
2003	431.429	7.3	507.499	135.929	371.57	26.8	73.2
2004	591.902	7.2	689.284	183.207	506.077	26.6	73.4
2005	764.256	6.4	889.69	243.798	645.892	27.4	72.6
2006	989.428	6.7	1153.709	303.551	850.158	26.3	73.7
2007	1294.38	7.6	1517.866	354.40	1163.463	23.3	76.7
2008	1676.59	7.0	1968.561	471.76	1496.798	24.0	76.0

资料来源:根据世界贸易组织、世界银行数据整理。总需求的计算采用的是把社会总购买力可能使用去向的各个项目加总在一起的方法。其计算公式为:社会总需求 = 本期投资需求总量 + 本期消费需求总量 + 本期国外需求总量①。总需求是指一个国家或地区在一定时期内(通常 1 年)由社会可用于投资和消费的支出所实际形成的对产品和劳务的购买力总量。包括两个部分:一是国内需求(内需),包括投资需求和消费需求。投资需求由固定资产投资需求和流动资产投资需求组成。消费需求由居民个人消费需求和社会集团消费需求组成。二是国外需求(外需),即产品和劳务的输出。一般将总需求分为四大部分:①消费需求,即居民的日常消费;②投资需求,即企业在投资和再投资过程中形成的商品和劳务需求;③政府支出,即政府部门对商品和劳务的购买;④净出口,即代表了国外对本国商品和劳务的需求。

---

① http://baike.baidu.com/view/198574.htm.

中国扩大内需与稳定外需战略

从 1995 年到 1998 年，俄罗斯的外需比重基本上保持在 20% 左右的水平上，即使在 1998 年金融危机的情况下，GDP 下降了 5.3%，外需比重也保持了这四年中的最高水平——22.8%。这些主要得益于国内经济改革兼顾了内、外需的结合。这一阶段的改革措施主要体现在：政府加强对国有企业的管理，提高其效益，主张亏损企业破产，强调要靠大型、国家调控的工业组织带动中小企业和私营企业的发展，并在产权方面，进行私有化改革；在财政和货币政策方面，主张实行合理的、适度严厉的财政倾向和贷款政策；在对外贸易方面，实行"外汇汇率走廊"政策，通过国家的积极干预，加大对民族工业的基础设施建设，增加出口，并开始向全方位的对外经济战略转移；在社会保障方面，防止居民收入和生活水平继续下降，努力改善居民生活，促进就业。从改革措施中我们可以看到，其所做的一切努力就是为了保障国民收入增加，加大投资，以刺激国内需求。同时，在外贸政策上采取的措施更有效地带动了经济的增长。这表明俄罗斯开始注重内、外需在经济发展中的积极作用。

1999 年以来外需比重逐步加大，1999 年和 2000 年达到 30% 以上，对应的是内需的下降。根据世界银行的相关指标，俄罗斯已成为经济外向型国家（见表 5-9）。外需比重的提升不仅与俄罗斯的政策措施有关，而且与俄罗斯产业结构的关联更为密切。随着全球经济的快速发展，对资源等原材料的需求不断提升，尤其是石油等战略资源。在普京上台之后，俄罗斯对能源等战略资源收归国有，同时也为国内经济发展带来资金，实行了资源出口导向型对外经济发展模式。

表 5-9 俄罗斯石油出口占商品出口的比重

单位：%

年份	1996	1997	1998	1999	2000	2001	2002	2003	2004
比重	43.11	45.76	38.25	41.76	51.28	53.11	52.21	52.97	50.00

资料来源：World Bank—WDI Online 世界发展指标数据库。

因此，1999 年以来，外需比重的提升在很大程度上得益于石油等原材料的大量出口，石油出口已占其商品出口总额的 50% 左右。然而，石油市场的价格波动极大，这也是 2007 年和 2008 年俄罗斯外需比重下降的主要原

第五章
内外需互动关系发展的国际经验借鉴

因。不可否认,以石油等原材料为主导的出口发展模式给俄罗斯带来了大量的外汇,政府通过社会发展计划、稳定基金等政策,把这些石油美元应用到实体经济中,加强基础设施建设,促进国内投资,完善社会福利和社会保障体系,促进就业,提高居民收入,加强教育和人力资本培育的投入,企图通过这些举措带动国内需求,进而实现产业间的良性互动。事实证明这一举措取得了成效:2008年全球金融危机给各国经济带来了极大的创伤,俄罗斯经济却保持了7.0%的增长率,这主要得益于石油美元所带动的国内投资和消费的高峰。

可以看出,在经济转型过程中,俄罗斯1994年以前严重倚重内需发展经济,外需受到抑制,导致经济增长率出现两位数的下降;1995~1999年国内经济开始关注外需推动经济的积极作用,这一时期的政策大多是鼓励外需的,同时也注重内需的发展;进入21世纪,俄罗斯认识到外需在促进国家经济发展方面的强大动力,但危机也使其更加重视内需的基础作用,更大程度上是通过外需来推动内需发展的,再以内需促动外需,实现内外需之间的相互促进,共同促进国民经济的发展。

2. 俄罗斯发展模式的重新定位

一是对外贸易发展模式的调整。资源是不可再生的,过分依赖石油,一旦国际油价不稳定,对经济的影响是巨大的,金融危机已经严重影响了俄罗斯的经济。俄罗斯未来的可持续发展压力决定了其必须转变发展思路。俄罗斯政府反复强调要从出口原料为主导的经济发展模式过渡到创新导向型经济发展模式。在2008年提交的《社会经济长期发展纲要》中提出的战略目标是:继续保持俄罗斯当前强势崛起的势头,维护宏观经济稳定,调整经济结构,转变经济增长模式;促使其从目前的资源出口导向型经济向以高新技术、人力资本为基础的创新型经济转变。这表明了其继续实施外需主导型战略的决心。

二是兼顾并有效协调内外需发展。俄罗斯的内外需结构在2000年后出现了变动,外需没继续其30%的比重递增,而是有所下降,内需比重开始恢复73%左右的水平,并在以后的几年里,内外需没有出现大幅度的此消彼长的局面,两者开始呈现出一种稳固发展的形式。这在很大程度上得益于俄罗斯对内政策的调整。

中国扩大内需与稳定外需战略

俄罗斯20世纪90年代初的"休克疗法"抑制了需求和国内生产,最终导致市场大幅度萎缩和经济衰退。因此,俄罗斯后续的一系列改革都注重发展国内需求(如表5-10):扩大国内企业生产能力,提高日常生活必需品和轻化工产业的发展,同时也不断地调整产业结构,加大固定资本投资;在不断提高居民收入的基础上,不断鼓励和刺激其消费,提高财政支出,加大和扶持国家经济建设项目开发,加大对农业的扶持力度,鼓励农业增产、农民增收等。这一系列的政策表明在保证外需稳步提升的基础上,必须集中更大的精力刺激国内消费和投资,劳动生产率提高与职工实际工资上升之间的良性互动是使俄罗斯经济保持消费持续增长的重要条件,投资增长使企业固定资产得以更新,带动经济效益提高。经济效益的提高又使投资者和经营者增强投资信心和投资能力,以保证国民经济持续稳定的增长。这几年,俄罗斯的平均经济增长率保持近7%的水平,这主要得益于外需带动内需,内需促动外需,内外需间的良性协调发展。

表5-10 1997~2006年俄罗斯联邦经济社会发展主要增长指标(对上年)

单位:%

年份	1997	1998	1999	2000	2001	2002	2003	2004	2005	2006
国内生产总值	0.9	-4.9	5.4	10.0	5.1	4.7	7.3	7.2	6.4	7.0
工业生产总值	2.0	-5.2	11.0	11.9	4.9	3.7	7.0	6.1	4.0	4.0
固定资本投资	-5.0	-12.0	5.3	17.4	10.0	2.8	12.5	11.7	10.7	13.0
农业生产总值	1.5	-3.2	4.1	7.7	7.5	1.5	1.3	3.1	2.0	2.0
居民可支配收入	6.0	-16.0	-12.0	12.0	8.7	11.1	15.0	10.4	9.3	10.0
CPI	11.0	84.4	36.5	20.2	18.6	15.1	12.0	11.7	10.9	9.0

资料来源:〔俄〕阿巴尔金:《处在十字路口的俄罗斯经济》,〔俄〕《经济与工业生产组织》2007年9月4日。

俄罗斯政府对以石油等原材料为出口导向的外贸政策进行了战略调整,加大了国内投资并提高居民消费来刺激内需,这是其对国家在转型过程中发展经济的深刻体悟:必须坚持以内需为经济发展的基础,通过外需的主导作用来带动内需发展,通过内需策略的有效良好实施,鼓励企业创新,提升国家产品竞争力,进而实现外需向以高新技术、人力资本为基础的创新型经济转变,通过内外需的良好互动,提高国家综合实力。

（三）巴西内外需互动模式分析

1. 巴西经济发展战略演变过程中内外需结构变化

"二战"以后，为保护本国工业发展，巴西开始实行贸易保护战略，在其后的 40 年间从未间断。总体看来，战后巴西实行的贸易保护政策作用明显，经济发展成绩显著，工业化程度大大提高。但由于 20 世纪 70 年代之前，巴西一直实行进口替代战略，进口大于出口，内外需发展不平衡，国内经济结构未能与外需发展同步调整，加之债务及严重的通货膨胀导致国际收支平衡恶化。80 年代初，巴西的外债负担越来越沉重，偿债率高达 41%，负债率高达 331%，远远超过国民经济的承受能力。随着国际形式的变化以及偿还债务的压力，巴西放弃进口替代战略，开始全面实行出口导向型战略。

1990~2000 年，巴西的外需占最终需求的比重始终保持在 10% 以下，2001 年之后有所上升，但一直到 2008 年之前，外需占比也只是在 13% 左右的水平（见表 5-11）。根据当年价格计算，2008 年外需上升到 24%，上升迅速，且自 1990 年以来第一次上升到 20% 以上，同时国民经济增长速度也比之前有所提高，达到 7.7%。这说明，在 20 世纪 80 年代巴西实施出口导向型战略以来，仍属于内需主导型国家，其最终消费支出一直占国内生产总值的 90% 左右，而外需所占份额很小（见表 5-11）。

综观近 20 年的发展，巴西经济增长率一直低迷不振，2001~2005 年的年均增长率仅为 2.2%。在经济发展过程中，巴西外需低于国内需求，内需在国民经济中始终占据着主导地位，即使在巴西政府采取出口导向型贸易战略争取外需和外向型经济发展的时候，外需所占比重也未大幅攀升，其经济的增长率主要由国内需求所贡献，而国内需求的低迷不振，又缺少外需带动的强劲动力，导致近年经济增长一直比较缓慢。金融危机发生前，巴西外贸占国内生产总值的 20% 左右，2008 年巴西外需占最终需求的比重上升到 24%。随着巴西外需在最终需求中比重的增加，1996~2005 年，其出口依存度由 6.2% 升至 14.9%，而国内生产总值也开始出现较之前高的增长率，2004~2007 年 4 年间，巴西 GDP 平均增长率为 4.3%，2008 年年增长率达 7% 以上，而在 2000~2003 年的年均增长率仅为 2%。从巴西的发展经验中可以看出，经济迅速发展，仅仅依靠国内需求或者只立足于海外市场都是不

中国扩大内需与稳定外需战略

表 5-11 1990~2008 年巴西 GDP 增长率及内外需结构

年份	最终需求 （亿美元）	GDP 增长率 （%）	外需 （出口总额） （亿美元）	内需 （亿美元）	内需占比 （%）	外需占比 （%）
1990	4934.1	-4.6	314.1	4305.9	94	6
1991	4373.2	0.4	316.2	3740.8	93	7
1992	4448.9	-1.2	357.9	3733.1	92	8
1993	5459	5.3	386	4687	93	7
1994	5999.6	5.9	435.6	5128.4	93	7
1995	7504.1	4.2	465.1	6573.9	94	6
1996	8226.6	2.7	477.6	7271.4	94	6
1997	8082.9	3.3	59.9	7963.1	99	1
1998	8293	-0.1	511	7271	92	6
1999	8195	0.8	480	7235	94	6
2000	6549	4.4	551	5447	92	8
2001	—	1.3	—	5084	—	—
2002	5212	1.9	604	4004	88	12
2003	5788	0.5	731	4326	87	13
2004	7603	5.2	965	5673	87	13
2005	10159	2.9	1334	7491	87	13
2006	12237	3.7	1557	9123	87	13
2007	14973	5.4	1831	11311	88	12
2008	16125	7.7	3804	12321	76	24

注：总产值绝对数按当年价格计算，增长速度均按可比价格计算。GDP 是一年内，一个国家或地区的经济中所生产出的全部最终产品和提供劳务的市场价值的总值；外需：出口，包括货物与服务贸易出口总额。

资料来源：《国际统计年鉴》，中国统计出版社，1998，2001，2006，2007，2009。

可取的，二者不是对立的，而是统一的相互协调、相互促进的，内需为发展国民经济的基础，外需为主导。扩大内需可以增加进口，促进居民消费，促使消费成为拉动经济增长的主要力量，并且能够维系国际收支平衡；而发展外需可以稳定国内就业，增加劳动者收入，增强购买力，进一步扩大内需。

虽然巴西外需所占比例一直不高，国内需求比较旺盛，占主要部分，但巴西几十年来经济运行并不稳定，危机频繁爆发，经济增长率一直处于低迷状态。综观国际上发达国家及发展中国家的经济发展实践，对外贸易对经济发展的作用至关重要。内需与外需应保持协调增长，二者发展不平衡会对国家整体经济发展带来不利影响。对外贸易是后起国家经济起飞的必由之路，外需出口是经济增长的发动机。

2. 金融危机后巴西政府应对需求减少的经济政策

一是减税并压低基准利率，提供专项贷款，刺激国内需求，促进支柱产业出口。为应对金融危机带来的外部需求减少，巴西政府以刺激国内需求为目标，2008~2010年增加2007年制订的《加速发展计划》预算支出规模，并推出大规模减免税收计划，减免金额预计达84亿雷亚尔（约36亿美元）。两次下调基准利率250个点，2008年10~12月以来央行三次降息，创造宽松的货币流通环境。在农业方面，农业是巴西主要的出口支柱产业之一，为了帮助农民化解金融危机的影响，巴西政府早在2008年10月22日就颁布法令，授权巴西银行和联邦经济储蓄银行这两家国有银行收购受到影响的中小金融机构，以解决农民信贷难的问题，并且增加了农业专项贷款的额度。畜牧业方面，畜牧业是巴西国内遭受损失最大的行业，2009年4月16日，巴西国家货币委员会通过了向畜牧业部门提供100亿雷亚尔贷款的决定。在工业方面，巴西政府也实施了一系列减税措施，如延长汽车享有的税收减免政策，对建筑业等行业实施减税等。这些减免税收数额预计为15亿雷亚尔左右。

二是稳定汇率市场，降低产品出口压力，拓展海外市场，反哺国内。巴西雷亚尔在2008年9月后大幅下跌，对美元比价曾在2008年11月时一度下跌至2.59雷亚尔兑1美元。受益于巴西中央银行采取的一系列干预措施，巴西雷亚尔兑美元价格在2008年12月以后逐渐趋稳。2009年第一季度，随着投资者风险偏好上升，巴西对外贸易顺差扩大和美元贬值预期上升的影响，以及巴西国内借贷利差较大的吸引，市场对巴西雷亚尔需求开始恢复。汇率升值会削弱本国出口行业产品的竞争力，增加商品出口的压力，为控制美元对巴西雷亚尔的过快升值，巴西中央银行不得不再次对外汇进行干预，卖掉美元外汇储备、提供美元贷款以及为出口企业提供贷款等。2008年9月至2009年4月期间，政府主要通过干预外汇市场、签订美元和巴西雷亚尔的互换协议，以及加强进口产品许可证管理三种方式增加外币供应量和限制外汇流出。

五 印度、俄罗斯、巴西发展经验对我国正确处理内外需互动关系的启示

（一）印度经验对中国推进内外需互动发展的启示

中国内外需发展失衡的结构性矛盾，需要长期渐近式的调整，内需追赶型增长不可行，其原因在于以下几点。

一是内外需失衡的结构性矛盾是一国经济不同发展阶段相机抉择的结果。印度开放时间相对中国滞后十余年，内需市场长期以来是国内经济夯实的基础，也是经济发展的原动力。印度的经济增长在20世纪90年代以前属于经济体内部内生推动型的增长模式，长期形成的内需市场趋于成熟，基础产业的发展、产业结构的布局以及居民消费在国内市场体系长期的自我循环中一直保持相对稳定的发展态势。内需的消费结构趋于合理，消费规模随着经济的增长而同步扩大增长。相对于印度而言，中国早期对外需市场开放是经济成长周期必然的选择，我国从落后的农业飞跃至工业化成长阶段的初期，工业基础产业的形成需要充分发展制造业，当时的内需极其匮乏，不可能提供大量的资本投入，更无法消化制造业过剩的产能，外需市场带动了中国制造业的成长壮大，并走向繁荣，外需市场带动了中国经济繁荣的30年，经济总量大幅增长。每年的增速均位于世界的前列。在中国经济的增长中，外需的后劲在今后一段时间内仍将保持强劲的态势。

二是内外需均衡发展的政策着力点，应以内外需协调、互动、促进为主，最终依靠市场力量平衡内外需结构。外需可以促进一国投资规模的增长扩大，相应带动国内产业结构的调整，国内产业的传递效应可以引致一国消费结构的变化以及消费规模的变动。印度自90年代开放以来，可借鉴的经验路径表现在外需对内需形成了有效的传导和促进，表现在FDI的引资导向方面，将外资引入国内急需发展的产业和高端的服务业，如服务外包，发挥外需的传导效应，带动国内服务业（如外包产业）高端化定位成长。中国的外需和FDI长期以来集中在加工贸易领域，对国内产业结构向产业链高端的升级调整贡献力度有限，但由于技术外溢的效应和FDI规

模的扩大，外需通过传导效应影响着内需市场的产业和消费结构的成长，因此，内外需均衡发展的政策着力点，应以内外需协调、互动、促进为主，增强外需对内需的带动力和促进力，最终依靠市场力量平衡内外需结构。印度开放以来的内外需趋势表明，外需占比在逐步上升，内需有进一步下降的态势。

总之，外需市场可以发挥产业联动效应，带动内需市场的成长。外需的良性成长对我国产业结构优化和经济增长方式的转变会起到积极的带动作用。当然，外需过度或结构不合理也会制约内需的增长。外需的技术外溢效应和消费上的示范效应，可以引导内需的扩张，从而引导生产的扩张，引发生产方式的转变，最终实现经济运行过程中内外需良性循环的发展。具体经验着眼点如下。

第一，内外需失衡的结构性矛盾，需要渐进式调整。

经济增长，应内外需并重，相对均衡性增长。出口依赖型的经济增长模式，长期造成内外需的严重失衡。此次金融危机外需受到的冲击大，表现在经济增长连续数月负增长，实体经济不振。外需市场的缩减，直接导致出口企业大批倒闭，大量农民工问题涌现，造成社会的动荡。印度在金融危机中，由于有稳定的内需市场做保证，受冲击较小。传统的纺织和现代服务外包外需市场中，市场份额缩小，印度在积极开拓外包的多渠道市场，改变过去单纯依赖美国市场的较单一路径。

对外需产业结构的调整应以渐进式升级和转型为主，以消化大量的从业人员，维护社会的稳定以及农村内需市场的稳定；我国外需市场庞大，保证外需市场规模是未来融入全球化良好的途径。外需繁荣的 30 年，也是中国经济走向世界市场，参与全球价值链的成长过程。中国的外需出口市场不断地扩大成长，庞大的市场规模将成为未来中国经济融入全球化的良好途径，保有现在的外需市场规模和份额将是中国经济未来强劲增长的推动力和先导力。

第二，注重外需增长质量，对内需产业形成良性的传导。

中国的外需创造了经济增长的数字繁荣，但大而不强。中国外需市场的大而不强突出表现在两个方面。一是我国的外需对经济增长的作用虽然强大，但却忽略了经济增长中的环境成本。如果将外需发展所需的环境成本计入经济增长数字,将会改写外需对经济成长的战略性地位;二是长期以来,我国传统的加工制造贸易虽创造了数字的繁荣,但一直处于产业链的低端,附加价值极低。印度大力发展服务外包的经验可供借鉴。中国应转变加工贸易的角色,由"中国制造"转向"中国创造",借鉴印度的经验,打造"中国创造"的国家级品牌。

第三,外需成果应反哺内需市场成长,促进内外需市场结构性平衡。

新中国成立初期,我国外汇储备仅为 1.39 亿美元,至今达到两万亿美元,增幅达万亿倍。相对于外需市场的增长,国内人均 GDP 也得到了一定程度的增长,但同期增幅仅为 400 倍,远低于外汇市场创造的财富量。在以美元为国际结算货币的外需经济中,随着人民币不断升级,美元的贬值销蚀了大量的外汇储备,同时,也在无形中使外需创造的经济财富缩水。国家应适当地、有计划地减少外汇储备,用外需的经济成果反育内需市场,将外需财富转移至国内。一方面增加国民收入水平,尤其是增加居民可支配收入;另一方面加大基础设施投入和基础产业的技术升级改造投入,调整传统的制造业产业结构,进行升级换代。印度国民享受到经济增长所带来的社会财富增长,值得我国借鉴。

第四,扶持中小企业成长,培育吸收就业、活跃内外需市场的经济体。

中小企业是活跃内外需的市场经济主体,同时,也是吸收大量就业的主体,中小企业的成长发展需要政策和资金的大力支持。国家的政策导向应适当偏重中小企业的成长,尤其是加大对中小企业的资金投入。融资渠道狭窄长期以来一直是困惑中小企业发展的瓶颈,也是制约其成长的基础因素。印度关于中小企业的资金融资支持可供我国借鉴。

第五,以转移支付方式增加社会低收入群体收入,从根本上保持内需市场的活跃。

中国的劳动力有六成在农村,属于低收入人群,使本该繁荣的内需市场缩水。同时,政府将外贸收入的大部分用于购买外国债券,而较少投入关乎国计民生的实体经济中,从而导致国内居民无法分享全球化带来的利益。从消费预期角度来看,福利、基础设施建设的不够完善导致居民在现有收入水平条件下,愿意用于消费的收入被大幅度挤压。为解决这个问题,也可通过转移支付的形式增加社会低收入群体收入,同时加强社保、医疗、教育等的投资，从两个方面解决这一问题。

第六，有导向地引导 FDI 投入国家重点发展的产业领域，促进内外需市场中产业结构的升级换代。

由印度的经验可知，政府政策导向直接影响着外资流向，影响产业结构升级换代。中国今后的引资方向应由原来的以传统资金密集型制造业为主转向以技术密集型的服务业为主及以产业链两端附加值较高的部分为主，从而加强产业结构的升级换代。

（二）俄罗斯经验对中国推进内外需互动发展的启示

1. 俄罗斯内外需发展的成功经验

俄罗斯近 20 年的转型和改革进程不是一帆风顺的，有成功的经验，也有失败的惨痛教训。总结其近 20 年的经济发展政策和应对危机困境的措施，我们认为只有保证改革的措施切实符合本国国情，不盲目照搬，才能稳定社会秩序，实现经济的可持续发展。俄罗斯前期改革的根本出发点是抑制国内需求，但不合时宜的严厉的财政与金融政策，不仅导致外贸出口急剧受挫，而且也严重阻碍了经济的发展；普里马科夫的加强供给管理、扩大需求的改革措施，秉承以石油等原料为基础的出口经济模式始终是为国内经济发展服务的理念，通过外需和内需的良性互动实现了经济高速发展。普京时代在国家集权的前提下，更好地处理了内需、外需政策，两者相互协调的关系在其一系列的政策中得到了很好的体现。长期以来，我国社会的主要矛盾就是人民日益增长的物质文化需要同落后的生产力之间的矛盾。中俄两国实践证明，内外需良性互动的关系应当是：内需为基础，外需为主导，内需的扩大和结构性变动推动外需的拓展，进而外需的拓展反过来又进一步促进内需的发展与结构性升级，从而促进国民经济健康稳定增长。

2. 转变我国的贸易方式，促进内、外需结构协调发展

投资、消费和出口是拉动我国经济增长的"三驾马车"，长期以来，我们过多地依赖出口，一直依靠出口导向型经济发展模式，虽然外需取得了高速的增长，但是由于我国贸易增长方式比较粗放，贸易利益较低，在很大程度上没有带来内需的同步增长，在加大刺激内需方面做得还不够，长此以往，内、外需关系就必然产生不协调，因此我们必须坚持做到内需和外需的

兼顾发展。要切实改变我国长期以来的依靠劳动密集型及高污染、高消耗、低附加值的产品出口模式，改变我国在贸易结构方面上的低端环节现状，我们就必须要提升出口产品的竞争力，优化出口结构，实现向高端技术贸易和服务贸易等高新技术、高附加值、高经济效益的出口产品的转移。政府要进一步转变职能，加大市场环境建设和知识产权的保护力度，同时在基础设施逐步完善的基础上，不断提供有效性和针对性的税收和融资优惠政策来发展民族工业，鼓励其创建自己的品牌产品，提升产品的竞争力，进而努力实现我国贸易发展战略的良性转变。各国发展经验表明：一国经济要实现持续、健康的快速发展，就必须有效协调出口、投资和消费的关系。近年来，外需和政府投资在拉动我国经济增长中占据很大比重，消费对 GDP 的贡献率处于极低水平。国内消费不足，就会导致国内市场总供求的失衡，一方面企业产能供给过剩，另一方面居民消费持续低迷，就会使企业存货积压，不良资产增多，使利润空间缩减，难以实现扩大再生产，导致企业投资更新技术和产品研发的信心受挫，这样一来，经济会陷入恶性怪圈。

俄罗斯外需发展模式给我们的启示是：在发展对外贸易时，一定要顾及本国国内市场的培育和发展，经济结构的调整和改进。国家经济的发展要实现持久稳定发展就必须建立在国内需求的基础上，任何时候都不能把经济增长的希望寄托在外国对本国资源型、劳动密集型出口产品的需求之上。综观俄罗斯近 20 年的发展，我们看到要保证国民经济健康、有序发展必须要有效协调内、外需的关系，必须坚持经济的发展以内需为基础，外需为动力，使二者之间形成良性互动，彼此兼顾，而不是重此轻彼。

因此，我国经济增长及其结构调整必须以内需为基础，同时以外需为主导，通过两者之间协调互动来促进国民经济的发展，提高居民收入，完善社会保障体系，鼓励居民消费；通过合理的财税、金融政策鼓励企业创新，带动私人和民间投资的增长，扩大就业，提升企业创新能力和民族品牌的创建和升华，提高我国出口产品的国际竞争力，彻底实现我国向"中国创造"的转变，积极参与经济全球化。外需是经济发展的动力，内需是经济发展的基础，坚持内外需协调发展，在科学发展观的积极引导下，进而实现经济发展的良性循环，从而保障我国经济的高增长、高效益。

# 第五章
内外需互动关系发展的国际经验借鉴

（三）巴西经验对中国推进内外需互动发展的启示

中国和巴西同属地域辽阔的发展中国家，两国在各个方面有很多相似之处。巴西经济长期处于停滞状态，在于其贸易脱离了国内经济的运行，使得国内经济结构矛盾日益突出。研究巴西经济发展历程，对我国有重要的借鉴意义。同时，我们应清楚地看到巴西与我国的不同，在借鉴别国发展经验的同时要结合本国的实际，不能盲目照搬。

第一，巴西一直实行的贸易保护战略，不仅保护了本国未成熟的国内市场，也对本国幼稚工业的发展起到了良好的保护作用。但其产业政策并非一成不变，一旦产业成熟或这种保护有碍于产业的发展，就应降低保护程度或取消保护。我国应选择合理的扶持出口贸易的，对比较弱小但发展前景良好的产业或者企业给予合理的政策倾斜的保护国内产业的贸易政策，为这些产业在国际市场占有一席之地创造良好的发展基础。同时，应稳定并扩大内需，抓住当前世界经济衰退的各种机遇，为下一步更好地开拓海外市场创造条件。

第二，在应对危机中，要加强政府与市场的合理搭配，二者要相辅相成来稳定内需、发展外需。巴西、印度等国更多的是通过财税配合金融、经济手段，引导民间投资和消费，刺激国内市场的发展，抵御外需衰减。由于我国内需长期依靠投资拉动，投资需求对消费需求产生的替代效应以及贫富差距加剧，居民对未来不确定支出的预期扩大，因而增加储蓄而减少消费，是内需难以扩大的重要因素。为此，应制定对国内市场倾斜的经济政策，提高国内市场活力，并加大政府投资社会基本保障的力度，降低个人税收负担，提高居民实际消费能力，刺激国内需求，同时发展外需。

第三，汇率会对进出口贸易产生严重影响。危机的发生，导致国际市场竞争更加激烈。这种情况下，本币升值会对出口商品的竞争力产生比平时更大的负面影响。当前，美元兑巴西雷亚尔汇率为1.76350，巴西对本币的升值并未采取过多的措施。因巴西被视为此次危机中的"安全港"，外资纷纷进入巴西，导致巴西本币兑换美元持续走高。中国在国际上最有竞争力的就是汇率价格优势。因此，在稳定国际市场方面，我们应保持外汇汇率的低水平，增加出口产品竞争力，促进产品出口，抓住危机中的机遇，占领更广阔的国际市场。

第四,外国直接投资有利于经济恢复。尽管经济危机使跨国投资大幅减少,然而,中国和巴西吸收外国直接投资却逆势而上,呈现一枝独秀的局面。中国应抓住机会,充分利用国内和国外两个市场、两种资本,共同促进我国经济发展,避免外资对国内资本产生挤出效应;进一步完善投资软环境,优化外商直接投资结构,促进我国产业结构优化升级。

第五,民众的消费信心是恢复经济的一剂良药。巴西国内居民对国内经济预期良好,对经济恢复的信心十足;居民消费增加,能够拉动国内需求,弥补一部分因经济危机而萎缩的海外市场,保持国民经济稳定健康发展。

综观巴西经济发展过程,应看到大国的经济增长及结构的调整首先应考虑国内市场的开发和利用,人民的需求层次和需求结构;同时我们要秉承开放的心态,促进出口贸易的发展,以对外贸易带动扩大内需,以内需为基础,外需为导向,不能顾此失彼。我国经济的发展及调整,需要制定一个科学的、现实的和具有内在统一性的经济发展战略。用科学发展观统筹内外两种取向,促进国内市场和国际市场的协调发展。目前我国外贸依存度较高,国内市场的需求不足。海外市场不能成为发展本国经济的基本要素。保持国民经济快速健康发展,必须从国内和国际两个方向入手。此次危机中,我们应当看到,立足于国内市场,开拓海外市场,保持国内和国际两个市场、外需和内需两个需求协调发展,才是保证经济健康快速增长的必由之路。

(四) 中国推进内外需互动发展的思路

1. 内外需失衡的结构性矛盾是一国经济不同发展阶段相机抉择的结果

印度开放时间相对中国滞后十余年,内需市场长期以来是国内经济夯实的基础,也是经济发展的原动力。印度的经济增长在 90 年代以前属于经济体内部内生推动型的增长模式,长期形成的内需市场趋于成熟,基础产业的发展、产业结构的布局以及居民消费在国内市场体系长期的自我循环中一直保持相对缓慢的发展态势,内需的消费结构趋于稳定,消费规模随着经济的增长而同步扩大增长。相对于印度而言,中国早期对外需市场开放是经济成长周期必然的选择,我国从落后的农业国飞跃至工业化成长阶段的初期,工业基础产业的形成需要充分发展制造业,当时的内需极其匮乏,不可能提供大量的资本投入,更无法消化制造业过剩的产能,外需市场带动了中国制造业的成长壮大,并走向繁荣。外需市场带动了中国经济繁荣的 30 年,经济总量大幅增长。每年的增速均位于世界的前列。在中国经济增长的进程中,外需的后劲在今后一段时间内仍将保持强劲的态势。

2. 内外需均衡发展的政策着力点,应以内外需协调、互动、促进为主,最终依靠市场力量平衡内外需结构

外需可以促进一国投资规模的增长扩大,相应带动国内产业结构的调整,国内产业的传递效应可以引致一国消费结构的变化以及消费规模的变动。印度自 20 世纪 90 年代开放以来,可借鉴的经验路径表现在外需对内需形成了有效的传导和促进,表现在 FDI 的引资导向方面,将外资引入国内急需发展的产业和高端的服务业,如服务外包,发挥外需的传导效应,带动国内服务业高端化定位成长。中国的外需和 FDI 长期以来集中在加工贸易领域,对国内产业结构向产业链高端的升级调整贡献力度有限,但由于技术外溢的效应和 FDI 规模的扩大,外需通过传导效应影响着内需市场的产业和消费结构的成长。因此,内外需均衡发展的政策着力点,应以内外需协调、互动、促进为主,增强外需对内需的带动力和促进力,最终依靠市场力量来平衡内外需结构。印度开放以来的内外需趋势表明,外需占比在逐步上升,内需有进一步下降的态势。

3. 在发展对外贸易时,一定要顾及本国国内市场的培育和发展,经济结构的调整和改进

一国经济要实现持久稳定发展就必须建立在国内需求的基础上,任何时候都不能把经济增长的希望寄托在外国对本国资源型、劳动密集型出口产品的需求之上。综观俄罗斯近 20 年的发展,我们看到要保证国民经济健康、有序发展必须要有效协调内、外需的关系,必须坚持经济的发展以内需为基础,以外需为动力,使二者之间形成良性互动,而不是重此轻彼。因此,我国经济增长及其结构调整必须以内需为基础,同时以外需为主导,通过两者之间的协调互动来促进国民经济的发展。此外,综观巴西经济发展过程,应看到大国的经济增长及结构的调整首先应考虑国内市场的开发和利用,以及人民的需求层次和需求结构;同时我们还要秉承开放的心态,促进出口贸易的发展,以外贸带动扩大内需,以内需为基础,兼顾稳定外需。

4. 从内外需互动关系的角度来看，外需市场可以发挥产业联动效应，带动内需市场的成长

外需的良性成长对我国产业结构优化和经济增长方式的转变会起到积极的带动作用。当然，外需过度或结构不合理也会制约内需的增长。外需的技术外溢效应和消费上的示范效应，可以引导内需的扩张，从而引导生产的扩张，引发生产方式的转变，最终实现经济运行过程中内外需良性循环的发展。

5. 缩小收入差距，健全保障体系，合理开发国内消费市场，防止拉美国家的"中等收入陷阱"

拉美国家的"中等收入陷阱"是一个综合现象，其重要表现之一就是收入分配不均、国内消费结构畸形，从而导致内外需结构失衡，阻碍经济发展。首先，为防止跌入拉美国家的"中等收入陷阱"，在国民经济发展中，内外需发展要并重，不能失衡，抑制国内过度消费情况，稳定国民经济健康发展。其次，在国民收入的初次和再次分配中，必须实施"公平与效率并重"的原则。最后，完善全民社会保障制度，建立适合我国国情的社会福利模式等。

第六章
服务业与服务贸易在内外需互动机制中发挥作用的国际经验借鉴

一 美国、日本服务贸易发展对我国内外需互动的启示

科技的进步和产业结构的不断升级,带来服务贸易自由化进程的飞速发展,增长速度急速超过货物贸易的增长速度。在经济全球化时代,服务贸易已经成为国际资本、信息、技术流动的重要渠道,也是各国扩大出口、平衡贸易逆差、促进就业的有效手段。从服务贸易地区及国别构成看,以美国、德国、法国、英国、日本为代表的发达国家一直是国际服务贸易的主要提供国。其中,"二战"后美国作为世界上主要的经济体之一,在总体经济实力以及对外贸易水平上都处于世界领先地位,特别是美国服务业实力从20世纪90年代以来迅速提高,服务贸易和对外投资水平的提高为美国经济的发展做出了重要的贡献。美国服务贸易的发展历程,对于中国这样一个服务贸易起步不久的国家来说,有着重要的借鉴意义。

同时,日本的服务贸易发展历程也值得中国借鉴。中国在出口导向型发展模式以及商品与服务贸易相对结构方面具有与日本相似的特征。第二次世界大战后,日本采取了"贸易立国"的经济发展策略。日本通过大力发展商品贸易,促使其制造业的比较优势地位达到世界领先水平,进而成为以出口导向型发展模式支撑经济起飞的范例。但是,与其商品贸易的地位相比,其服务贸易发展状况却显得与其经济地位极不相称,日本服务贸易的发展面临着逆差大、部门发展不均衡等问题。这直接导致了其整个20世纪90年代的经济发展与美国差距逐步拉大。经过一系列的改革措施,日本的服务贸易

发展状况有所改善,虽然至今仍未扭转逆差局面,但近年来日本服务贸易的发展已步入增长轨道。深入研究日本服务贸易结构和模式的特征,揭示其演进的规律以及日本转变服务贸易发展势头的政策经验及教训,对于中国服务贸易的发展能够提供借鉴与帮助。

(一) 美国发展服务贸易的经验

1. 美国服务贸易的发展历程及特征分析

(1) 美国服务贸易发展的阶段划分。

① "二战"后到20世纪70年代,运输、旅游等传统服务贸易占主导地位。

1946~1950年是"二战"结束后从战时贸易向和平时期贸易的过渡时期,此时美国的服务出口增长一直为负。20世纪50年代以后,服务出口增长速度明显提升,1951~1962年的年均增速保持在4.67%。1963年开始出现较大变化,服务出口增长迅速,1963~1970年的年均增速达到10.60%。进入20世纪70年代,服务出口进入迅猛发展阶段,年均增速达到13.60%。从贸易结构来看,旅游、运输、其他服务三大行业的出口价值量一直在逐年攀升,随着时间的推移所占比重有所变化。其中,运输行业在1946~1970年一直居于绝对优势,比重处于领先地位但在曲折中不断下降,从1946年的62.86%下降到了1970年的36.86%。相比较,旅游业的比重一直呈现稳步上升态势,从1946年的11.16%上升到1970年的23.36%。同时,其他服务业呈现在曲折中上升的态势,从1946年的25.98%上升到了1968年的49.52%,比重达到峰值,接近于服务整体出口比例的一半,随后又有所下降,到1970年下降到39.79%,出口比例基本持平于运输业。从进口规模和比例情况看,1946~1970年的25年间,传统服务业中旅游业和运输业的进口量增长趋势相差不多,几乎都是随着时间呈现线性增长,但总体来看旅游业的进口仍较运输业稍逊一筹。其他服务业的进口,直到1948年才超过旅游和运输这两项,总体趋势呈现平稳增长态势。从所占比重来看,运输业的进口比重呈现V形走势,从1946年的37.94%锐减到1948年的29.14%,随后出现回升,1952年到达峰值44.55%,接着出现小幅回落后又趋向平稳,到1970年达到41.21%。而旅游业的进口比重则从

第六章
服务业与服务贸易在内外需互动机制中发挥作用的国际经验借鉴

1948 年的 28.94% 上升到 1949 年的 37.58%，随后 5 年中有所下降后呈现稳步回升状态，到 1970 年达到 40.68%。其他服务业在 1946 年的进口比重为 33.12%，到 1948 年达到 43.11%，之后的 1949 年锐减到 24.94%，在以后的年份中一直呈现平稳下降趋势，在 1965 年跌至最低点 16.21%，到 1970 年又缓慢回升至 18.11%[①]。

1971～1979 年，统计数据将运输和旅游两大行业合并统计，显示的是两大行业的总价值量，与"其他服务"并列为两大类。在此期间，这两大门类的出口量都在不断攀升，运输和旅游的出口量相比其他服务的增长速度明显加快。从所占比重来看，二者呈现以 50% 为中心轴对称分布的态势，1971 年运输和旅游行业二者一共占据了出口总量的 58.93%，其后经历了一个小幅度的上涨之后在 1976 年回落到 56.53%，到 1979 年又反弹回 64.83%。而其他服务业的情况恰好和其呈对称态势，从 1971 年的 41.07% 经历了一个小幅度的下降又回升到 1976 年的 43.47%，到 1979 年又下降到 35.17%。从进口规模来看，运输行业和旅游行业迅速增长，而其他服务业的增长则较为平缓。从所占比重来看，运输业和旅游业变化不大，其他服务业的变动幅度也相应较小。

可以看出，从"二战"后到 20 世纪 70 年代，美国的服务贸易是以交通运输和旅游业这两项传统服务业为重点的，占服务贸易比重较大。美国在"其他服务"方面的竞争优势得益于其第三产业的迅速发展。同期"其他服务"的发展速度也很快，从贸易规模来看，不仅一直保持顺差，且顺差额也在逐年扩大。从细项来看，"其他服务"项目所包括的内容涉及第三产业的绝大部分部门。不仅如此，美国作为一个经济规模庞大、工业门类全备、服务业较为发达的大国，美国经济影响服务贸易的程度也在不断加深。据统计，1950 年美国的服务贸易出口占其 GNP 的比重为 1.3%，1960 年提高到 1.7%，1970 年提高到 2.1%，1980 年又提高到 4.4%。美国服务业中的一些大型企业在很大程度上依赖于国外市场，如美国 10 家最大的广告公司在 1980 年的年收入中有近 1/2 是通过服务出口赚取的，美国最大的 50 家信息咨询公司在 1979 年就有 11.5% 的年收入来自国外；同年，美国建筑工程公

---

① 数据来源：Statistics Abstract of United States 1946-1979，www.unctad.org，1980～2006。

司有30%的合同是与外国签订的，全美银行资产的20%也属于国外的分支机构①。

②20世纪80年代，传统服务贸易整体比例下降，资本、技术密集型的新兴服务贸易发展迅速。

从服务业的要素禀赋来看，运输服务尤其是航空运输、远洋运输属于资本密集型行业，旅游服务属于自然资源密集型的行业，建筑、其他商业性服务属于劳动力相对密集型行业，计算机与信息、通信、金融等服务属于资本和技术相对密集型行业，而教育、专利和特许经营则属于技术和人力资本密集型行业。从一定程度上讲，贸易结构包括行业构成、主体构成和地理方向等方面能够反应一国服务贸易的优势以及增长潜力。

1980~1989年的10年间，从出口情况看，美国的旅游业发展迅速，但和运输行业一起作为传统的服务行业所占的比重有所下降。在出口规模上，运输、旅游、专利、其他商业性服务、金融和政府服务排在前6位。1984年旅游业超过了运输和政府服务跃居首位，运输业位列第二，政府服务、金融业的发展较为平缓，相比较，其他商业性服务和专利服务则发展迅速。从占比情况来看，1984年，旅游业占比第一次超过运输业，与20世纪70年代相比二者之和占比已经下降，但仍占到服务业出口总值的53.59%；政府服务和其他商业性服务呈现先增长后下降的趋势；专利出口经过了一定的波折后，呈现持续增长的态势，到1989年已经占到整体比重的10.99%；金融业的发展比较平缓，所占比重有所提高，从1980年的2.69%上升到1989年的4.01%。从进口规模来看，运输、旅游、专利、其他商业性服务、保险和政府服务处于前6位。其中，居于首位的是旅游业，其进口在1984年超过运输和政府服务，其余三大行业的进口价值量都呈现缓慢上升趋势。从占比情况来看，运输和政府服务总体呈现下降趋势，旅游、保险和其他商业性服务在初期经历了一次上升后又出现下降，专利服务总体呈现缓慢上升趋势。

综上所述，在20世纪80年代，美国服务贸易的总体特征是金融、专利、政府服务等资本、技术密集型的新兴服务行业增长显著，传统服务行业

---

① 熊良福：《当代美国对外贸易研究》，武汉大学出版社，1997，第149页。

第六章
服务业与服务贸易在内外需互动机制中发挥作用的国际经验借鉴

的整体比例下降。

③20世纪90年代以来,知识、技术密集型的现代服务贸易发展迅猛。

从出口规模来看,美国作为世界领先的服务贸易出口国,20世纪90年代服务贸易的出口总额为24124亿美元,从1990年的1464.60亿美元上升到2000年的2959.65亿美元,增长了102.1%。进入21世纪,美国服务贸易的出口总额从2001年的2830.54亿美元上升到2006年的4141.11亿美元,增长了46.3%。从具体行业来看,旅游、其他商业性服务、运输、专利、金融和政府服务的出口总量排在前6位。1990~2005年,这6个部门的出口都呈现上升趋势,其中,旅游业增长趋势有所不同,本来一直呈现直线上升趋势,但在2001年由于受到"9·11"恐怖袭击,旅游收入锐减,到2003年下降到最低,到2004年又出现回升,迄今仍呈现上升趋势。运输服务业的发展趋势和旅游业几乎相同,都是在曲折中呈现上升趋势,但是上升幅度不如旅游业那么明显。其他商业性服务和专利一直呈现直线上升趋势,前者在此期间增幅高达252.5%,后者为222.16%;而金融业的增长在1992年以前变化很小,1992年以后呈现缓慢上升趋势,特别是1998年以后,增长呈现加速趋势,在1991~2005年增幅高达484.45%;增长迅速的还有人文休闲服务,增幅高达380.27%。这反映出美国在金融、研发、法律、建筑设计、广告、影视、音像、教育等现代服务行业方面的发达程度。

再看比重的变化,在主要的服务贸易出口类别中,旅游和其他服务在2005年合计占到整个服务贸易出口的83%以上。从1989年以后,出口百分比总体呈现上升趋势的有金融、其他商业性服务和专利,经历了一个波峰之后呈现下降趋势的是旅游,总体呈现下降趋势的是运输和政府服务。从1992年开始,金融业开始直线上升,保险业在经历了90年代初的低谷之后,也出现反弹,通信业在1991年以前整体呈现上升趋势,但是到1991年以后整体则呈现下降趋势。计算机业在1992年以后整体呈现上升趋势,人文休闲服务从有记载的1986年开始总体就呈现上升趋势。建筑业的变化趋势基本上无章可循,2000年以前是在曲折中上升,而在2000年以后却是下降之后略有回升。从进口价值量来看,6个服务行业都呈现上升趋势,所不同的是,旅游、运输和政府服务三大行业都是经历了一定幅度的下降后又缓慢回升,而金融、其他商业性服务和专利则呈现平缓上升的趋势。从所占比重来看，运输、旅游和政府服务3个行业呈现下降趋势，而金融、其他商业性服务和专利则呈现上升趋势。

综上可知，20世纪90年代至今，美国服务贸易的整体发展水平较高且部门分布比较均衡，其服务贸易结构也有了一些新的变化，专利、金融和其他商业性服务的大幅度增长，反映出美国的服务业最具比较优势的是知识、技术和人力资本密集型的现代服务业，这种优势相对于资本密集型服务业的比较优势来说更具增长潜力。

（2）美国服务贸易的发展特征分析。

美国是当前以发达国家为主体的国际服务贸易市场上占比重最大的国家。美国是当今世界上服务贸易最发达的国家。1985年以后，美国的服务出口一直占货物和服务出口总额的1/4以上，这说明服务业已成为美国出口的一大支柱，对平衡国际收支起了不可低估的作用。近年来美国服务贸易呈现出以下几个特点。

①美国服务贸易的进出口总额大，增长速度快。

美国服务贸易的进出口额历年基本上都是世界第一。如表6-1所示，美国服务贸易的进出口额逐年增长。另外美国服务贸易额增长速度快，无论是进口还是出口，增长趋势都十分强劲。1992年至今，除去2008年次贷危机的影响，近20年来美国服务贸易出口平均增长6.85%，进口平均增长7.06%。

②美国服务贸易的顺差多，填补了商品贸易长期巨额逆差，改善了整体贸易赤字状况。

与货物贸易相反，美国服务贸易出口长期以来优于进口，在旅游、运输、金融、教育培训、商务服务、通信、信息等众多服务贸易行业都居世界领先地位，这些都为美国创造了巨额的服务贸易顺差。服务贸易对填补货物贸易产生的巨额逆差发挥了重要作用。1992年服务贸易顺差为577亿美元，抵消了当年货物贸易969亿美元逆差的59.5%。1998年服务贸易顺差抵消33.1%的货物贸易逆差，自此之后，服务贸易逆差的幅度持续大幅下降。由于货物贸易逆差的增长速度远远快于服务贸易顺差的增长速度，加之，货物贸易在发展规模上远大于服务贸易，这种服务贸易对货物贸易逆差的抵消幅度越来越小，到2004年降至8.46%，2007年和2008年抵消幅度又稍有反

第六章
服务业与服务贸易在内外需互动机制中发挥作用的国际经验借鉴

表 6-1 1992~2011 年美国服务贸易进出口状况

年份	进出口总额（百万美元）	出口 数额（百万美元）	出口 增长率（%）	进口 数额（百万美元）	进口 增长率（%）	顺差（百万美元）
1992	296817	177251	—	119566	—	57685
1993	309700	185920	4.89	123780	3.52	62140
1994	333452	200395	7.79	133057	7.49	67338
1995	360580	219183	9.38	141397	6.27	77786
1996	392043	239489	9.26	152554	7.89	86935
1997	422019	256087	6.93	165932	8.77	90155
1998	443435	262758	2.60	180677	8.89	82081
1999	464569	268790	2.30	195779	8.36	73011
2000	506966	288002	7.15	218964	11.84	69038
2001	493569	276537	-3.98	217032	-0.88	59505
2002	509821	283440	2.50	226381	4.31	57059
2003	537981	293703	3.62	244278	7.91	49425
2004	624170	341160	16.16	283010	15.86	58150
2005	679404	375755	10.14	303649	7.29	72106
2006	758433	420417	11.89	338016	11.32	82401
2007	859050	490604	16.69	368446	9.00	122158
2008	938596	535183	9.09	403413	9.49	131770
2009	886456	505547	-5.54	380909	-5.58	124638
2010	951926	548878	8.57	403048	5.81	145830
2011	1036978	607657	10.71	429321	6.52	178336

资料来源：根据 www.bea.gov 网上数据整理得出。

弹，分别增至 14.71%、16.28%。可见，美国服务贸易抵消货物贸易逆差的作用在将来较长一段时间内仍会持续下去。

③服务贸易方向总体上相对集中，近年来走势趋于多元化。

从贸易的地理方向来看，美国的服务贸易伙伴相对集中。美国与加拿大、西欧有着天然的经贸联系，1989 年的美加自由贸易区以及 1994 年美国、加拿大、墨西哥之间北美自由贸易协定（NAFTA）的签订使美国与这些国家的经贸关系更加密切，这一点在美国的服务贸易中也体现得非常明显。在美国服务贸易伙伴的主要成员中，除了中国、墨西哥外，其余都是发达国家。在服务出口中，英国、加拿大、日本、德国、墨西哥为主要成员；

在服务进口中，英国、德国、日本、加拿大占比较大。

可见，英国是美国服务出口最大的目标市场和服务进口的最大来源国，日本对美国的服务贸易逆差在一定程度上弥补了相应的货物贸易顺差，加拿大与墨西哥同美国位置毗邻、交通便利，成为美国运输和旅游业的主要接受国。西欧国家主要与美国进行的是计算机信息服务、软件程序编制和数据库开发等方面的服务交易。所以，美国服务贸易的对象是以发达国家为主的，彼此之间进行的是互补性或产业内服务贸易。同时，近年来美国逐渐加强了向发展中国家和新兴工业化国家的服务出口，如墨西哥、巴西、阿根廷、中国、韩国、马来西亚、新加坡、泰国等，这些国家每年进口美国的服务贸易都超过 10 亿美元以上。

（3）美国促进服务贸易发展的政策与措施。

①政府推动作用显著，制定前瞻性的"服务先行"出口发展战略。

美国历年的《国家出口战略》报告的所有战略、策略、政策和具体措施都完全适用于服务贸易出口，更重要的是，根据《国家出口战略》的"商业优先次序"等原则，"服务先行"的出口市场战略就成为《国家出口战略》的最重要内容。至此，政府开始了旨在促使外国开放服务市场、为其服务出口提供动力和保障的一系列努力。

在对内政策方面，美国政府主要通过宣传、立法、设立专门机构等手段，建立起较为完善的服务贸易法律法规体系和管理机制，为服务业和服务贸易的健康、迅速发展创造一个良好的制度环境，从而为其尽快形成服务贸易的比较优势，攫取服务贸易利益奠定了坚实的基础。从 20 世纪 70 年代开始，美国的所有有关服务业和服务贸易的法律法规都具有保护其本国服务市场、限制外国竞争的双重功能。它们为美国政府在国际服务贸易领域所采取的各种行动披上了"合法"的外衣。例如，1994 年美国政府制定的《乌拉圭回合协定法》，不仅重申了以前法案的规定，而且对外国政府的"不公平""不合理"贸易措施做了扩大解释，将外国政府对美国产品和服务进入其市场的机会产生"限制性影响"的措施包括在内。除了综合性法案外，美国政府还制定了十分广泛的行业性法律法规。如《国际银行法》《航运法》《金融服务公平交易法》《电讯法案》等。

在对外政策方面，主要通过实施多边主义、双边主义和区域主义策略，不断加强对外谈判，促使外国开放服务市场，为其服务出口提供动力和保障。在多边关系领域，美国始终是服务贸易自由化的最热心的推动者；在双边关系领域，美国在 1975~1988 年，曾 11 次援引《贸易法》301 条款处理双边服务贸易争端，涉及航空运输、海上运输、广告、广播、电影发行、建筑与工程、保险等部门；在区域关系方面，美国积极与加拿大、墨西哥进行自由贸易谈判，先后签订了《美加自由贸易协定》《北美自由贸易协定》，把实现区域内服务的自由流动作为重要内容，产生了良好效应。

②确定重点服务出口行业，实施重点支持并保持其竞争优势。

自实施"国家出口战略"和"服务先行策略"以来，美国服务出口重点产业虽然根据市场情况和美国产业竞争力情况有所调整，但基本上将重点放在其具有强大竞争优势的旅游、商务与专业技术服务（包括环保、能源等工业服务）、交通运输、金融保险、教育服务、影视娱乐、电信服务等领域。

美国采取了一系列措施促进上述重点服务产业出口发展并保持其竞争优势。首先，联邦政府高度重视与服务业和服务贸易出口相关的公共投资。为保持旅游、交通基础设施的硬件和软件领先优势，美国政府重视基础设施和相关的科研投入，在应用信息技术等知识、技术和资本密集型服务行业方面的公共投资也一直居于各国之首。例如，在"信息高速公路"方面的大量投入，确立了美国企业在世界信息产业发展及服务贸易竞争中的优势地位。世界上最先进的服务基础设施成为美国服务贸易竞争优势最强有力的支持系统。其次，大企业也较重视与服务贸易相关的科技投入。新技术革命的突飞猛进为美国服务业创造了有利的贸易机会。技术的进步极大提高了交通、运输、通信和信息处理等能力，不仅为信息、咨询等专业服务提供新的手段和方法，提高了服务的"可贸易性"，而且扩大了服务贸易的范围。技术进步还提供了许多新的工具和手段，大大降低了服务交易的费用，促进了服务贸易的发展。同时，知识的积累、技术的突破性发展，有利于某些企业在某个时期内形成某种服务的垄断地位，从而在国际市场上获得更高的贸易利益。2003 年，美国金融、电信、电脑数据处理、管理咨询、公关、数据库及信息类服务的出口达 1459 亿美元，占服务出口的 50.4%，大大超过 1991 年 102.61 亿美元的总量。最后，美国始终保持着人力资本优势。经过几十年的努力,美国已拥有世界上人数最多、最具优势的科技人才队伍。依靠这支队伍,美国人获得的诺贝尔奖最多,美国科学家在世界主要科技文献上发表的论文最多,美国公民在国内外获得的专利最多。长期高水平的教育投入和人才的引进,为美国带来了丰裕的人力资本,促使为美国服务贸易提供竞争优势的产业基础持续发展,发达的服务业又反过来促进和扩大对人力资本的投资,形成互相促进的良性循环。

③构建高度发达的出口促进体系。

促进服务贸易出口的主要机构大体上由以下四个体系构成。一是咨询、决策与协调体系。总统出口理事会、联邦贸易促进协调委员会及其"服务出口工作组"、总统贸易政策与谈判顾问委员会以及相关服务行业顾问委员会,共同构成了美国服务贸易咨询、决策与协调体系,为推动美国服务贸易的发展做出了贡献。二是横向服务体系。从横向来看,为服务贸易出口提供服务的,除了商务部一家,还涉及多达十几个部门,美国贸易开发署、海外私人投资公司、小企业商务管理局、美国进出口银行、美国贸易谈判代表办公室等都在开展有关支持服务业出口的服务。三是纵向服务体系。纵向服务体系主要包括联邦政府在各地设立的贸易促进机构——美国"出口扶助中心"、各州及地方设立的出口促进机构以及联邦及各州在国外设立的商务促进机构等。四是民间出口服务体系,其中主要包括:全美服务行业联合会、各地区出口理事会、各服务行业协会或行业出口理事会以及出口法律援助网络。

2. 美国服务贸易对其内外需协调发展的影响

(1) 技术进步推动美国服务贸易的发展,促进了出口结构的优化,扩大了境内服务的输出。

技术进步对美国服务贸易的发展起到巨大的推动作用。高新技术广泛应用到美国的服务产业,大大增加了美国服务贸易的种类和范围。一方面,技术进步使得服务领域的许多"非贸易品"转变为"可贸易";另一方面,现代信息技术的出现促进了许多现代服务领域的发展,以电子信息技术为核心的现代服务业,不仅能够衍生出一些新兴服务部门,推动其他行业生产率的提高,还能提高传统产业的科技含量,促进产业结构升级。其结果是在服务出口中,传统服务业的竞争力变强,技术进步衍生出来的一些新兴服务业不断丰富服务出口的品种。随着美国现代服务出口的快速增长,其服务贸易出口结构自然就比原先优化了。

从上述美国服务贸易的发展历程可以看出，自20世纪80年代开始，美国服务贸易出口结构中，以提供现代服务产品为主要特色的其他服务出口（主要包括专利和许可以及其他私人服务，见表6-2）已发展成为美国服务出口的主力军，比重一直占据美国服务出口的半壁江山，为40%~70%，且平缓变化中略有上升趋势。近年来，随着信息产业的迅速崛起，信息服务和电信服务已成为美国新的热门服务部门，以上这些高增长点的服务部门基本上都是属于技术密集型服务部门，而且保险、金融、专利权服务还是当今世界发展速度最快、利润增长点最高的现代服务部门。

表6-2 1992~2011年美国服务贸易出口结构

单位：百万美元，%

年份	旅游		运输		专利和许可		其他私人服务		其他	
	数额	占比	数额	占比	数额	占比	数额	占比	数额	占比
1992	71360	40.3	21531	12.1	20841	11.8	50292	28.4	13228	7.5
1993	74403	40.0	21958	11.8	21694	11.7	53510	28.8	14353	7.7
1994	75414	37.6	23754	11.9	26712	13.3	60841	30.4	13674	6.8
1995	82304	37.6	26081	11.9	30289	13.8	65048	29.7	15461	7.1
1996	90231	37.7	26074	10.9	32470	13.6	73340	30.6	17374	7.3
1997	94294	36.8	27006	10.5	33228	13.0	83929	32.8	17630	6.9
1998	91423	34.8	25604	9.7	35626	13.6	91774	34.9	18331	7.0
1999	94586	35.2	23792	8.9	47731	17.8	96812	36.0	5868	2.2
2000	103088	35.8	25562	8.9	51808	18.0	100792	35.0	6752	2.3
2001	89819	32.5	24534	8.9	49489	17.9	106909	38.7	5786	2.1
2002	83651	29.5	25620	9.0	53859	19.0	115051	40.6	5258	1.9
2003	80250	27.3	26354	9.0	56813	19.3	123799	42.2	6485	2.2
2004	93397	27.4	29791	8.7	67094	19.7	141465	41.5	9414	2.8
2005	102769	27.4	32013	8.5	74448	19.8	153665	40.9	12860	3.4
2006	107825	25.6	35824	8.5	83549	19.9	176798	42.1	16421	3.9
2007	122542	25.0	40638	8.3	97803	19.9	211641	43.1	17981	3.7
2008	141380	26.4	44016	8.2	102125	19.1	232019	43.4	15644	2.9
2009	120294	23.8	35533	7.0	97183	19.2	234858	46.5	17680	3.5
2010	134436	24.5	39936	7.3	105583	19.2	250320	45.6	18604	3.4
2011	152996	25.2	42455	7.0	120620	19.9	272749	44.9	18837	3.1

注：表格中"其他"部分是指军事转移和政府服务，本文中不讨论。

资料来源：根据www.bea.gov网上数据整理得出。

中国扩大内需与稳定外需战略

从表 6-2 中可以看出,专利和许可出口成为居于旅游、运输之后的第三大出口类别。特别是专利和许可费用,出口额从 1992 年的 208.41 亿美元上升到 2008 年的 1021.25 亿美元,一方面反映了美国在创新方面的优势,另外一方面又反映出世界其他国家对高新技术的需求日益扩大。不难看出,进入 21 世纪,美国新增服务出口中,有约 40% 是由其他私人服务创造的。高科技领域和经济上的领先地位使得美国自 20 世纪 90 年代后半期开始在信息技术服务、特许权和许可证费、金融、保险等服务贸易领域始终保持着巨额的盈余。服务贸易的高增长和高盈余很大程度上反映出美国产业结构调整对新经济的作用和美国经济的服务化。

同时,科学技术革命加快了美国劳动力和科技人员的国际流动,使美国的产业结构逐渐向技术密集和资本密集的高科技产业转移,把劳动密集型产业转到新兴工业化国家和部分发展中国家,形成大规模的境内服务输出。

(2) 美国服务贸易的发展成为吸纳就业的有效途径。

一般来说,贸易顺差促进就业,贸易逆差形成了服务进口,从而替代了就业,减少了就业数据。美国是一个倡导以服务贸易顺差创造就业机会的国家。美国是全球最大的服务贸易出口国,早在 20 世纪 60 年代末,其服务出口量首次大于货物出口量,随后该差量越来越大,美国经济日益发展成为一种典型的服务经济。

为了深入了解美国服务贸易出口收入变化对服务业就业变化的影响程度,下面运用弹性分析法进行分析。为此引进一项指标——服务贸易出口的就业效应(用 EE 表示),这一指标表示服务业就业对服务贸易出口收入的弹性系数,若用 EY 和 QS 分别表示服务贸易出口收入和服务业就业人数,则计算公式如下:

$$EE = (\Delta EY/EY)/(\Delta QS/QS)$$
$$= (\Delta EY/\Delta QS) \times (QS/EY)$$

EE 指标能较充分估量服务业就业对服务贸易出口收入的影响,表示服务业就业的变化引起的服务贸易出口收入的变化。当 $EE > 0$ 时,表明服务业就业人数的扩大能促进服务出口收入增长,EE 越大,促进作用就越大,服务业就业的出口收入效应就越好。反之,$EE < 0$ 时,表明服务业就业人数

的扩大会对服务贸易出口收入产生负效应，服务业就业量超过了现有经济水平容许的限度。EE 越小，正效应越弱或负效应越强，服务贸易出口的就业效应就越差，也就是说，服务贸易出口收入越多对服务业就业增加的驱动作用越小。

从表 6-3 中可以看出，美国服务贸易出口额对就业具有促进作用，并且 2000 年以后，这种促进作用越来越明显，即服务贸易出口额的增加使服务业就业人数增加的幅度不断上升。因此，可以得出结论，服务贸易对服务业就业具有拉动作用，服务贸易的发展可以有效带动一部分服务业就业的增长。

表 6-3 美国服务贸易出口就业效应（EE 值）

年份	服务贸易出口总额（百万美元）	美国服务业就业人数（万人）	服务贸易出口就业效应（EE 值）
1993	185920	8862.5	2.07
1994	200395	9151.7	2.29
1995	219183	9414.2	3.07
1996	239489	9629.9	3.79
1997	256087	9889.0	2.47
1998	262758	10157.6	0.96
1999	268790	10452.8	0.67
2000	288002	10713.6	2.66
2001	276537	10795.2	-5.68
2002	283440	10778.4	-15.01
2003	293703	10818.3	9.71
2004	341160	10955.3	11.11
2005	375755	11151.3	5.12
2006	420417	11355.6	5.97
2007	490604	11536.6	9.32
2008	535183	11545.6	110.05
2009	505547	11230.0	2.25
2010	548878	11273.0	20.70

资料来源：美国服务贸易出口总额，依据 www.bea.gov 网上数据整理得出；美国服务业就业人数，依据美国劳工部行业就业统计数据（Bureau of Labor Statistics, U.S. Department of Labor）整理所得。

(二) 日本发展服务贸易的经验

1. 日本服务贸易的发展特点

(1) 日本服务贸易的发展特征分析。

①服务贸易发展迅速,总量居世界前列。

经历了"失去的十年"重创之后,进入21世纪,日本经济开始走向复苏之路。在摆脱经济衰退的阴霾之后,日本的服务贸易逐步发展起来,尤其在交通运输、金融服务等贸易上,均取得很大程度的进步。尽管至今仍未扭转逆差局面,但近年来服务贸易的发展轨迹显示着日本的服务贸易已步入增长轨道。WTO的《全球贸易统计报告》显示,日本服务贸易总额长期盘踞世界前列。从日本服务贸易的进出口情况看,2000年之后,二者均持较快增速发展,且在世界上名列前茅。如日本服务贸易出口总额在2004年和2005年位居世界第五位,到2006年则上升至第四位;日本服务贸易进口总额在2004年之后就一直居于世界前五位之列。

②出口增长快于进口,贸易逆差规模呈缩减之势。

日本是一个资源匮乏的岛国,因此日本主要通过对外贸易获得经济发展所需要的资源。在此基础上,日本大力发展国内科技研究水平,加强国内科技基础设施建设和人才的培养,成为世界科技强国,这使其商品具有较高的国际竞争力,并长期保持商品贸易的巨额顺差。但日本的服务贸易并没有呈现与商品贸易一致的发展势态。日本服务贸易进口增速远大于出口增速,服务贸易长期处于逆差状态。从1977年至今,日本服务贸易一直保持逆差,且进入20世纪90年代后逆差水平持续扩大,直到近年才有所缓解。

但是,2000年可以视为日本服务贸易发展的分水岭。1999年,日本服务贸易进出口跌入低谷,出口和进口的降幅均超过10%,分别为15.2%和10.5%;2000年,出口转跌为升,出现13.5%的增幅,进口虽仍处跌势,但跌幅较小;自2001年起,出口和进口均呈现波浪式上升趋势,并在2008年达到高峰(见表6-4)。2000~2011年,日本服务贸易出口和进口的年均增速分别为8.0%和3.5%,出口的增势明显强于进口,贸易逆差规模总体呈缩减之势。

第六章
服务业与服务贸易在内外需互动机制中发挥作用的国际经验借鉴

表 6-4　2000~2011 年日本服务贸易进出口额及增长率

单位：百万美元，%

年份	出口	出口增长率	进口	进口增长率	服务贸易差额
2000	69124	13.5	114948	-0.1	-45824
2001	64499	-6.7	107205	-6.7	-42706
2002	65721	1.9	106416	-0.7	-40695
2003	77577	18.0	108992	2.4	-31415
2004	97616	25.8	131883	21.0	-34267
2005	110251	12.9	134359	1.9	-24108
2006	117219	6.3	135370	0.8	-18151
2007	129104	10.1	150279	11.0	-21175
2008	148668	15.2	169481	12.8	-20813
2009	128261	-13.7	148639	-12.3	-20378
2010	141826	10.6	157905	6.2	-16079
2011	145222	2.4	167444	6.0	-22222

资料来源：日本贸易振兴机构统计数据库，http://www.jetro.go.jp。

2000 年，日本服务贸易逆差达 458.24 亿美元；此后各年，除 2004 年和 2007 年服务贸易逆差额小幅上升之外，其余年份均比上年出现不同幅度的下降，其中 2005 年的同比降幅接近 30%；2011 年，日本服务贸易逆差已减至 222 亿美元，比 2000 年下降 51.5%（见表 6-4）。

③服务贸易进出口集中发展于几个行业。

自 20 世纪 90 年代末期之后，日本服务贸易主要集中在运输、旅游和其他商务活动（尤其是专有权利使用费和特许费）三个主要行业。其中，运输业为日本服务贸易的第一大进出口行业。2000~2008 年，运输服务出口在日本服务贸易出口总额中的年均占比超过 30%，且运输服务出口增长较快，除去 2009 年金融危机的影响，各年增幅平均值达到 8%。日本服务贸易另一大进出口行业是其他商业服务，近年来，该行业进出口增长较快，已扭转 20 世纪 90 年代末下滑的局面，且出口和进口保持平衡发展。其中，专有权利使用费和特许费在日本服务贸易中占据了相当重要的位置，其出口额占到其他商业服务业的 1/4 以上，有些年份如 2003 年以及 2007 年几乎能达到 1/3。从表 6-5 中可以看出，2000 年以来，专有权利使用费和特许费出口在起伏中呈上升趋势。2011 年，日本专有权利使用费和特许费出口 289.75 亿美元，为 2000 年的 2.8 倍。

表 6-5　2000～2011 年日本服务贸易前三大出口行业增长情况

单位：百万美元，%

年份	服务贸易总出口	运输			旅游		其他商业服务		专有权利使用费	
		出口	年增长率	占总出口比重	出口	年增长率	出口	年增长率	出口	增长率
2000	69124	25562	11.6	36.98	3369	-1.7	40195	16.2	10203	24.9
2001	64499	24005	-6.1	37.22	3301	-2.0	37189	-7.5	10456	2.5
2002	65721	24018	0.1	36.55	3498	6.0	38207	2.7	10428	-0.3
2003	77577	26487	10.3	34.14	8840	152.7	42250	10.6	12269	17.7
2004	97616	32157	21.4	32.94	11269	27.5	54190	28.3	15683	27.8
2005	110251	35769	11.2	32.44	12438	10.4	62047	14.5	17668	12.7
2006	117219	37613	5.2	32.09	8462	-32.0	71145	14.7	20089	13.7
2007	129104	41993	11.6	32.53	9338	10.4	77771	9.3	23271	15.8
2008	148668	46766	11.4	31.46	10813	15.8	91090	17.1	25669	10.3
2009	128261	31615	-32.4	24.65	10325	-4.5	86321	-5.2	21676	-15.6
2010	141826	39039	23.5	27.53	13250	28.3	89535	3.7	26774	23.5
2011	145222	38309	-1.9	26.38	10982	-17.1	95928	7.1	28975	8.2

资料来源：日本贸易振兴机构统计数据库，http://www.jetro.go.jp。

除此之外，日本的金融服务出口增长速度较快，顺差规模不断扩大。1970 年代后，日本开始进行金融业改造，到 20 世纪 90 年代后半期，日本的金融服务业改革取得一定成效。2000 年之后，日本金融服务业进出口基本均呈现增长态势，并且扭转了以往金融服务逆差的状态。2007 年，金融服务出口 7306 亿日元，为 1998 年的 3.5 倍。1998～2007 年，金融服务进出口年均增速分别达到 4.7% 和 14.8%。

（2）日本发展服务贸易的政策变化分析。

通过对日本服务贸易政策变迁的研究发现，日本服务贸易政策发展历程，可划分为三个阶段，使得日本服务贸易的变迁经历了"政府管制－放松限制－适度开放"的过程。

第一阶段：20 世纪 60 年代初至 20 世纪 70 年代中期，政府管制阶段。

"二战"后的日本大力发展对外贸易，引进他国资源，并采用一定程度

第六章
服务业与服务贸易在内外需互动机制中发挥作用的国际经验借鉴

的贸易保护政策,增强国家实力。这一时期,日本的贸易政策主要突出货物贸易的重要性,服务贸易发展较缓慢,与服务贸易相关的政策也多为配合货物贸易而制定。直到 1955 年,日本加入关贸总协定(GATT)完全纳入世界经济体系后,出于提升本国经济竞争力和规避贸易自由化风险的考虑,在服务领域建立了政府主导型的服务贸易政策体系,制定一些服务贸易政策和相关法律。如金融领域,日本出台了《外汇及外贸管理法》《证券交易法》以及《银行法》等法律法规完善金融服务体系;电信领域则出台如《电信法》等法律法规加强国家对电信服务贸易方面的掌控力度。

第二阶段:20 世纪 70 年代中期至 20 世纪 90 年代初,放松管制,推行"贸易和投资自由化"政策。

经过十余年的恢复性发展,到 20 世纪 70 年代中期,日本货物贸易取得了一定成绩。在遭受两次"石油危机"冲击后,日本开始改变政府主导的经济形式,将放松规制作为政府的一项重要任务正式提出。尤其在服务贸易方面,日本私企更要求自由化经营,增强竞争实力。20 世纪 80 年代后,日本开始企业民营化,并放松经济管制以刺激经济增长。以电信服务业为例,日本电信公社在 1985 年正式实行私营化,并更名为日本电信电话股份公司(NTT)。之后,政府更加明确服务贸易自由化方向,实行"除个别关系国际民生产业基本取消所有贸易管制"的方针。但"东京协议"的签署为日本经济增长蒙上一层阴影,从此之后,日本改变以往的高速增长模式而进入经济衰退期。长期的经济萧条使日本政府认识到传统的货物贸易已不能改变日本衰退的事实,应该扶植服务贸易,改善对外贸易结构,促进服务贸易与货物贸易协调发展。就此,日本政府对服务贸易相关政策进行调整,提高服务贸易比重。

进入 20 世纪 90 年代后,日本服务贸易增速加快,一定程度上改善了日本的贸易结果,但总体上日本服务贸易仍处于逆差状态。而且,与货物贸易相比,对服务贸易的开放日本政府依然较为保守谨慎,尤其对外国服务提供者,依然存在较多管制类措施。甚至,某些服务行业因过度的保护而影响其竞争力的提高。日本政府也相应采取一定的措施试图改变这种状况,如 1993 年的《紧急综合经济对策》中明确提出放松服务业管制[1]。但该阶段

---

[1] 徐梅:《日本规制改革》,中国经济出版社,2003,第 91~99 页。

总体而言，服务贸易增长缓慢。

第三阶段：20世纪90年代中期以后，减少服务贸易壁垒。

这一阶段，日本政府意识到以前的放松管制等措施并未改变日本经济低迷的现象，日本政府认识到经济结构调整势在必行，并且必须加快规制改革步伐。对于服务贸易，其政策着力点在于减少服务贸易壁垒。1997年亚洲金融危机再一次冲击了日本经济。危机后，日本政府对电信、国内航空等主要服务贸易系统进行改革，并重新调整土地使用配置，实行证券市场自用化，并在金融市场稳定等方面放松管制，减少服务业规制壁垒，并加强金融市场稳定性建设。2003年，日本的《结构改革法》允许放松和减少特殊领域内管制。2004年3月，日本公布"加快规制改革三年计划"。2005年3月，日本对其进行第一次修改。其中包括引进了市场测试系统，引进公开投标制度。2006年3月，日本政府对该计划进行了第二次修改。这次修改扩大了放松管制的范围，逐步减少对主要服务部门对外贸易的管制[①]。

2. 日本服务贸易对其内外需协调发展的影响

（1）制定重点领域的服务贸易发展战略，发挥由点及面的辐射和渗透作用，有效促进了内需的增长。

日本的服务业中，信息服务业、现代物流业的发展尤为显著。自2001年初开始，日本积极实施了"电子日本"（e-Japan）战略，迅速而有重点地推进高度信息化社会的建设，在宽带化、信息基础设施建设及信息技术的应用普及等方面取得了超乎预期的进展。到2005年，日本已成为世界最先进的信息技术（IT）国家。2004年，日本又推出了下一步的国家信息化战略，称作"无所不在的日本"（u-Japan）。该战略着力发展"无所不在的网络"（Ubiquitous Network）和相关产业，尤其使日本现代物流业的发展日趋完善。信息服务业、现代物流业等行业的发展必然要求企业把经营、资源分配的重点从制造部门（直接部门）转移到计划、设计、开发、销售等各个间接部门中去，从而扩大了服务产业及就业人数的比率，增加新的服务项目以及促进服务业的设备更新、提高服务业的经济效益，并间接促进了国内通信服务、金融服务、计算机和信息服务以及其他商业服务等领域服务贸易

---

① WTO："Trade Policy Review Japan 2007"，WT/TPR/S/175，20007，p.10.

第六章
服务业与服务贸易在内外需互动机制中发挥作用的国际经验借鉴

的增长，有效地刺激了内需的扩大。

（2）渐进式的服务贸易开放方式提升了日本服务贸易竞争力，扩大了服务贸易的出口。

金融服务业的发达程度能够反映现代经济发展状态，因此，世界各国纷纷进行金融自由化以提高国内金融业的竞争能力。与激进型的金融服务业开放相比，日本采取了温和的渐进式开放战略，逐步开放金融和保险等领域。一方面，渐进式的开放策略能够提供给日本企业足够向美国和欧洲较发达的同行业学习先进管理经验的时间，提高国内金融、保险、证券等行业的实力，促进金融业发展并提升金融业的国际竞争力。另一方面，渐进式的开放策略能够防止突兀的金融业开放给国内金融市场、保险市场带来的冲击。配合渐进的开放，日本更加严格控制海外投资者在日本国内的金融交易，限制金融业进口，同时增加了海外投资者在东京金融市场的金融交易手续费，由此增加了金融服务的出口额，扩大了金融、保险等行业服务的出口。

（三）美日服务贸易的发展对中国发展服务贸易的启示

1. 调整服务贸易内部结构，分阶段、有重点地发展高层次的知识、技术密集型的新兴服务贸易，提高中国服务贸易的国际竞争力

目前国际服务贸易多以高科技、高附加值、高技术的行业为主，尤其是信息技术服务贸易已经成为世界服务贸易发展的"领头羊"，它是提升和改造传统服务业的利器，它应用于各个经济部门和生活领域的"软件业"，已经成为服务贸易国际竞争的重点领域。中国服务贸易与国际服务贸易在这方面的差距很大。而美国、日本则比中国具备更好的服务贸易结构。日美的经验告诉我们，无论在经济发展的任何时期，中国都应把加快发展知识密集型服务贸易放在首要位置，这是调整服务贸易内部结构，提高产业竞争力，促进服务产业高附加值化，保持服务贸易持续、稳定增长的重要途径。具体而言，有关部门和企业应从我国经济和服务贸易发展的实际情况出发。①要大力发展金融、保险、电信、咨询以及科学研究与综合技术服务等新兴服务业，使我国服务业内部结构向着合理化方向发展。②对交通运输、批发和零售贸易、餐饮、医疗等传统服务行业，要用现代高新技术进行改造，提高这些服务行业的科技含量和服务水平。③要加大科学技术研发工作的投入力度，提高服务业的研究投入，同时促进科技成果在服务业以及服务贸易中的推广与应用。在科学研究与技术进步的基础上，积极采用高新技术和实用技术，加快科技成果的转化，从而在知识资源的形成、积累、创新中形成自己的知识比较优势，提高服务产品的国际竞争力，实现服务业、服务贸易由粗放型、外延式向集约型、内涵式转变。

2. 集中力量发展服务贸易比较优势领域，利用关联效应带动其他产业发展

日本在发展服务贸易时，采用的 e–Japan 和 u–Japan 国家战略，在提高自身科技水平的同时使其服务行业网络化，以信息化产业为主辐射全国，完善相关基础设施，促进相关产业发展，极大地推动了日本经济社会的再生与发展，成为日本提高经济活力、增强国际竞争力的重要动力。其成功的经验对中国具有重要借鉴意义。

对于中国而言，可以以某个行业或领域为切入口，发挥其辐射和渗透作用，并由此带动与之关联的产业经济，提高中国整体的服务贸易能力，以至整个国民经济的发展。具体而言，旅游是中国服务贸易出口的第一大部门，尽管近年来增长速度放缓，但仍占整个服务贸易出口的40%左右，其每增长1个百分点，中国服务贸易出口的总量规模就扩大0.5个百分点，可谓牵一发而动全身。建筑服务更是我国的传统优势部门。因此，我国可从具有优势的旅游业出发，制定旅游贸易发展战略，由此带动国内批发和零售业，住宿和餐饮业，交通、运输、邮政业、教育等其他服务业的发展，同时又可提高相关产业的国际竞争力，从而促进这些领域服务贸易的发展。当然，制定战略前要对该领域与其他领域的关联度、可渗透度和影响度做深入、细致的可行性研究，方可取得良好收效。

3. 健全服务贸易管理体制和与服务业、服务贸易相关的国内法律体系

美国所有有关服务业和服务贸易的法律法规都有保护其本国市场、限制外国竞争的两重性，为美国在国际贸易领域所采取的各种行动披上了"合法"的外衣，从而规避了WTO等国际组织的规则和约束。这种开放式保护主义的国际经验对我国服务业以及服务贸易的发展具有重大的借鉴意义。实行开放式保护主义的关键在于健全服务贸易管理体制和与服务业、服务贸易

第六章
服务业与服务贸易在内外需互动机制中发挥作用的国际经验借鉴

相关的国内法律体系。

健全服务贸易的管理体制。首先,要建立统一的服务贸易协调和管理机构体系,并赋予其一定的职权和行使职权的手段,以平衡各服务业主管部门的利益。根据服务业发展状况和GATS的规定,统筹规划并及时修改中国服务贸易的发展战略;监督检查有关国际双边、多边服务贸易协议以及本国服务贸易法规、政策的实施情况,协调服务业各具体行业的市场准入政策,使开放式保护更具针对性和效率性。其次,明确各服务行业行政主管部门的职责,使其侧重于按照中国的有关法规和达成的国际协议,对开放的本行业服务贸易市场进行行业性的垂直管理,并负责对进入本国服务市场的外国服务提供者进行全面和全程的管理;提出对本行业开放式保护的有关方案,促进本行业的健康发展,推动有优势的企业"走出去";统计和掌握本行业服务贸易的基本数据、市场特征和发展趋势等,以更好地制定本服务行业的发展战略。最后,建立健全服务贸易行业协会组织,充分发挥行业协会在对服务业实行开放式保护中的市场协调作用,减少和处理与国外服务提供者的贸易纠纷。

同时,要健全与服务业、服务贸易相关的国内法律体系。至今中国还没有一部关于服务贸易的整体性和全国性的法规,虽然在《对外贸易法》中有所规定,但内容较为简单和原则性,必须予以修订和补充。其中,重点之一应该是有关国际服务贸易经营者的资格问题的规定。另外,中国要加快服务部门的立法进度,尤其是立法仍十分薄弱的部门,如旅游、电信、卫星发射和国际工程承包等服务贸易领域的立法。我国服务贸易的大部分领域只有行政和部门法规加以规范,存在多头立法、政出多门、相互冲突、重叠以及缺乏透明度和改动频繁等弊端,因此需加强立法的权威性、统一性和稳定性,以培育更为公平、稳定的服务业竞争和发展的环境。此外,在服务业立法中必须坚持维护国家利益、靠拢国际规范和坚持发展中国家地位等原则,以更好地在开放中对服务业进行保护,即开放式保护,促进我国服务业的发展和国际竞争力的提升。

4. 构建服务贸易出口促进体系,积极开拓外需市场

美国服务贸易十几年来获得显著的增长,继续保持着全球领先优势的主要原因,首先应归功于美国实施的出口促进"服务先行策略"。对于中国而言，转变外贸增长方式是今后一个时期内对外贸易工作的重中之重，而构建服务贸易出口促进体系，积极发展服务贸易，"软化"出口结构正是转变外贸增长方式的一个重要内容。

具体而言，该体系应包括以下几个方面。第一，面向国际市场，以出口为导向，研究起草促进服务贸易出口的政策，提出促进中国服务出口的总体要求，明确中国对外贸易中货物贸易与服务贸易出口应协调发展；制定与国际接轨的服务业标准化体系。第二，要搭建服务贸易出口促进平台，加强国际交流，充分发挥国内软件交易会、文博会、广交会等展会的平台作用；组织服务外包企业在美国等服务外包发包地参加服务外包展览，为企业创造参与国际交流与合作的机会；要培育以企业为主体的服务贸易行业协会，积极为中国服务贸易企业优质服务。第三，应加大发展服务贸易出口的资金投入。进出口银行在出口信贷条件和额度方面予以适当倾斜。放松服务企业境外投资的用汇限制，简化其境外投资外汇审核程序，银行适当提高用汇额度；还应根据不同服务贸易部门的具体情况，对服务贸易出口业务和企业予以税收优惠。

二 德国、印度两国服务业和服务贸易在内外需互动中的作用及经验总结

（一）德国发展服务贸易的经验

1. 德国服务业及服务贸易概况

（1）德国服务业规模巨大，结构多样，就业吸纳能力强。

德国是高度工业化的国家，然而，其国内的服务业毫不逊色于制造业。在国民经济总量中，服务业比重已超七成，成为经济的核心产业。受国际金融危机的影响，德国2009年工业生产总值暴跌20%左右，服务业的份额却增加2个百分点，上升到71%。2009年服务业企业总数超过250万家，占德国企业总数的78%，就业人数达2850万人，占劳动力总数的73%，服务业企业所占纳税企业总数比例为77%，所占纳税企业营业额为54%（见表6-6）。

第六章
服务业与服务贸易在内外需互动机制中发挥作用的国际经验借鉴

表6-6　2009年德国服务业在GDP和就业总量中的占比

单位：%

行　　业	在GDP中占比	就业人数占比
农、林、渔业	1	2
加工制造和建筑业	26	23
服务行业	73	73

资料来源：德国联邦经济部。

另外，德国服务业独具特色，结构十分多样，尤以贸易、金融、保险、旅游和会展业等最为发达。如在金融业方面，德国是典型的银行主导型国家，其银行在金融体系中处于核心地位。德国的银行注重坚持混业经营，商业银行、投资银行、证券、保险等各种金融服务一应俱全；在电信、邮政、交通运输、物流等领域，随着原有垄断的打破和市场管制的逐步放宽，行业发展迅猛，企业活力不断增强。

（2）德国服务贸易飞速发展，贸易总量大，世界排名靠前。

德国服务业在整个国民经济中的强势发展奠定了德国在世界服务贸易体系中的重要地位。德国经济具有明显的外向型特征，国民经济对外贸的依存度高达60%以上，1/2个工作岗位是出口外向型企业提供的，企业收益的1/3靠对外贸易来实现。2010年德国服务贸易进出口总额达4921亿美元（见图6-1）。

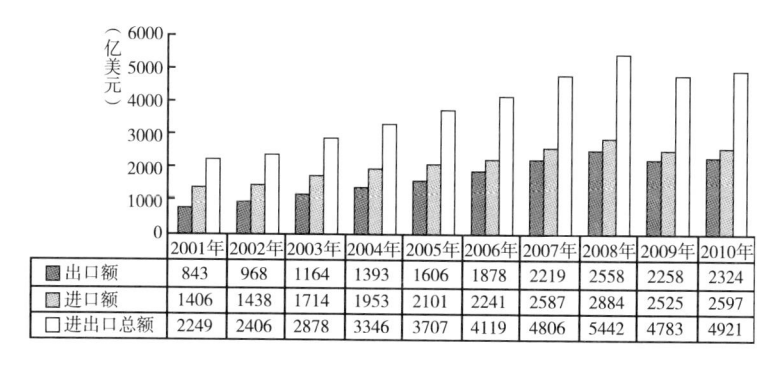

（亿美元）	2001年	2002年	2003年	2004年	2005年	2006年	2007年	2008年	2009年	2010年
出口额	843	968	1164	1393	1606	1878	2219	2558	2258	2324
进口额	1406	1438	1714	1953	2101	2241	2587	2884	2525	2597
进出口总额	2249	2406	2878	3346	3707	4119	4806	5442	4783	4921

图6-1　德国服务贸易基本发展趋势

资料来源：世界贸易组织数据库。

伴随着德国服务贸易规模的不断扩大,德国服务贸易在世界的排名也不断上升。截至2010年,德国服务贸易在世界上的排名仅次于美国,排名第二位(见表6-7)。

表6-7 2010年世界服务贸易排名

单位:亿美元

地区	服务总额	排名	服务出口	排名	服务进口	排名	服务差额
世界	71666	—	36639	—	35027	—	1612
美国	8729	1	5150	1	3579	1	1571
德国	4862	2	2299	2	2563	2	-264
英国	3836	3	2272	3	1564	4	708
中国	3624	4	1702	4	1922	3	-220
日本	2928	5	1376	6	1552	5	-176
法国	2657	6	1400	5	1257	6	143
印度	2264	7	1095	10	1169	7	-74

资料来源:世界贸易组织数据库。

2. 德国促进服务业及服务贸易发展的政策与措施

德国是典型的外向型经济,对出口的依赖也使德国在金融危机时受到了不小的冲击,但在2010年,德国经济企稳回升,GDP总值达到33127.4亿美元,进出口总值达23178亿美元,同比增长13.2%。德国经济能从危机中快速恢复,而且在目前愈演愈烈的欧债危机中仍然屹立不倒,这一切都与德国政府紧抓服务业和服务贸易是分不开的。

(1)德国服务业和服务贸易管理体系健全。

首先,政府大力支持服务业和服务贸易,行业协会又为服务业和服务贸易的发展提供了平台。德国实行社会市场经济制度,政府在经济中主要负责调节和主导,在德国联邦政府14个部门中,几乎每个部门都与服务业和服务贸易相关。比如,德国联邦经济部下设立服务机构"联邦外贸信息办公室"(BFAI),其主要任务是为德国的服务型企业提供国外市场信息。还有德国联邦外贸与投资署(Germany Trade & Invest),其主要任务是为德国服务贸易企业提供市场与行业分析,给出实用的商业建议,并积极帮助企业联系国际项目、招标机会等。另外,德国行业协会的发展十分迅速,尤其是商业、服务业领域的行业协会更是为德国服务业和服务贸易的发展提供了重要平台。比如,德国工商大会(DIHK)主要为德国中小型企业开拓世界市场提供统一的世界范围的服务,并为之打造了一个称为"DEinternational"的遍及全球的服务网,为企业提供详尽的市场分析、销售和法律咨询。

其次,德国法制体系健全,服务业和服务贸易有法可依、有法必依。服务业在德国虽然覆盖面很广,但都能做到有法可依、有法必依,既遵守联邦一级和州一级的法律,还遵守本行业各项法规的义务。如电信业有《电信法》,建筑业有《建筑法》《招标投标法》,银行业有《银行法》,保险业有《保险法》,统计方面有《统计法》。每一部法律或者法规都对行业的运作和行为做出了严格的规定,法律是企业经营活动的指导原则和行为规范,既受法律约束,也受法律保护。服务行业的立法工作,系由所涉及行业主管部门负责收集信息、提交法案,交由相应立法机构经过立法程序变成法律。

最后,德国服务业、服务贸易统计体系完善,宏观调控更为科学合理。由于服务业和服务贸易本身多为无形产品,关于二者的统计本身就是一个十分复杂的问题,世界许多国家都存在服务业和服务贸易"漏统""误统"的情况,而德国的服务业和服务贸易数据质量很高,这得益于自身完善的统计体系和工作人员的认真细致。德国服务业的统计数据由德国联邦统计局统计、整理并提供。在统计过程中,联邦统计局遵循科学的统计学原则,采用纸质问卷、因特网问卷和直接与企业ERP系统链接三种方式采集数据,客观地保证数据的真实性和完整性。有关服务贸易的数据由德国联邦银行提供,德国联邦银行采用世界贸易组织《服务贸易统计手册》规定的"国际收支"统计方法,对服务贸易进行分项整理统计。

(2)德国服务业和服务贸易促进保护措施完善。

首先,财政支持力度大,服务业和服务贸易竞争力不断提升。德国政府每年都要从财政中拨款,加大对服务业和服务贸易的投入。近年来联邦政府不断提高服务业预算,为促进其发展提供有力的资金保障。如对服务行业之一的文化创意产业,2009年联邦财政预算就达到了11.4亿欧元,比2005

年提高了20%。庞大的政府预算资金为促进服务业的发展奠定了坚实基础。德国财政拨款主要用于帮助企业开发新产品，开辟海外市场，为服务企业举办各种推荐活动，帮助企业逐步实现国际化。值得注意的是，在德国，用于产业发展的政府扶持资金是由第三方管理的，这样的管理方式更贴近市场和企业，也能够做到更专业化、更公平和公开。另外，德国政府十分重视服务业的科技创新和人力资源开发，建立了多层次的人才培训体系和科学的人力资源利用体系，建立了相应的职业资格认证制度，从各个方面加强了德国服务业和服务贸易的竞争实力。

其次，构建服务业信息平台，建设服务业标准体系。上文中提到德国政府和行业协会为促进服务业和服务贸易的发展通过多种渠道构建了全方位的信息平台，尽其所能为企业提供生产、销售、贸易、法律等信息。另外，为推动德国服务贸易加速发展，德国政府于2009年在德国工业标准（DIN）框架内成立服务业标准委员会（NADL），负责针对企业和终端客户做一些基础性工作。同年还成立了服务业协调机构（KDL）专业委员会，该专业委员会主要负责对德国工业标准框架内服务业领域与标准化相关的所有活动进行整合、系统化和协调统一。服务业标准化极大地方便了对服务业的管理和调控，也有利于德国服务企业走出国门参与国际竞争，极大地促进了德国服务贸易的出口。

最后，促进与保护并举，确保德国服务业和服务贸易的优势地位。著名金融信息服务公司麦盖提（Markit）在一份研究报告中指出，德国服务业的强劲增长使整个欧洲的服务业都跟着增长，可见，服务业在德国整个国民经济中的地位举足轻重。也正是因为这个原因，德国发展服务业，一方面对其强势贸易部门实行自由化政策，比如1996年就颁布了新电信法，打破垄断，使电信市场自由化。另一方面德国出台政策、采取限制措施千方百计地保护本国市场和国内企业，限制服务进口，促进服务出口，如德国金融、保险、法律、中介等服务行业近年来纷纷开拓国外市场，而其国内市场却设置重重障碍，阻止外国投资者进入，特别是法律咨询、会计、审计等行业直接被称为"法律限制的自由职业"，也就是说外国人或企业想要在德国提供这些服务基本上是不可能的。

综上所述，由于德国政府、行业协会、法律组织等多方的共同努力使

第六章
服务业与服务贸易在内外需互动机制中发挥作用的国际经验借鉴

德国服务业和服务贸易快速发展,国际竞争力不断提升,在德国内外需协调发展的过程中也发挥了重要的作用,促进德国经济强劲增长。

3. 德国服务业和服务贸易在其内外需协调发展中的影响

(1) 高度发达的服务业,提高人均 GDP 水平,刺激最终消费,有效拉动内需增长。

德国服务业在国民经济中的重要地位还体现在对内需的拉动上。德国贸易专员 Karel De Gucht 也曾指出,要解决德国与欧盟伙伴国家之间的贸易平衡问题,必须要扩大德国国内需求,而切实可行的方法就是扩张服务业。服务业是扩大内需最大的产业支撑,因为服务业涉及产业面广,是最大的就业容纳器和创新驱动器,就业吸纳效应和技术扩散效应强,特别是现代服务业和生产性服务业在发展高技术产业和先进制造业的过程中能够显著推动产业结构升级,实现服务业与工业的融合。从图 6-2 中可以看出,德国服务业增加值占 GDP 增加值的比重与人均国民收入(GNI)及最终消费占 GDP 的比重基本呈现正相关的特征,特别是与最终消费占 GDP 比重的相关程度很高。消费是内需的主要推动力量,在德国这样一个消费能够拉动 70% 以上的国内需求的国家,服务业在消费的增长和内需的扩大过程中功不可没。

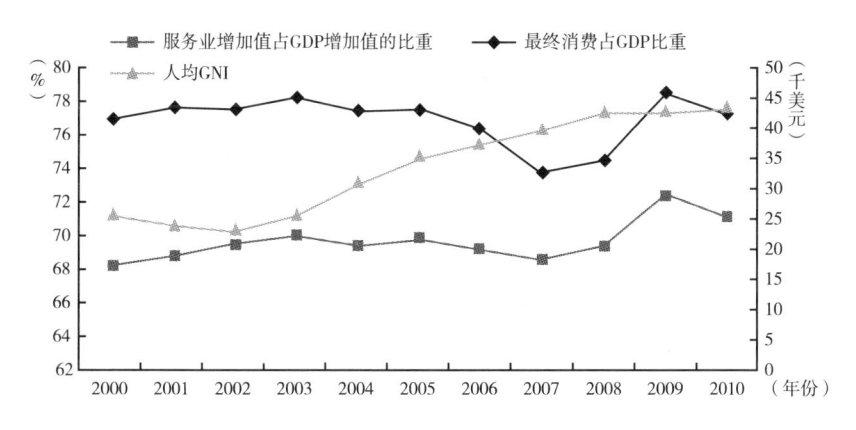

图 6-2　德国服务业与最终消费及人均 GNI 变化趋势

资料来源:世界银行数据库。

(2) 德国服务贸易扩大进出口规模,优化贸易结构,稳定外需。

表 6-8 显示了德国历年服务贸易的基本数据。从表中数据可以看出,

中国扩大内需与稳定外需战略

德国服务贸易不论是进口还是出口都呈现出一个增加的态势,贸易量持续扩大。然而,不容忽视的是,德国服务贸易长期处于逆差状态,尽管近年来逆差有所收窄。产生逆差的原因是德国大量从海外进口技术服务,如专利、许可证、研发、电子数据处理技术、工程技术等。

表6-8 德国服务贸易基本状况

单位:亿美元

项目\年份	2001	2002	2003	2004	2005	2006	2007	2008	2009	2010
出口额	843	968	1164	1393	1606	1878	2219	2558	2258	2324
进口额	1406	1438	1714	1953	2101	2241	2587	2884	2525	2597
进出口总额	2249	2406	2878	3346	3707	4119	4806	5442	4783	4921

注:不含政府服务。
资料来源:世界贸易组织数据库。

伴随服务贸易的发展,德国贸易结构有了很大改善,德国服务出口在对外贸易出口总额(包括货物和服务)中的比重连年增加,从2001年的12.9%已上升至2010年的15.5%。与此同时,对外贸易出口总额也从2001年的6543亿美元上升至2010年的15361亿美元。服务贸易的强劲发展保证了德国外需的稳定,也是世界各国对"德国服务"的肯定。图6-3显示了德国服务出口与对外贸易出口总额的变化趋势。

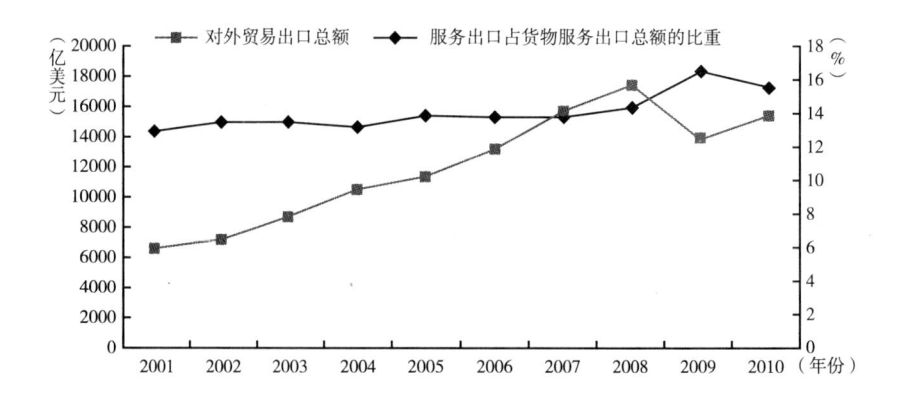

图6-3 德国服务贸易出口与对外贸易出口总额的变化趋势

资料来源:世界银行数据库。

第六章
服务业与服务贸易在内外需互动机制中发挥作用的国际经验借鉴

(二) 印度发展服务贸易经验

1. 印度服务贸易及服务业概况

(1) 印度服务业高速增长,服务外包独树一帜。

印度的产业结构中,服务业所占的份额超过50%,是经济增长主要的推动力量,服务部门已经成为印度经济中最有活力的部分。自20世纪80年代开始,印度服务业开始提速,与工业的增长率差距逐渐缩小到0.2%。90年代后,服务业增长势头迅猛,年均增长率达7.5%,遥遥领先于同一时期的工业发展速度。进入21世纪,服务业的增长更是异常迅速,对GDP增长的贡献度越来越高,长期维持在50%以上,而中国在这个数字上始终没有超过印度。因此,有学者称:"印度大象插上了服务业的翅膀也能翱翔天空。"

印度服务业和服务贸易中最引人注目的是近年来异军突起的软件服务外包。依照传统观点,印度应该是着重发展劳动密集型产业,而实际情况是技术含量较高的软件服务外包却成了印度的亮点。20世纪90年代印度软件产业每年以46%~60.5%的速度增长,远远高于世界15%的速度,进入21世纪以后也以每年30%的增幅增长。印度逐渐成为全球服务外包的主要承接国(见表6-9),流入印度的业务外包合同越来越多,印度企业也通过提供信息技术支持和商务管理支持,逐渐成为许多欧美企业的"后台办公室"(Back-Office)。

表6-9 全球服务外包承接国层次

优先承接国	加拿大、印度、爱尔兰、俄罗斯、菲律宾
第二承接国	澳大利亚、新西兰、中国、马来西亚、墨西哥、西班牙
第三承接国	中东欧、印度尼西亚、以色列、泰国、巴西、埃及、巴基斯坦、南非

资料来源:《2008年全球服务外包报告》。

(2) 印度服务业就业吸纳能力不强,"服务业飞地"现象严重。

印度服务业虽然发展强劲,然而由于独特的历史背景和文化传统,印度服务业吸纳社会劳动力的能力十分薄弱。以软件产业为例,在印度5亿劳动力大军中,软件产业仅仅吸纳了100多万个劳动力,仅为印度劳动力总数的0.25%。目前有超过50%的劳动力从事农业,大量的农村贫困人口和剩余劳动力仍然是印度经济发展面临的重大问题。

发达国家发展经验显示，一般都是首先发展制造业，夯实产业基础，然后服务业才能在此基础上繁荣发展。然而，印度却走了一条相反的道路，即优先发展服务业尤其是软件外包、IT业，然后利用服务业的新兴技术来反向刺激农业和制造业，在这条道路上印度经济确实取得了快速发展，但是"根基不牢"的隐患也逐渐凸显。长期以来，印度在制造业和基础设施建设方面发展严重滞后。以煤炭业为例，印度尽管煤炭资源十分丰富，但是煤炭品质却非常差，不适合大规模开发利用，因此，导致印度电力严重短缺，现在每年约40%的印度居民无电可用，断电更是常事，工厂企业也常受停电之苦。印度制造业相对起步较晚，没有赶上20世纪70~80年代世界制造业转移的机遇期，尽管印度政府已经开始将振兴制造业提升到国家战略的高度，但是短时间内印度制造业的实力和国际竞争力是难以得到实质性提高的，这样就形成了印度独特的"服务业飞地"现象，也出现了发达国家才会出现的"产业空心化"问题。

2. 印度促进服务业和服务贸易发展的政策和措施

（1）政府对服务外包行业高度重视和支持，行业协会作用显著。

早在1986年，印度政府就制定了《计算机软件出口、软件发展和软件培训政策》，明确地表明了印度大力发展软件外包业的发展目标，并对从事IT外销的企业给予优惠政策。印度的历届总理都对发展软件服务外包给予极大的重视和支持。20世纪80年代，拉·甘地总理就曾提出要通过发展计算机软件产业把印度带入21世纪的目标；拉奥执政后，继续奉行大力发展计算机软件产业的方针，采取许多实际措施支持发展计算机软件产业。据麦肯锡报告，全球财富1000强中95%以上的企业制定了服务外包战略，2010年全球服务外包市场规模超过6000亿美元，而这块蛋糕中印度可以分到较大的一块。表6-10显示了印度IT服务外包的情况。除了政府对服务业和服务贸易大力支持外，行业协会也在服务业、服务外包的发展过程中发挥重要作用。例如，印度全国软件与服务公司联合会（NASSCOM）是印度主要的信息技术软件与服务贸易机构和商会，其致力于打造印度全球服务外包品牌，促进IT产业法规政策的制定，培养服务业人力资源，加强知识产权保护等目标。

第六章
服务业与服务贸易在内外需互动机制中发挥作用的国际经验借鉴

表 6-10　印度 IT 服务外包的情况

单位：亿美元

年　份	2004	2005	2006
全球 IT 离岸服务外包市场规模	529.16	613.51	727.12
印度 IT 服务出口规模	122	132	181
印度 IT 服务出口占全球的比重(%)	23.06	21.52	24.89

资料来源：Cartner database，NASSCOM。

（2）印度服务业法律体系健全，注重与国际标准接轨。

印度由于独特的历史背景，其法律体系与西方法律体系较为接近，因而与西方国家进行经济技术交流时基本不存在法律障碍，同时，印度服务业方面的法律体系也是相当健全的。比如，为保护知识产权，印度于 1994 年出台了相当严格的《新版权法》；为保护企业和消费者的信息安全，印度在 2000 年通过了《信息技术》和《半导体集成电路设计法》。法律体系的健全极大地促进了印度服务业和服务贸易的发展。

同时，印度还十分重视服务业与国际标准接轨。以软件业为例，为了保证软件公司的规范运作，印度国家软件和服务公司协会明确规定，但凡拥有 10 名员工以上的软件公司必须达到 ISO9001 标准认证，而且除了采用国际通用的 ISO 质量认证体系外，还采用目前世界软件业公认的软件能力成熟度模型 CMM 等级认证体系。目前印度已有上百家软件企业获得了该体系 CMM5 级认证证书。通过与国际标准化体系接轨，印度服务业，特别是软件业的国际化水平显著提高，服务外包竞争力也得到大幅提高。

（3）重视服务业人才培养，准确定位分工角色，提高自身国际竞争力。

印度服务业和服务外包快速发展的一个重要原因是印度对服务业人才的培养做了诸多的努力。印度在 20 世纪 80 年代中期提出"要用教育和电子革命把印度带入 21 世纪"的口号，从此印度开始不断加大对服务业人才培训的投入力度，教育投资占 GDP 的比重始终维持在 4% 以上。目前印度已经形成了印度理工学院居于顶端、各大学居中、国家信息技术学院居于底层的金字塔式的服务业人才培养体系，每年向服务业提供大量的人才。印度的服务业人才质量也很高，有学者对印度服务业员工素质做过研究，发现虽然在基础设施建设等方面与发达国家相距甚远，但是在员工素质方面印度的优势远大于其他服务承接国,特别是在外语能力、工作质量、专业技术方面,印度远远领先。优秀的服务业人力资源,奠定了印度在服务业和服务外包中的优势地位。

服务外包主要分为信息技术外包(ITO)和商务流程外包(BPO),软件外包是ITO的主要形式,BPO的业务范围主要涉及需求管理、企业内部管理、业务运作管理和供应链管理,业务形式主要有金融和财务分析服务、呼叫中心、客户服务等。印度软件业准确把握市场态势,果断承接美国等发达国家的软件外包业务,以软件外包为突破口,快速带动其他服务业和服务贸易的发展。而正是印度准确定位了其在国际分工中的地位,才得以有效发挥其比较优势,从而整合了国内资源,提高了国际竞争力。

3. 印度服务业及服务贸易促进内外需互动中的作用分析

印度国民人均收入比较低,国内需求严重不足,因此无法消化本国的软件服务产品,只能将出口作为主要的发展模式。出口为主的发展模式确实给印度经济发展带来了积极影响,但是也埋下了不少隐患,如对外部经济体的过分依赖,导致其产业结构的不确定性与脆弱性,而且对软件服务外包产业的过于侧重,也会对其他产业产生挤出效应。以印度和美国之间服务外包为例,印度软件外销的65%以上是出口到美国的,一旦美国发生政策变化,印度将遭受致命打击。尽管如此,印度大力发展服务业和服务贸易,并利用二者促进经济增长、调整内外需的经验,仍然值得我们进行总结和学习。

(1)服务业和服务外包对经济增长贡献度大,但拉动内需仍然任重道远。

印度在1947年独立之后,长期是一个以农业为主的国家。从1951年开始,工业才开始快速发展,当时工业的年均增长速度超过了农业和服务业。然而,进入20世纪80年代以后,服务业发展开始提速,并一路高歌猛进,遥遥领先于工业和农业的增长,有力地推动了国民经济的整体增长。印度中央统计局公布的数据显示,2010年印度第三产业增加值占GDP的比重达到55%,第三产业对名义GDP增长的贡献率达到53.7%,拉动经济增长10.2个百分点。另外,据统计,印度服务外包的产值占印度GDP的7%,占印度出口总额的近四成。可以看出,印度服务业和服务贸易在本国经济增长

第六章 服务业与服务贸易在内外需互动机制中发挥作用的国际经验借鉴

过程中的贡献度很高，而且对印度国内消费水平的提升也起到了很大作用，最终消费支出从2000年的3532亿美元上升至2010年的11826亿美元（见图6-4）。

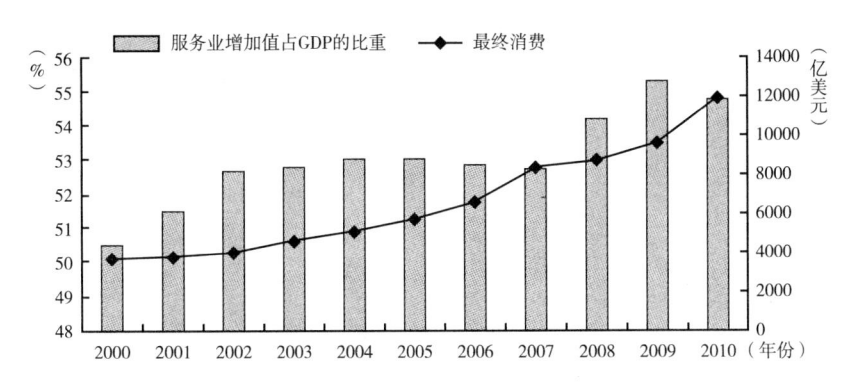

图6-4 印度服务业与最终消费变化趋势

资料来源：世界银行数据库。

从图6-4中可以看出，印度服务业增加值在GDP中的占比呈现持续增加的态势，与此同时，印度最终消费水平也基本与服务业增长保持同步态势。在制造业增长乏力的背景下，服务业的高速发展为印度国内经济的发展提供了动力，然而，正如本书所述，服务业的发展的确为印度经济腾飞做出了巨大贡献。但是服务业的发展必须要有相应的载体，比如基础设施、公共服务平台等，而这些载体的投入必然带动内需的扩大，而印度的基础设施建设薄弱，就业吸纳能力不强，内需很难拉动。因此，在扩大内需的过程中，服务业任重而道远。

（2）印度服务贸易出口不断增长，服务外包快速发展稳定外需。

印度服务贸易发展迅速，2010年服务贸易出口总额为1233亿美元，占对外贸易出口总额的33%，并有着逐年上升的态势（见图6-5）。同时，与中国服务贸易连年逆差相反，印度却从2004年开始就一直保持顺差，金融危机非但没有使顺差下降，反而在危机到来时，印度服务贸易顺差也达到了最大值。尽管在2009年之后顺差额有所减少，但是很难出现"转顺为逆"的现象。另外，印度服务贸易中最大的支柱——IT-BPO产业也直接影响了印度的外需。2010年印度服务收入达760亿美元，印度在全球离岸服务外包市场中所占的份额,也由 2005 年的 49%,提高到 2010 年的 55%,其中 ITO 占全球离岸市场份额的 70%,BPO 占 34%。强大的服务外包,极大地拉动了印度对外贸易的增长,也使印度成为金融危机之后少数几个能屹立不倒的国家之一。

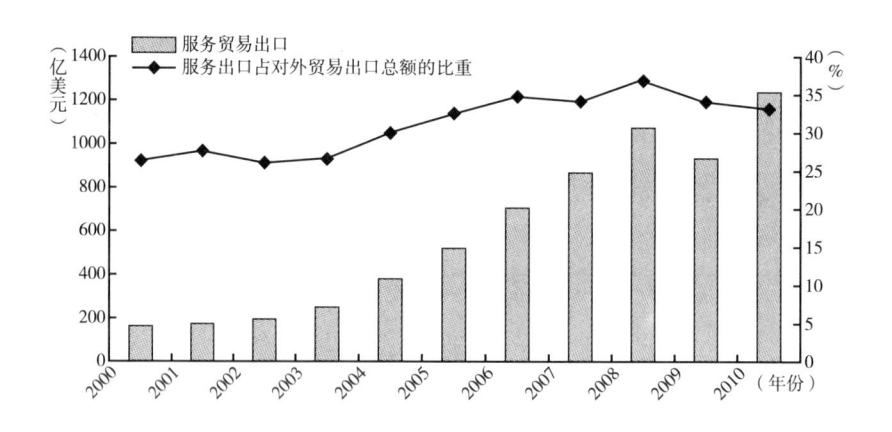

图 6-5　印度服务贸易出口

资料来源:世界贸易组织数据库。

(三) 德国、印度两国服务业及服务贸易促进内外需互动的经验借鉴

服务贸易有很强的技术外溢效应(因为服务行业特别是高端服务行业都是技术知识密集型行业,这类行业有很强的技术外溢效应,很大程度上能够推动制造业产业结构的升级,从而促进货物贸易的发展)、规模报酬递增效应(经济学有关增长理论认为技术的持续革新是保持规模报酬递增效应的重要源泉,产品的服务化是提升自身附加值的重要方法)、人力资本效应(高端服务业需要的劳动力素质通常较高)、就业效应(服务业是吸纳劳动力最为有效的行业,在发达国家,服务业能够吸收 60%~70% 的劳动力,也有助于发展中国家转移剩余劳动力)、资源环境效应(服务业基本上是无形产业,而且是环境友好型产业)、外部规模效应(服务业的发展往往是产业集群的发展,良好的外部规模效应能够带动产业结构的优化,甚至是产业链结构的优化),如图 6-6 所示。

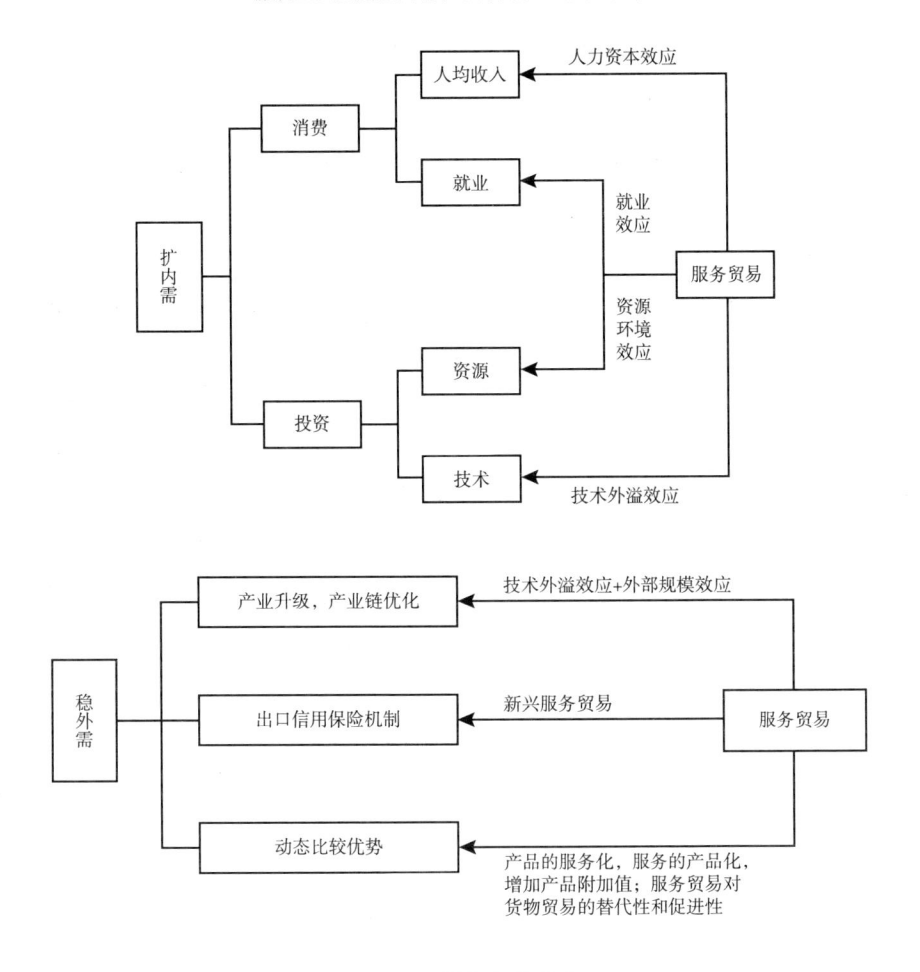

第六章
服务业与服务贸易在内外需互动机制中发挥作用的国际经验借鉴

图 6-6 服务贸易效应

内外需不是孤立存在的,而是相互影响、相互作用的,服务贸易将内外需有效地联系起来。鉴于发展服务贸易及服务业有如此多的积极作用,因此有必要去总结典型国家在发展服务贸易和服务业的过程中所得到的一些经验。本书在研究了德国和印度两国情况后,得出以下经验总结。

1. 政府支持力度强和导向作用明显

服务贸易及服务业的发展并非靠市场力量就可以进行,而要通过政府这个强有力的管理者来对服务贸易及服务业的发展模式和发展方向进行指导和修正。德国和印度在这一方面起步早、经验多,政府对服务型产业和企业的扶持力度比较大,而且相关政策法律比较能够落到实处。

2. 发展高知识技术密集型服务产业，获得动态比较优势

德国和印度通过大力发展高知识密集型服务产业，获得了动态比较优势，优化了出口结构，促进了国内产业结构的升级换代，使本国在内外需调整的过程中更具有灵活性，也更有选择性，这使得本国内外需结构更趋合理化，经济发展能更为平滑地上升。

3. 有效利用服务贸易和服务业的产业关联效应、就业增长效应、技术扩散效应，最终使得整个经济贸易良性发展

德、印两国服务贸易和服务业对于内外需的各项特征指标的变动都有着积极的影响，而且这些影响正在逐年递增，比如吸收就业，扩大出口，拉动人均GDP，优化产业结构，最终促进经济贸易的良性发展。

4. 健全的国内法律体系是服务贸易和服务业有效促进内外需调整的保证

德国和印度对与服务贸易和服务业发展有关的法律制定，历来都相当重视，无论从保护本国企业角度看，还是从与外国企业竞争角度看，都有一系列的法律法规作后盾，这使得企业能够信心十足地参与国际竞争。外需低迷之时，企业能保持竞争优势更进一步；内需低迷之时，企业能担当拉动内需的重任。

内外需互动调整过程是一个权衡取舍、刚柔并济的过程。既要重视扩大内需，同时也要稳定外需，只有做到内外需协调互动，才能够保证中国经济持续、稳定、科学、合理地发展。然而，在具体实践过程中，往往难以选择良好的突破口，使得政策发挥效力大打折扣。德国和印度也曾遇到或正在经历内外需调整的过程，两国虽然经济结构、社会背景很不相同，然而两国的服务贸易及服务业的发展却取得了优异的成绩，而且由于服务贸易及服务业的优良特性，使得在调整内外需结构的过程中，服务贸易和服务业发挥了巨大的推进作用，为世界各国调整内外需结构提供了范例，保留了经验。目前我国正处在内外需调整的关键时期，我国应该结合我国基本国情，总结别国优良经验，一切从实际出发，利用服务贸易和服务业的发展，科学、有效、合理地促进内外需互动调整。

第七章
收入分配对内外需互动的影响

党的十八大指出，要牢牢把握扩大内需这一战略基点，把扩大内需的重点更多地放在保障和改善民生、加快发展服务业、提高中等收入者的比重上来。提高中等收入者的比重意义深远，有利于改变我国收入分配失衡的局面，实现"国富"到"民富"的转变。收入分配是分享经济增长成果的主要方式，也是我国"十二五"时期经济发展必然回归的路径。然而，收入分配不公逐渐扩大，不仅是我国现阶段严重的社会问题，而且也已经成为阻碍我国经济发展方式转变的要害问题。严格意义上讲，经济成长的硕果当以满足人民当前和未来需求为宗旨，即内需是根本；而在当前和未来的需求划分过程中必然存在积累和交换，积累和交换可以使得我们在当前消费和放弃当前消费、争取更多未来消费之间进行权衡，对外需的满足是我们思考如何以更理性的方式放弃当前消费，追求最大化今后消费的根本所在，即外需是手段。因此，深入研究收入分配政策，认识到"分配不公→内需不足→经济失衡"的关系，厘清收入分配对内外需的不同影响，尤其是探寻收入分配如何通过产业的传导途径影响到内外需的变化，这对于当前"调结构，扩内需，稳增长"具有重要意义。收入分配方案总体方案是否合理，已是制约当下中国社会经济发展的主要矛盾和焦点所在。

一 收入分配影响内外需的传导机理分析

（一）收入效应刺激内需总量上升

根据收入与消费需求的关系，需求的扩大主要决定于居民收入增长率。

居民收入增长率越高,需求的力度就越大。需求不足、市场疲软的成因是居民收入增长缓慢,收入水平直接决定了需求的能力和需求意愿,启动内需的必要条件就是增加居民的真实收入水平,将经济增长的成果呈现给广大人民,让人民分享经济增长的成果,从而释放巨大的消费需求;缺乏真实增长的收入效应,居高不下的通胀预期将严重抑制消费,目前我们面临的宏观经济形势正是这种情况。国家统计局公布的统计数据显示,2012年社会消费品零售总额达到207167亿元,同比增长14.3%,较2011年回落2.8个百分点。其中,限额以上企业(单位)消费品零售额为101129亿元,增长14.6%,明显低于市场预期。若简单剔除物价因素,实际的消费品零售增速为12.1%,降至2008年1月以来最低。从宏观上看,居高不下的通胀率(2011年1~11月月度CPI增幅均超过5%)增大了未来的不确定性,削减了消费者的消费意愿。人民银行的调查结果显示,在当前的物价以及收入水平下,有85.8%的城镇居民倾向于储蓄(其中44.2%偏好"投资债券、股票、基金等"的变相储蓄,41.6%偏好"储蓄存款"),只有14.2%的城镇居民倾向于"更多消费",这是1999年调查以来的最低值。

所以,调整收入分配制度,管理好通胀预期,提高居民真实收入增长率,对于提升内需市场十分重要;真实劳动收入的不断增长,将刺激国内需求的增加,有利于中国实现经济再平衡,以摆脱对投资和进出口的过度依赖。

(二)收入效应产生新的、不断提升的内需消费

收入效应将形成新的消费热点,加速引导产业结构调整。国内外实践表明,消费热点是带动消费增长的发动机。20世纪80年代中期,改革开放促使人们收入水平迅速上升,导致彩电、冰箱、空调、电话等家用电器和通信设备的消费热潮,曾经带动消费的快速增长,促进了整个国民经济的迅猛发展。目前面临的问题是"消费无卖点",畸形消费与无序消费的消费结构性矛盾突出,整个国内消费市场并未成为拉动经济增长的主要动力,要改变这种状况必须培育新的消费热点。而消费热点又必须有多数居民收入增加作为支撑,只有当大多数人投入某种商品市场,才能形成消费热点。1996年中央提出要把住宅业培育成为新的经济增长点,但收效呈

畸形发展。其原因就在于占 80% 以上的中低收入者很难承受高房价的门槛，而望房兴叹，只有极少数高收入者购买商品房。加之房价持续高涨，居民收入长期维持在低水平层面上，不能形成可持续的有效购房群体，因此房屋建成以后大量空置。到 21 世纪初通过深化住房制度改革，取消福利分房，切断职工对就业单位分房的依赖，同时增加住房补贴，降低房价，实行购房贷款，使职工能买得起房，才把大多数人推向商品房市场，形成购房群体，也才使住房消费真正成为消费热点。从消费需求结构的演变趋势看，现阶段形成消费热点的除住房之外，还有轿车、家用电脑、旅游、教育以及新一代的高科技产品等。收入水平的提高将会极大地释放人们的消费需求，形成新的经济增长点，引导产业结构调整，从而推动国民经济的发展。

（三）收入效应引起成本上升导致区域产业优势新格局，进而提升相关的国内需求

据国家统计局统计，2010 年初以来，在中国两大制造业中心"珠三角"地区和"长三角"地区，工资上涨了 20%～25%，全国最低工资标准平均上调 12%。由此对重构中国收入分配与消费需求提升有着积极的影响。工资上涨对劳动密集型且利润较低的企业影响很大，例如建筑、制造、批发和零售等行业受工资上涨的影响最大，劳动力成本上涨将促进我国区域优势收入分配与消费格局的重新洗牌。内地和西部地区企业将承接产业转移而成为新的制造业基地，而老牌制造业中心因其当地更完善的经销网络、供应链和技术熟练的工人将更加注重于高附加值商品的生产。这不仅符合内地产业承接的政策，也满足发达地区产业升级的需要，而向中部地区迁移的过程还将推高国内的物流需求和相关制造业及生产性服务业需求。

（四）收入效应加快产业升级进而满足更高端的外需

用工成本的上升虽然导致出口产品的国际竞争力下降，但是这恰恰促进了出口企业的优胜劣汰和转型升级。长期以来，中国的出口产品以原材料、初级产品为主来满足国外需求，在压低工资、牺牲环境和消耗能源的同时还不能获得高溢价收益，企业就像"温水里的青蛙"，缺乏产品升级

和更新的动力和压力；由工资提高和环境资源成本上升带来的压力倒逼企业必须"置之死地而后生"，充分研究市场需求，加快产业结构调整和产品升级，提供更多高附加值的满足消费者更高需求的产品和服务，带来外需的扩大。因此，在中国经济重构过程中，劳动者收入增加可以影响到资本和人力在不同行业、产品、地区的流动，带来更多的外需，使中国的经济结构趋于合理。

（五）收入效应带来人力资源素质上升，有利于提高生产效率，满足更广泛的内外需

库兹涅茨（1955）认为发展中国家的收入差距要比发达国家大，主要是由国家之间的产业结构水平差异造成的，而产业结构从根本上是由劳动者的受教育水平及其技能的差异造成的。发展中国家，由于对资本投入的科学技术、专业知识水平少而且低，相应的劳动生产率就低；而发达国家，由于对资本投入的科学技术、专业知识水平多而且高，相应的劳动生产率就高。也就是说，收入差距主要由劳动生产率的差距所致。库兹涅茨还指出："产业结构变化的主要原因是技术的变化。随着有用的知识增长，带来了新产品、新生产工程或者新的原材料的使用方法，并且，给新的产业奠定了基础。技术变化率越高，产业结构变化就越大。"无疑，就业人员受教育的水平是与产业结构水平联系在一起的，产业结构水平的提高，是依赖就业人员整体的科学技术、专业知识水平的提高的[1]。

收入效应将激励劳动者加大对自身知识水平和劳动技能的投资和培训，不断提高劳动力自身文化和技能素质。在市场经济条件下，劳动力的收入水平总体上与其所接受的教育和文化程度成正比。要让劳动者意识到只有通过更多的人力资本积累，才能获得更多的回报，劳动力价格才能提高。从目前中国劳动力市场状况来看，在总体供大于求的前提下，职业技能素质高的劳动力却严重供不应求。随着劳动技能提高，随着对新知识和技能的理解和运用，劳动效率提升有利于新生产技术的引进和普及，使得

---

[1] 林燕平：《中国地区国民收入差距实证研究》，北京大学出版社，2000。

高附加值和知识密集型的制造业和服务业能够在中国找到生长的土壤（例如高精密机械制造、生物基因产品、高效农业、节能环保产品、电子信息产品、创意产品、品牌延伸、保险、金融、酒店、会展、广告、旅游等行业），这些行业的产生和发展将使得我们摆脱从前低技术、低价值、高污染、高能耗的产业结构，提升我们服务的水平和能力，进而更有效地满足内外部需求。

总之，收入效应将传导到内外需的互动关系上，短期来说将刺激内需增加，长期来说将优化产业结构，推动产业转移，强化劳动者素质和能力，提升服务外需的国民经济整体素质水平，进而带动外需的扩大，形成内外需同时增加的局面。

二 中国收入分配的现状

（一）收入水平快速上升，贫富差距逐步拉大

如图 7-1 所示，根据国家发改委和国家统计局公布的统计数据（见表 7-1），可以清楚看到 1985～2010 年城乡居民的收入水平呈逐年上升趋势，增长速度也不断加快，尤其是 2001 年以后上升更为明显；同时我们也可以看到城乡收入差距呈现出逐年扩大的趋势。国际通用的反映贫富差距的基尼系数显示，中国在改革开放之初，基尼系数维持在 0.3 左右，从 2000 年开始超过 0.4 并呈逐年上升趋势，我国国家统计局自 2000 年公布全国基尼系数为 0.412 之后，十年之间没有再次公布过，2009 年中国的基尼系数达到了 0.48[1]。杨灿明等（2011）以 2010 年我国城乡居民收入调查数据为基础进行研究，发现 2010 年中国的基尼系数已达 0.54，城镇基尼系数为 0.431，全国和城镇基尼系数大大超过了国际公认 0.4 的警戒线，贫富差距正在逐步拉大[2]。

---

[1] 资料来源：世界银行公布数据。
[2] 杨灿明、孙群力：《中国居民收入差距与不平等的分解——基于 2010 年问卷调查数据的分析》，《财贸经济》2011 年第 11 期。

中国扩大内需与稳定外需战略

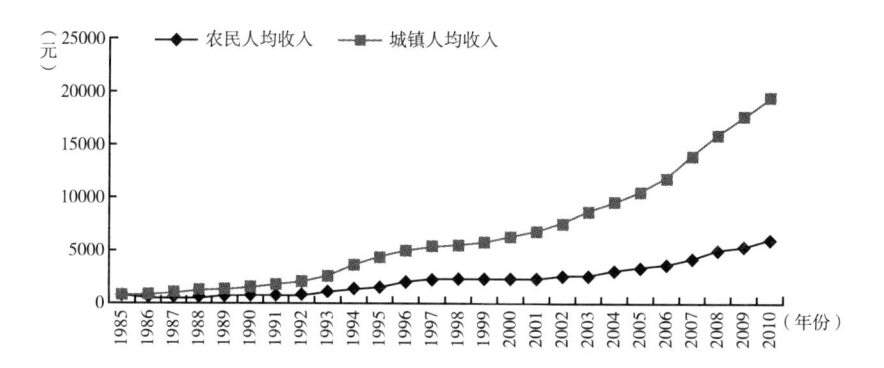

图 7-1 1985~2010 年我国城乡居民人均收入情况

表 7-1 城乡居民家庭人均收入

单位：元，1978 = 100

项目	年份	1985	1986	1987	1988	1989	1990	1991	1992	1993
农村	人均收入	398	424	463	545	601	686	708	784	921
	收入指数	268	277	292	310	305	311	317	336	346
城镇	人均收入	739	900	1002	1180	1373	1510	1700	2026	2577
	收入指数	160	182	186	182	182	198	212	232	255
项目	年份	1994	1995	1996	1997	1998	1999	2000	2001	2002
农村	人均收入	1221	1577	1926	2090	2162	2210	2253	2366	2475
	收入指数	364	383	418	437	456	473	483	503	527
城镇	人均收入	3496	4282	4838	5160	5425	5854	6279	6859	7702
	收入指数	276	290	301	311	329	360	383	416	472
项目	年份	2003	2004	2005	2006	2007	2008	2009	2010	
农村	人均收入	2622	2936	3254	3587	4140	4760	5153	5919	
	收入指数	550	588	624	670	734	793	860	954	
城镇	人均收入	8472	9421	10493	11759	13785	15780	17175	19109	
	收入指数	514	554	607	670	752	815	895	965	

资料来源：根据国家发改委、国家统计局历年统计年鉴整理所得。

（二）初次分配与再次分配结构不合理

近十年来，我国国民收入分配格局发生了巨大的变化，居民部门的比重逐年下降，而企业和政府部门的占比逐年上升（李扬、殷剑锋，2007）。初次分配和二次再分配环节的收入分配结构不合理直接导致我国内需长期难以启动、最终消费不足。在初步分配中，我国目前存在"劳动收入在国民收入（GNI）中所占比例低""工资收入占国民收入的比重低""劳动要素在企业内部分配中比重低"的"三低"现象，造成再分配环节对居民收入的"逆调节"问题较为突出。这些因素直接导致了国民收入增长速度未跟上国家经济增长速度，消费占GDP的比重持续下降，成为制约内需增长的根本因素。

（三）中央政府开始关注收入分配问题

党和政府历来高度重视并着力解决收入分配中的问题。党的十七大报告提出"深化收入分配制度改革，增加城乡居民收入"。2009年中央经济工作会议明确提出提高低收入者收入，扩大内需。调整收入差距，不仅要调整城乡收入差距、地区之间收入差距、行业之间收入差距，更要调整我国目前不合理的国民收入结构，提高居民收入在总收入中的比重，并调整政府收入的支出去向，使政府支出有利于消费需求的增长，这是目前我国扩大内需的首要要务，也是我国经济可持续发展的需要。2010年中央经济工作会议又强调加大国民收入分配调整力度，合理的收入分配制度是社会公平的重要体现，在当前以扩内需来保持经济平稳较快发展的形势下，具有更加重要和紧迫的现实意义。2011年中央经济工作会议明确提出面对复杂多变的国际政治经济环境和国内经济运行新情况新变化，必须继续抓住科学发展这个主题和加快转变经济发展方式这条主线，牢牢把握扩大内需这一战略基点，把扩大内需的重点更多地放在保障和改善民生、加快发展服务业、提高中等收入者比重上来，只有逐步提高这部分人的收入水平，才能实现我国人均收入水平的不断提高，才能从过去过度依赖外需向主要依靠内需转变。2013年中央经济工作会议指出要将经济持续健康发展建立在扩大内需基础上，坚持把人民利益放在第一位，进一步做好保障和改善民生工作，使发展成果更多、更公平地惠及全体人民；要稳定和扩大国际市场份额，发挥进口对结构调整的支持作用，促进国际收支趋向平衡。

当前和今后一个时期，我国政府将坚持内外均衡发展，着力构建扩大内需，努力提高居民收入在国民收入中的比重和劳动报酬在初次分配中的比重，着力保障改善民生和促进社会公平正义，让人民生活有基本保障、无后顾之忧,是现代负责任政府的重要职责。

毋庸置疑,目前劳动者的收入增加是在产业结构比较单一依靠工业,产品生产和出口以低端加工制造业为主的现状下完成的,不能满足较高层次的内外需变动的要求,在消费升级和需求多样化的未来竞争格局中,产业链低端的低附加值产业竞争将变得更加激烈,收入持续增长的压力增大;如何积极培育发展战略性新兴产业,加快形成新的支柱型产业,提高服务业在国民经济中的比重,同时,加快构建有利于节约能源资源和保护生态环境的产业结构、生产方式和消费模式对于下一步扩大内外需,增加国民收入十分重要。

三 目前收入分配在推动内外需互动方面存在的问题

(一) 基于政府、企业和居民三者之间分配不均衡抑制内需增长

根据统计数据(见表7-2),近年来中国家庭消费占GDP的百分比显著异常于其他国家,1985年中国家庭消费占当年GDP的51.35%,跟同期的日本、韩国家庭消费占GDP的水平相比较差不多。到2000年时,中国家庭消费仍然相当于当年GDP的46.69%,到最近几年这个比例已经下降到33.22%。也就是说,过去26年里(1985~2010年),家庭消费占比总体上越来越低,下降幅度将近20%。相比之下,政府财政收入占GDP的比重在过去的15年(1996~2010年)里从10.9%左右上升到最近的20.6%左右,几乎上升一倍,如果将预算之外的政府税收也算进来将显著超过一倍(见图7-2)。政府税收收入的快速增长,大大降低了劳动报酬比重,使得政府、企业和居民的收入分配比例严重扭曲。事实上,不断上升的宏观税负通过各种渠道被转化成了居民负担,即税负的不断上升侵蚀了居民收入分配份额。这是因为,首先,我国的税制结构以流转税为主体,其中增值税和营业税占到了全部税收收入的大部分。不断上升的流转税税负可以实现转嫁:一方面,在劳动力供给弹性较小的情况下,税负可以向后转嫁给劳动者,使得居民劳动报酬降低;另一方面,增值税和营业税等流转税可以通过提高消费品价格向前转嫁给居民消费者,降低他们的实际收入。因此,流转税税负

第七章 收入分配对内外需互动的影响

表7-2 家庭消费和财政收入占GDP的比例

单位：%

年 份	1985	1986	1987	1988	1989	1990	1991	1992	1993
中国家庭消费占比	51.35	49.70	49.11	50.38	49.91	46.23	44.87	45.16	42.06
美国家庭消费占比	64.96	65.49	65.94	66.23	66.13	66.70	67.03	67.37	67.81
中国香港家庭消费占比	61.19	60.19	56.92	56.26	55.31	57.13	58.88	58.73	58.31
日本家庭消费占比	53.86	53.57	53.89	52.92	52.64	52.52	52.15	52.98	53.82
韩国家庭消费占比	58.23	54.84	51.92	50.73	52.50	51.75	51.29	51.82	52.04
泰国家庭消费占比	60.96	59.34	60.24	58.75	57.98	56.76	54.48	54.15	54.25
中国财政收入占比	22.40	20.80	18.40	15.80	15.80	15.80	14.60	13.10	12.60
年 份	1994	1995	1996	1997	1998	1999	2000	2001	2002
中国家庭消费占比	40.63	42.11	43.51	43.35	43.96	45.13	46.69	45.50	43.67
美国家庭消费占比	67.59	67.77	67.72	67.23	67.62	68.17	69.02	70.02	70.56
中国香港家庭消费占比	59.61	62.00	61.45	61.08	61.57	60.41	58.98	60.27	58.59
日本家庭消费占比	54.90	55.04	55.24	55.19	55.96	57.05	56.22	57.10	57.65
韩国家庭消费占比	52.34	52.22	52.98	53.08	49.33	51.88	54.63	55.83	56.71
泰国家庭消费占比	54.83	54.75	54.28	54.85	52.60	55.43	57.20	58.09	58.43
中国财政收入占比	11.20	10.70	10.90	11.60	12.60	13.90	15.00	16.80	18.00
年 份	2003	2004	2005	2006	2007	2008	2009	2010	
中国家庭消费占比	41.42	39.67	35.88	33.38	33.30	36.83	35.53	33.22	
美国家庭消费占比	70.62	70.47	70.36	70.24	69.83	70.19	70.23	70.24	
中国香港家庭消费占比	58.30	59.44	58.22	58.53	60.17	60.48	62.43	62.23	
日本家庭消费占比	57.47	57.08	56.99	57.12	56.74	57.81	59.44	58.58	
韩国家庭消费占比	54.80	52.59	53.74	54.48	54.37	54.56	52.58	51.02	
泰国家庭消费占比	57.50	57.25	55.87	54.37	51.13	55.06	55.23	53.73	
中国财政收入占比	18.50	16.50	17.30	18.40	20.60	19.53	20.42	20.61	

资料来源：根据世界银行（WDI）数据库、国家统计局历年统计年鉴整理所得。

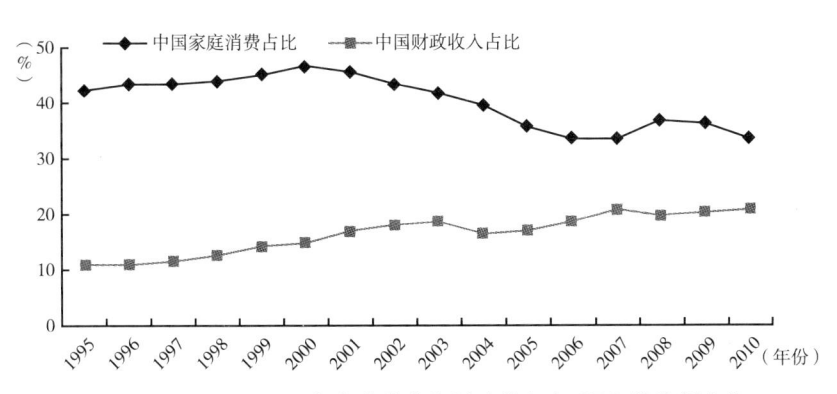

图7-2 1995~2010年家庭消费和财政收入占GDP的比例变化

转嫁机制是引起"税收侵蚀居民收入"的第一个渠道。其次，个人所得税制度的不完善使得工资收入者承担了较多税负，并且由于个税缺乏对个人综合收入的全面监控，当前个人所得税无法有效调控贫富收入差距，使得个人所得税降低了工资收入者的收入水平。

如果现行的相关税收不改变，国家、企业和个人仍然延续目前的制度，可以预见未来的经济成果将是政府得到的只会越来越多，民间得到的只会越来越少，劳动者总体得到的也只能越来越少，家庭消费需求作为内需的最重要的部分显然受到了抑制，扩大内需、启动消费只能是空中楼阁。

（二）基于企业性质不同的收入不均衡导致内外需受阻

如表7-3所示，根据统计数据考察职工工资收入的变化，可以从四个方面来分析。第一，1985年全国职工工资总额（不包括各种福利、退休保障、医疗保障等非工资内容）相当于当时GDP的15.34%，到2010年，这个比值下降到11.72%，劳动者的收入在国内生产总值中的比重下降说明在过去的近

表7-3 不同性质的企业工资总额占GDP的比值

单位：%

年 份	1985	1986	1987	1988	1989	1990	1991	1992	1993
工资总额/GDP	15.34	16.15	15.60	15.40	15.41	15.81	15.26	14.63	13.91
国企工资/GDP	11.81	12.54	12.10	12.01	12.07	12.45	11.91	11.48	10.79
集体企业工资/GDP	3.46	3.53	3.39	3.24	3.14	3.11	3.02	2.76	2.41
其他经济体工资/GDP	0.07	0.08	0.10	0.14	0.20	0.25	0.32	0.39	0.72
年 份	1994	1995	1996	1997	1998	1999	2000	2001	2002
工资总额/GDP	13.81	13.32	12.76	11.91	11.01	11.01	10.74	10.79	10.94
国企工资/GDP	10.74	10.00	9.54	9.13	8.07	7.99	7.67	7.62	7.44
集体企业工资/GDP	2.12	1.94	1.74	1.59	1.21	1.07	0.93	0.79	0.69
其他经济体工资/GDP	0.95	1.05	1.07	1.19	1.73	1.95	2.14	2.38	2.81
年 份	2003	2004	2005	2006	2007	2008	2009	2010	
工资总额/GDP	10.85	10.57	10.70	10.76	10.63	10.74	11.80	11.72	
国企工资/GDP	7.14	6.74	6.49	6.29	6.13	6.04	6.40	6.17	
集体企业工资/GDP	0.61	0.52	0.47	0.44	0.40	0.37	0.37	0.36	
其他经济体工资/GDP	3.11	3.31	3.74	4.03	4.10	4.33	5.02	5.20	

资料来源：根据国家计委、发改委、国家统计局历年统计年鉴整理所得。

第七章 收入分配对内外需互动的影响

30年里经济成长的成果由劳动者分享的部分减少了近1/3。第二，1985年所有国营单位工资总额约为当年GDP的11.8%，到2010年则下降到6.17%。第三，城镇集体企业职工工资占GDP的比例由1985年的3.46%左右下降到2010年的0.36%，这说明乡镇企业在过去20多年里越来越被挤压，乡镇企业的空间越来越小，支付的职工工资总额相对GDP的比重下降幅度惊人。第四，26年（1985～2010年）时间内，民营企业的工资收入占比是一直上升的，2010年非国有、非集体企业的工资总额大约占GDP的5.20%，而这在1985年基本上等于零。

如图7-3所示，对统计数据整理后发现，基于企业性质不同导致的收入分配的变化从1985到2010年间发生了极大的变化，以集体企业工资为参照，可以清楚地看到国有企业和其他经济体企业（主要包括外企和私企）的工资与集体企业的工资差距逐渐拉大，分别在2010年超过了17倍和14倍，并继续呈现增长状态，极大地影响了劳动者的收入在不同经济体企业的分配，收入分配的扭曲导致经济增长的成果在不同所有制企业劳动者之间出现分配上的不公平，由于体制原因致使部分劳动者收入下降，从而造成对国内和国外产品、服务需求的萎缩。根据国际贸易需求动态平衡的原则，减少的进口需求将使得相当程度的出口需求也不得不减少，即外需也会由于内需的不振受阻。

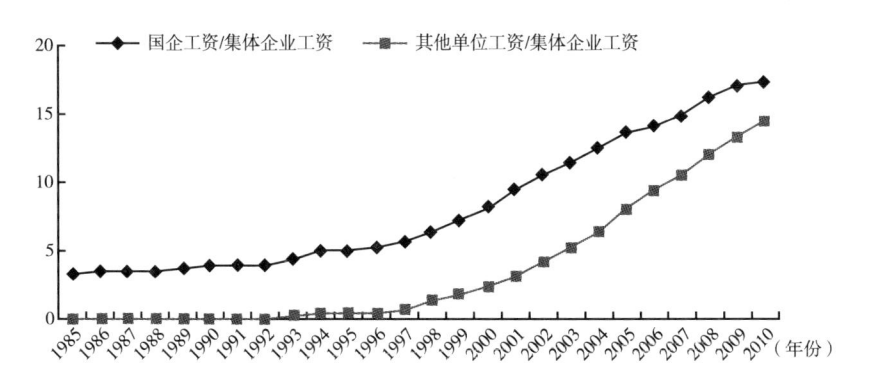

图7-3 1985～2010年不同性质企业工资相对比较

（三）基于行业和地区的收入不均衡导致内外需随之不均衡

垄断行业凭借行政垄断地位和准入管制，既享受国家政策扶持，又垄断市场，获取了高额垄断收益，并通过各种形式转化为本行业的高工资和高福利。例如，仅从工资收入看，多年来，收入较高的行业一般多集中在金融、保险业、电力、煤气及水的生产供应企业、房地产业、交通运输、仓储和邮电通信等垄断行业，而收入较低的行业一般集中在农、林、牧、渔业，批发零售贸易和餐饮业、采掘业、制造业和建筑业等竞争较充分的行业。工资最高行业与最低行业的相对差距，由1995年的2.53倍扩大到2010年的4.20倍，其绝对差距由1995年的4321元，扩大到2010年的53429元（见表7-4）。垄断行业与一般竞争性行业之间过大的收入差距，严重影响到社会分配秩序、分配关系乃至社会稳定。事实上，行业垄断是造成收入差距扩大的重要原因，对于整个社会劳动工资增长空间、劳动力需求包括农民工的就业选择都有着深远影响。在中国，电信、石油、金融等这些垄断行业，即使到今天私人、民企仍面临高不可攀的进入壁垒，垄断行业背后的股东可以通过立法，通过解释法律、改变法律来改变游戏规则，从而造成在过去的十多年里收入差距不断扩大。因此，国内不同群体中的收入已经发生了严重失衡。这种失衡所带来的社会天平的倾斜，在当前表现得十分明显。

表7-4 中国职工工资行业差距

单位：元

1995年	前三位			后三位			第一位与最后一位比值
	第一位	第二位	第三位	后三位	后二位	后一位	
平均工资	电、煤、水产供	金融业	房地产业	制造业	住宿餐饮业	农、林、牧、渔业	2.53
	7843	7376	7330	5169	4248	3522	
2010年	前三位			后三位			第一位与最后一位比值
	第一位	第二位	第三位	后三位	后二位	后一位	
平均工资	金融业	计算机软件业	科研技术、勘察业	水利等公共管理业	住宿餐饮业	农林牧渔业	4.20
	70146	64426	56376	25544	23382	16717	

资料来源：根据国家发改委、国家统计局历年统计年鉴整理所得。

地区间的收入分配差距在过去的近20年里几乎没有改变，一部分人先富起来之后，我们期待的带动其他人共同富裕的情景并没有如期而至，悬殊最大的地区收入差距的比值从1995年到2010年几乎没有改变（见表7-5）。

第七章
收入分配对内外需互动的影响

表7-5　中国城乡居民平均家庭收入地区差距

单位：元

1995年	前三位			后三位			第一位与最后一位比值
	第一位	第二位	第三位	后三位	后二位	后一位	
城镇居民可支配收入	广东 7438	上海 7192	北京 6235	吉林 3175	甘肃 3152	内蒙古 2863	2.60
农村居民纯收入	上海 4245	北京 3223	浙江 2996	宁夏 999	陕西 963	甘肃 880	4.82
2010年	前三位			后三位			第一位与最后一位比值
	第一位	第一位	第二位	后三位	后二位	后一位	
城镇居民可支配收入	上海 31838	北京 29073	浙江 27359	青海 13855	新疆 13644	甘肃 13189	2.41
农村居民纯收入	上海 13978	北京 13262	浙江 11303	青海 3863	贵州 3472	甘肃 3425	4.08

资料来源：根据国家发计委、改委、国家统计局历年统计年鉴整理所得。

这种基于行业和地区的收入分配不平衡直接导致消费需求的不平衡，高收入行业和地区的内需显著高于低收入行业和地区。

（四）基于劳动者身份分配不均衡导致农村消费需求严重不足

根据表7-6、表7-7所整理的数据，从城乡收入比和不同性质企业职工平均工资对比中我们可以得出：工资的差异在最近20多年里呈扩大的趋势，对于社会底层的农民工而言，与生俱来的身份带来的含义不仅仅是一般政治意义上的歧视性安排，而且限制了他们的就业空间、居住空间和权益空间，城乡居民收入差距迅速扩大的根本原因就是分配机制。目前，我们实行的仍是城乡割裂的二元分配机制，还没有从总体上统筹考虑城乡居民收入分配机制的调整和改进问题；而城镇居民享用社会保障、公有住房以及其他公共服务、各类补贴，其与农村居民的差异的扩大，是城乡二元分配机制进一步强化的突出表现。

"促进形成合理的居民收入分配机制研究"课题组（2010）用泰尔-L指数衡量城镇居民内部差距、农村居民内部差距和城乡之间差距对总收入差距的影响。将29个省份的数据分别按农村和城镇计算泰尔指数值，用全部数据计算总区域泰尔指数值，然后再计算城乡之间的泰尔指数。同样得出在

中国扩大内需与稳定外需战略

表 7-6　城乡居民家庭人均收入比

年份	1985	1986	1987	1988	1989	1990	1991	1992	1993
比例	185.89	212.58	216.62	216.59	228.41	220.04	239.99	258.49	279.67
年份	1994	1995	1996	1997	1998	1999	2000	2001	2002
比例	286.34	271.46	251.23	246.89	250.93	264.85	278.69	289.87	311.15
年份	2003	2004	2005	2006	2007	2008	2009	2010	
比例	323.10	320.86	322.37	327.83	332.96	331.49	333.28	322.84	

资料来源：根据国家发改委、国家统计局历年统计年鉴整理所得。

表 7-7　不同性质企业职工平均货币工资对比

单位：元

年份	1985	1986	1987	1988	1989	1990	1991	1992	1993
(1) 国有	1213	1414	1546	1853	2055	2284	2477	2878	3532
(2) 城镇	967	1092	1207	1426	1557	1681	1866	2109	2592
(3)=(1)/(2)	125.44	129.49	128.09	129.94	131.98	135.87	132.74	136.46	136.27
(4) 制造业（国有）	1190	1382	1543	1872	2081	2289	2505	2889	3562
(5) 制造业（集体）	963	1075	1180	1388	1523	1622	1798	2017	2469
(6)=(4)/(5)	123.57	128.56	130.76	134.87	136.64	141.12	139.32	143.23	144.27
年份	1994	1995	1996	1997	1998	1999	2000	2001	2002
(1) 国有	4797	5625	6280	6747	7668	8543	9552	11178	12869
(2) 城镇	3245	3931	4302	4512	5331	5774	6262	6867	7667
(3)=(1)/(2)	147.83	143.09	145.98	149.53	143.84	147.96	152.54	162.78	167.85
(4) 制造业（国有）	4508	5352	5798	6008	6981	7611	8554	9590	10876
(5) 制造业（集体）	3076	3717	4007	4120	5016	5327	5722	6088	6749
(6)=(4)/(5)	146.55	143.99	144.70	145.83	139.17	142.88	149.49	157.52	161.15
年份	2003	2004	2005	2006	2007	2008	2009	2010	
(1) 国有	14577	16729	19313	22112	26620	31005	34130	38359	
(2) 城镇	8678	9814	11283	13014	15595	18338	20607	24010	
(3)=(1)/(2)	167.98	170.46	171.17	169.91	170.70	169.08	165.62	159.76	
(4) 制造业（国有）	12601	14486	16963	20317	23913	27800	31142	36386	
(5) 制造业（集体）	7600	8598	9698	11012	12995	15553	17620	20841	
(6)=(4)/(5)	165.80	168.48	174.91	184.50	184.02	178.74	176.74	174.59	

资料来源：根据国家发改委、国家统计局历年统计年鉴整理所得。

三个分解项内，城乡差距最大。2007年，城乡收入差距对居民总体收入差距的贡献率达到64.45%（见表7-8）。

第七章
收入分配对内外需互动的影响

表 7-8 1978~2007 年城乡居民收入差距对总收入差距的贡献率

单位：%

年 份	1978	1985	1990	1995	2000	2002	2003	2004	2005	2006	2007
城 镇	3.33	5.57	5.71	8.40	13.52	18.16	19.53	21.17	21.17	22.72	23.38
农 村	36.06	46.45	37.39	28.94	21.71	16.83	15.20	14.67	13.79	12.97	12.17
城乡间	60.61	47.98	56.90	62.66	64.78	65.00	65.27	64.17	64.05	64.30	64.45

资料来源："促进形成合理的居民收入分配机制研究"课题组：《促进形成合理的居民收入分配机制研究》，《经济研究参考》2010 年第 25 期。

城乡二元结构造成的收入差距在改革开放的 30 多年里持续扩大，不同性质企业工资对比清楚地表明国企工人，哪怕是一般工人的收入，也比民企或者是乡镇企业高出不少。工资从高到低的顺序是国企、有政府背景的集体企业、乡镇企业、民营经济。理性城市居民首选进入国企，其次进入集体企业，而农村劳动者必然是在更低层次的经济体中获取报酬，即使工作性质、工作内容、工作要求、工作强度完全一致，收入上的差距也将长期存在下去，这种差距使得长期以来农村的消费需求严重落后于城镇 10~15 年。

而农村人口作为中国最庞大的消费人群，其收入差距的日益扩大使得农村人口消费需求被严重抑制，缺乏最广泛、最基层的消费人群的支持，我国内需消费完全依靠城镇人口当然独木难支。

（五）基于金融政策管制的分配不均衡抑制了中低收入阶层的内需

金融严格管制导致中低收入家庭对金融服务需求严重受损。因为中低收入阶层对于金融产品需求十分强烈，财产和现金的短缺使得他们必须依赖金融产品的服务才能实现一生中的绝大部分财务目标，而严格管制的金融政策会使得这种被抑制的国内需求胎死腹中。例如，紧缩房地产按揭，多数家庭将无缘购买并改善自己的住房；由于缺乏完善的社会保障机制和相应的金融产品，中国的老百姓不得不积极储蓄以应对未来的不确定性，不得不将资产存入银行，偏低的利率水平乃至实际负利率，是在侵蚀储蓄者的利益；而与此同时，富有阶层则可以通过超低的真实利率借贷行为来剥夺中低收入阶层微薄的"名义"利益，正如林毅夫所讲，穷人将钱存入银行实际上是补贴了富人，扭曲的资金价格造成投资过度和低效投资，最终造成消费不足而投资过度的局面。

在中国，金融严格管制导致的金融资源分配不均衡还表现在金融业的进入门槛十分高，国有背景金融机构几乎垄断了本土全部的金融业务，这种垄断导致其金融资源、融资机会总体来说主要还是为国企服务，这又意味着不同性质企业发展的机会不均等，不管是农村有能力的农民，还是城市里有能力的中青年人，所能够得到的金融支持会越来越少，这样也反过来抑制了非公企业的发展空间，包括农村有创业能力的农民发展出来的民营企业的空间，这会产生另外一个效应，就是农村的年轻人在本地、本镇周围能找到的工作机会比本来应该有的还要少。

（六）小结

显然，收入分配的不合理首先表现在政府在经济成长中分享的份额越来越多，居民得到的比例越来越少；城乡收入差别、行业收入差别、企业收入差别逐年扩大，如果这个趋势不改变，就意味着并不仅仅是更多地以农民为代表的低收入人口只能处于畸形收入分配的底层，而且日益增多的城市低收入群体，所得到的 GDP 增长创造财富份额也会继续走低。

必须清醒认识到：只针对初次分配来解决问题（例如最低工资标准的增加机制，垄断企业尤其是高管工资的限制，还有目前正在讨论的企业工资协商制度和把劳工代表引入企业董事会以保护工人权益的机制）动摇不了收入分配制度不公的根基，只有系统地加以考虑并多管齐下地予以治理，收入分配制度改革才能最终解决问题；也正是初次分配的不公正，劳动者没有收入分配讨价还价的议价能力，不能分享经济成长和利润增加的溢价，导致内需长期萎靡不振，企业在缺乏成本压力的条件下安于产业链的低端从事低附加值、高能耗的产品生产和出口，没有内在的升级产品价值链，提升生产性服务业及拓展现代服务业和服务贸易的意识和动力，外需也没有得到很好的满足。

四 调整收入分配促进内外需的对策

我们认为收入分配制度是一个涉及了众多因素的复杂而综合的问题，目前的不合理收入分配制度已经到了必须痛下决心非改革不可的地步，它与"让人民分享改革开放的成果""增加财产性收入"的我党新时期执政为民的宗旨背道而驰，不利于维护社会稳定及和谐的社会环境，也背离了经济成长的硕果理所当然由全体人民公平地分享的原则，而解决这一问题要依靠多种管道和方法。

（一）减税让利，调节政府、企业、居民的分配关系，释放庞大的内外需求

我们认为收入分配不合理的关键在于政府、企业和居民之间的分配关系不合理。减税让利于民，调整收入分配格局至关重要，尽管减税在短期内会减少政府的财政收入，扩大财政预算赤字，但从长期来看，减税可支持企业发展，培植税源，增加政府中长期的财政收入。当居民消费在GDP中的占比提高到世界各国通行的50%以上时，巨大的内需将释放出来，并将推动外需的扩大；脱离了这个指导思想而寄希望通过增加财产税、遗产税、房产税或其他政府税收等措施来调整分配关系必然是弃本趋末。具体设计包括以下改革措施。

第一，降低流转税税率，减轻企业和个人的税负压力，释放经济本身的活力。财政部之前发布了关于修改《中华人民共和国增值税暂行条例实施细则》和《中华人民共和国营业税暂行条例实施细则》的决定，上调增值税和营业税起征点，修订后的细则于2011年11月1日起施行。此举旨在于更好地支持小型和微型企业发展的要求，减轻小、微型企业税负。

第二，改革个人所得税，建立综合申报与分类扣除相结合的混合个人所得税制。依据纳税人的家庭基本情况设立扣除项目，实行累进税率；普遍推行全面收入申报制度，健全个人收入信息监控系统；在根本扭转社会分配畸形发展、切实矫正现行个人所得税逆向调节分配效应的基础上，力图体现个人所得税的人文关怀精神。具体措施包括：根据个人实际纳税能力确定其适用税率标准；改变现行只对工资薪金所得、个体工商户生产经营所得和对企事业单位承包经营所得实行累进税率，而对劳务报酬所得，特许权使用费所得、利息、股利、红利所得，财产租赁所得，财产转让所得以及其他所得等实行比例税率的做法，代之以全部实行综合累进税率，

以改变对劳动所得的歧视性态度。全国人大常委会于2011年6月30日表决通过了关于修改个税法的决定，根据决定，个税起征点将从现行的2000元提高到3500元，于2011年9月1日起施行，此次对个税法的修改就是良好的一步。

第三，规范国家收入行为。目前国家收入来源多元化，不仅有预算内收入和预算外收入，还有制度外收入。预算外收入包含了许多非规范的成分，制度外收入更是非规范的甚至是违法的收入。对于非规范的预算外收入和不合法的制度外收入，必须坚决取消，切实减轻企业和居民的负担。

应继续完善减税推动内需增长的举措，避免采用粗暴简单加税的方法来应付经济波动中的个别问题，保持财政政策的稳定性和合规性。简而言之，必须告别由国家花钱拉动经济增长的迷思，还富于民，让老百姓自由地决定该如何消费，才是转变经济发展方式、走向内生增长的发端。

（二）减少行业管制，进一步释放经济自由度，促进内外需增加

减少行业管制，加快国有及国有控股企业改革（从表7-9看出，国有经济成分比重较高，近年来维持在45%左右），创新市场经济条件下劳动要素按贡献参与分配的机制，使得居民自身的劳动力素质、知识、技能和努力程度成为决定居民收入水平提高的关键因素。应逐步创造让每个劳动者平等竞争的环境，弥补劳动者由于其他生产要素占有差别而导致的发展条件的不平等，清除劳动者流动和选择合理收入就业的各种制度及政策障碍，打破某些行业、部门的垄断和管制，从而激发、调动每一个人努力增加收入的内在动力。具体的政策举措是：首先，加快推进垄断行业改革，通过放宽市场准入，打破行业垄断，实现公平竞争；其次，创造更多的就业岗位，尽可能保护劳动者的工作、劳动权利，并逐渐使所有的劳动者有大体相同的择业竞争环境；最后，逐步放开限制劳动者竞争、自由流动的户籍制度、福利保障制度，以及一些限制劳动力流动的地方性保护规章等，建立城乡统一的劳动力市场，让劳动者在充分、自由流动中分享经济成长的成果，推动内外需的增加。

表7-9 国有及国有控股企业总产值与 GDP 的比值

单位：亿元，%

年份	2000	2001	2002	2003	2004	2005	2006	2007	2008	2009	2010
(1)	40554	42408	45179	53408	70229	83750	98910	119685	143950	146630	185861
(2)	99214	109655	120332	135822	159878	184937	216314	265810	314045	340507	401202
(3)	40.88	38.67	37.55	39.32	43.93	45.29	45.73	45.03	45.84	43.06	46.33

注：(1)：国有及国有控股企业总产值；(2)：GDP；(3)：(1)／(2)×100%。
资料来源：根据国家发改委、国家统计局历年统计年鉴整理所得。

（三）深化金融改革，为内外需提供金融支持

更大程度地开放金融市场，允许不同性质的投资者进入中国市场提供金融产品，引导金融服务向中小企业和个人倾斜，需要调校资金价格，推进利率市场化改革，放宽汇率浮动范围，引导行业内良性竞争，扶持投资者创新和创业。具体措施是：第一，控制货币发行节奏，预防滥发货币导致的恶性通货膨胀，维护良好的可预期的宏观经济环境，为消费和进出口创造良好的外部条件；第二，采用市场机制而不是行政方式运作国有金融机构，鼓励国有金融机构股东多样化；第三，引导金融行业支持中小企业和个人投资创业，避免金融资源过度投放到国有和国有控股企业，扭曲金融资源的配置效率；第四，推动利率市场化改革，让利率真实反映资金的成本，真实的资金成本将避免资金流向低效率的投资领域，引导资金向消费倾斜；第五，支持居民消费支出，探索和改进金融消费公司的运作模式，提供更多的信用消费产品，鼓励人们借未来的钱消费，平衡人们一生的收入和支出，激发新的消费热点，引导内外需的增长。

（四）收入分配政策向低收入群体倾斜，增加社会保障与公共服务支出，消除人们消费的后顾之忧，促进内外需进一步提高

社会保障制度的完善有利于调节收入分配差距，减少贫困，刺激内需，从而促进经济发展。目前，我国社会保障制度极不健全，无法真正完全起到保护贫困人群的作用。比如地区之间的社会保障极不平衡，有关机构调查显示，上海、北京、天津等经济发展水平较高的地区的社会保障水平较高，而

类似贵州、甘肃、西藏等经济相对落后的地区社会保障水平较低。此外，我国社会保障的覆盖面还很窄，到 2011 年底，享受新型农村社会养老保险（简称新农保）和城镇居民养老保险的总参保人数只有 3.1 亿人，失业保险只有 1.3 亿人左右，广大农民基本上没有覆盖社会保障，1 亿多农村老人主要靠家庭养老[①]。在社会保障的不健全的情况下，人们就只能选择自己进行保障。目前人们进行自我保障的一个最重要的方式就是储蓄。俗话说，积谷防饥。我国居民的储蓄之高在世界上排名第一，据国家统计局统计，截至 2012 年我国居民的储蓄总额接近 40 万亿元。高储蓄的实质不是人们没有消费需求，而是不敢消费，消费不足最终制约经济的发展。因此经济要发展，就应该刺激内外需，而要增加内需，一个重要方法就是要健全完善社会保障制度，让人们没有后顾之忧，从高储蓄额中拿出一部分来进行消费。

一般来说，中低收入阶层的边际消费倾向较高，而高收入阶层的边际消费倾向较低。所以，边际消费倾向作为影响需求的一个基本因素，又受制于居民收入的结构。因此，收入分配政策向低收入和贫困人群倾斜，增加社会保障和公共服务支出不仅体现社会公平，而且也将带动社会平均需求水平增加。但是，正如王小鲁、樊纲（2005）指出的：公平而且覆盖广泛的全民医疗和社保系统才能减小收入差距，否则将事与愿违[②]。

具体措施包括：第一，建立起广泛覆盖全国城乡的符合中国国情的全民社会保障体系，缩小城乡间、地区间的差别，加快全民社会保障系统地区间的自由转移；第二，增加公共服务支出，使全体国民按同一标准平等享受政府提供的公共产品；第三，关注低收入和弱势群体的生存状况，出台相关政策扶持和帮助相关人群，发挥政府作为社会"稳定器"的作用。

（五）引导增加的收入流向劳动者素质培养，促成产业转移和升级，推动内外需增长

引导劳动者将增加的收入用于提高自身技能和素质的投资，这不仅将增加自身未来的收入水平，而且对于产业转移和升级，满足更高层次的外部需

[①] 资料来源：《2012 年度人力资源和社会保障事业发展统计公报》。
[②] 王小鲁、樊纲：《中国收入差距的走势和影响因素分析》，《经济研究》2005 年第 10 期。

求意义重大。

随着产业技术的日新月异,劳动者的技能素质显得格外重要。国外一项研究表明,在工业社会,一个最好的、最有效率的工人,要比一个一般的工人多生产20%~30%的产品。劳动者的技能素质不但影响产出,还直接影响产品质量、事故发生率、科技成果的转化率。劳动者的技能素质的作用表现在:①劳动者记忆能力增强,缩短了劳动者学习工艺操作的时间,使由于记忆不佳而产生的失误大大减少;②创新能力提高使得劳动者能从事发明创造,寻找解决生产经营中难题的新方法,寻找更加节约的生产方法,从而在劳动量投入不变的情况下增加产出量;③具有独立工作的能力;④学习能力提高,使劳动者能较快地接受新工艺、新方法,将新技术与生产相结合,转化为生产力;⑤动手解决问题的能力提高,及时排除生产中出现的问题,使生产的连续性有保障。

引导劳动者提高自身素质,加快产品结构升级是转变经济发展方式的一个重要方面,通过技术水平的提高,将原先的资源消耗型行业逐渐转变为资源节约型、环境良好型行业,将高能耗、高污染行业转变为清洁可再生能源行业,以及将资源密集型和劳动密集型行业转变为技术密集型行业等,以达到资源配置更加合理以及提高生产效率的要求。

总之,通过提高劳动者收入分配的各项措施来引导内需增加;同时,强化劳动者素质和能力,摆脱目前产品结构单一、低价竞争、高污染、高能耗、低附加值的产业格局,实现产业的优化和升级,更快更好地进入产业链中最具附加值和高利润水平的高端制造业和服务业,在一个全新的层次上实现产业升级,提高金融、保险、创意等现代服务业发展水平,从而将我国服务外需的档次和能力提高到一个新的水平和高度,带来更多的外需订单。应当看到收入分配短期作用是刺激内需,但从长期来看将带来由产业的升级换代引发的更高层次的外需增加,而外需的增加又将进一步强化这种路径的关系,继续带来收入增加和内需的扩大,产生良性的"涟漪效应",推动内外需良性互动。

可行的具体措施是:开展多种形式的职业技能培训和基本素质培训,将收入分配与技能素质挂钩,增加对高级工人的奖励等政策,促成劳动者素质的提高。

五　小结

综上所述，在世界形势多变、经济面临多重挑战的今天，审视我们目前的收入分配现状的不足之处，探寻改进分配制度对内外需的影响十分必要。政府应当充分认识到当前分配制度对内外需的抑制作用，通过改革政府、企业、居民的分配制度，破除市场垄断壁垒，减少行业管制，深化金融服务意识及体系改革，加大社会保障和公共事业支出，培育高素质人力资源队伍等措施，实现财富分配由政府向民间尤其是广大百姓的有序转移，让利于民，以刺激内需为主，通过内需的启动来间接提升我们的竞争实力和服务水平，从而带动外需的增加，再通过外需的增加推动内需的进一步增长，人民生活水平的提高，实现内外需良性互动的格局。以分配促进内需，以内需带动外需，由外需反哺内需的方式来推动经济的发展和人民生活水平的提高，完成中国经济发展方式的彻底转型，让"发展的成果真正惠及全体人民"成为现实。

第八章
基本消费与新兴消费对内外需互动的影响

一 国际消费需求演变规律及发展现状

当前,随着全球经济社会的发展,国际消费水平有了很大提高,各国消费结构也伴随着收入及财富的增长进行了相应的升级调整。特别是科学技术日新月异,高新科技产品与服务已经渗透到居民的日常消费之中,极大地推动了消费结构的优化升级。

(一) 国际消费结构演变规律

美国经济学家钱纳里在《发展的模式 1950~1970 年》中得出的结论认为:不同阶段的人均国民生产总值对应的消费结构变化呈动态分布,通过对美国和其他国家的数据进行实证分析,在人均 GDP 从 1000 美元通向 3000 美元左右的工业化初中期阶段,通常都伴随着居民消费率一定程度的攀升。特别是当人均 GDP 突破 3000 美元时,消费结构升级显著加快,食品类和衣着类等基本消费需求比重呈下降趋势,而发展享受型消费需求的比重则大幅上升,住房、汽车、交通、通信、文化娱乐、教育培训、医疗、休闲旅游和服务类消费等成为新的消费热点和发展趋势。如表 8-1 所示,当世界主要国家人均 GDP 达到 3000 美元时,食品、衣着类消费比重下降,居住、医疗保健、文教娱乐等消费比重上升。总体上看,世界消费结构演变规律呈两个方向的变化,即随着人均国民生产总值的增加及生活水平的提高,原来在消费结构中占比较大的基本物质生活消费(主要是吃、穿等)比重将逐渐缩小,而原来占比较小的发展享受类消费（如住房、交通、教育等）比重将逐渐增加。恩格尔系数的降低及消费层次和质量的提高，是消费结构调整的必然趋势。

表 8-1 世界 16 个国家和地区人均 GDP1000 美元、3000 美元时居民消费结构及其变化

单位：%

人均 GDP	食品、饮料、烟草	衣着	居住	家具、家庭设备及服务	医疗保健	交通通信	文教、娱乐用品及服务	杂项商品及服务
1000 美元	41.31	11.40	11.40	9.20	4.26	8.55	6.84	6.95
3000 美元	32.13	9.62	13.33	9.20	4.96	12.11	7.54	10.73
变化情况	-9.18	-1.78	1.93	0.00	0.70	3.56	0.70	3.78

资料来源：徐平生：《世界主要国家与地区居民消费结构组成、演变规律及启示》，《中国经贸导刊》2005 年第 20 期。

（二）发达国家消费水平现状及对经济的拉动作用

经过多年的发展，大部分发达国家的消费率保持在 70%~80%，成为其推动国民经济增长的重要一极，而其消费层次也有所提高，消费结构相对合理，代表了当代世界消费结构发展的方向和趋势。具体来看，在消费率方面，由于发达国家均属于高收入国家，其最终消费率一般都在高位保持稳定，或者有一定程度的提高。如从 1985 年到 2009 年，英国的消费率从 80.71% 提高到 88.9%，提高了 8 个百分点；美国则在高位稳定的基础上提高到了 87.6%。在消费结构变化方面，发达国家食品饮料及衣着类消费的支出比重随居民收入水平的提高而逐渐下降；医疗保健用品、交通和通信工具、娱乐教育文化用品及居住等消费的支出比重则随着收入水平的提升而显著上升。1990~2010 年，美国、英国和日本的耐用品消费比例呈上升趋势；随着高科技的发展与渗透，这三国的娱乐教育文化及交通通信消费也与收入呈正方向变化趋势；而日本的医疗保健消费支出增长迅速，从 3.2% 增长到 6.4%。同时，发达国家以消费为主导的内需对经济的贡献率已经达到 70% 以上。而伴随着消费规模的扩张及消费结构的提升，服务业规模迅速发展壮大，三次产业结构实现了优化升级，服务业逐渐成为推动国民经济发展的主导力量，即消费和服务业组合成为经济增长的新动力。

第八章
基本消费与新兴消费对内外需互动的影响

总体来看，由于发达国家经济基础雄厚，居民收入水平较高，消费结构也处在较高层次，主要表现为：吃穿等基本消费比重较小，居住和交通通信等收入弹性较大的消费支出比重较大，医疗保健、文化娱乐和教育培训等高层次消费支出比重也较大。这表明，发达国家的消费结构已经由基本消费向新兴的高层次消费演变。

二 国内消费水平发展现状与制约因素分析

（一）国内消费总体水平

从改革开放以来中国消费需求的变化过程来看，居民消费的绝对数逐年增长，而最终消费率呈不断下降趋势，消费贡献率在近年则有所上升。如表8-2所示，居民消费水平不断提高，居民消费的绝对值从1978年的184元提高到2010年的9968元，30多年间增长了53倍。但同时要看到，受中国投资驱动型经济增长模式的影响，最终消费率呈下降趋势，已从1978年的62.1%下降到2010年的47.4%；而其对经济增长的贡献率也受到一定程度的影响，自1985年出现大幅下降后，在随后十几年间波动较为频繁，但整体上保持下降态势。

20世纪90年代以来，随着中国经济社会发展水平的提高，城乡居民物质文化生活水平不断改善，主要表现为居民人均收入水平和居民消费水平的不断提高。人均国民生产总值已经从1978年的381元提高到2010年的29992元，增长了78倍。全国居民消费从1978的184元提高到2010年的9968元，年均增长率为7.5%。其中，农村居民消费从1978年的138元提高到2010年的4455元，增长了31倍，年均增长率为5.8%；城镇居民消费从1978年的405元提高到2010年的15907元，增长了38倍，年均增长率为6.7%。总体上看，居民消费总量和人均消费水平有所增长，但是与整个经济增长水平相比，消费总量和人均消费水平均增长较为缓慢。"十二五"期间，随着扩大内需特别是消费需求战略的有效实施，我国居民消费水平将不断提高，消费结构也将朝着高层次和高质量方向进行调整和升级。

表 8-2 1978~2010 年居民消费率及其对 GDP 贡献变化比较

年份	按支出法计算国内生产总值(亿元)	居民消费(元)	最终消费率(消费率)(％)	最终消费支出 贡献率(％)	最终消费支出 拉动(百分点)
1978	3605.6	184	62.1	39.4	4.6
1980	4592.9	238	65.5	71.8	5.6
1985	9076.7	446	66.0	85.5	11.5
1990	19347.8	833	62.5	47.8	1.8
1995	63216.9	2355	58.1	44.7	4.9
2000	98749.0	3632	62.3	65.1	5.5
2001	109028.0	3887	61.4	50.2	4.2
2002	120475.6	4144	59.6	43.9	4.0
2003	136634.8	4475	56.9	35.8	3.6
2004	160800.1	5032	54.4	39.5	4.0
2005	187131.2	5573	52.9	37.9	4.3
2006	222240.0	6263	50.7	40.0	5.1
2007	265833.9	7255	49.5	39.2	5.6
2008	314901.3	8349	48.4	43.5	4.2
2009	345023.6	9098	48.0	45.4	4.1
2010	397983.0	9968	47.4	36.8	3.8

资料来源：《中国统计年鉴 2011》。

（二）国内消费结构变化特征

根据国家统计局现行的分类标准，可以将我国居民的消费分为八类，①食品，包括粮食、副食品、烟、酒、糖及其他食品；②衣着，包括服装、衣料及衣料加工费、鞋、袜、帽等；③居住，包括房屋建筑、购买、房租、水电、燃料等；④家庭设备用品及服务，包括耐用消费品，家庭日用品及家庭服务等；⑤医疗保健，包括医疗器具、医药费、保健用品等；⑥交通和通信，包括家庭交通工具及维修、交通费、通信工具、邮电费等；⑦教育文化娱乐服务，包括各类教育费用、文化娱乐费用、书报费等；⑧其他商品和服务，包括个人用品、理发、美容用品、旅游、服务费及其他用品。随着经济社会的发展，我国居民消费支出结构发生了一定程度的变动。具体按照上述八类项目来看，从 1995 年到 2009 年，无论是城镇居民还是农村居民，其食品衣着类消费支出在总消费支出中的比重是不断下降的。特别是食品类消费支出降幅较大，其中，城镇居民的食品消费支出占比由 1995 年的 50.09%

下降到 2009 年的 29.42%；农村居民的食品消费支出占比由 1995 年的 58.62%下降到 2009 年的 40.69%，恩格尔系数的降低表明我国居民整体生活水平的提高（见表 8-3 和表 8-4）。同时，无论是城镇居民还是农村居民，在居住、医疗保健和交通通信等方面的消费支出则呈现上升趋势，这些消费项目代表了更高层次的消费类型，大都与社会和科技进步息息相关，也与国际消费趋势相吻合。而在教育文化娱乐服务方面的消费，除受国际金融危机影响在 2009 年有所下降外，总体上来说也处于上升趋势，特别是从 2000 年到 2005 年期间，无论是城镇居民还是农村居民，在教育文化娱乐服务方面的消费支出占比有较大提升，2005 年分别达到 13.82% 和 11.56%。

表 8-3 城镇居民消费支出结构变动

单位：%

项目\年份	1995	2000	2005	2009
消费支出结构	100	100	100	100
食品	50.09	39.44	36.69	29.42
衣着	13.55	10.01	10.08	8.44
居住	8.02	11.50	10.18	17.52
家庭设备用品及服务	7.44	7.09	5.62	5.17
医疗保健	3.11	6.47	7.56	9.06
交通和通信	5.18	9.30	12.55	11.20
教育文化娱乐服务	9.36	13.88	13.82	9.80
其他商品和服务	3.25	3.51	3.50	8.85

表 8-4 农村居民消费支出结构变动

单位：%

项目\年份	1995	2000	2005	2009
消费支出结构	100	100	100	100
食品	58.62	49.13	45.48	40.69
衣着	6.85	5.75	5.81	5.78
居住	13.91	15.47	14.49	17.05
家庭设备用品及服务	5.23	4.52	4.36	5.09
医疗保健	3.24	5.24	6.58	8.17
交通和通信	2.58	5.58	9.59	10.02
教育文化娱乐服务	7.81	11.18	11.56	8.47
其他商品和服务	1.76	3.14	2.13	4.72

资料来源：历年《中国统计年鉴》。

大体上可以将居民的8项消费归纳为两种消费类型,即基本消费和新兴消费,其中基本消费包括食品、衣着和家庭设备用品等用来满足居民基本物质需求的传统消费品,而新兴消费则包括居住、医疗保健、交通通信、教育文化娱乐、金融保险服务等代表现代经济社会发展水平的消费品,特别是现代服务型产品,这类消费品可以极大地满足居民对精神生活的需求,并且从根本上有利于居民综合素质的提高,即最终有利于人力资本的发展。

从上述对我国现行消费总体水平的分析来看,同国际发达国家相比,我国的消费率及其在推动国民经济增长的贡献率方面还有较大的提升空间。而从消费结构来看,基本消费在总消费中占比较大,但呈下降趋势;新兴消费在总消费中的占比较小,但呈上升趋势。也就是说,目前我国的消费结构层次还处在较低水平,但随着经济社会的发展在不断调整升级。特别是"十二五"期间,随着扩大内需特别是扩大消费战略的实施,消费总量将加速增加,消费结构也将进一步优化。

那么,从这个角度来看,衣食等基本消费虽然在总消费中占比较大,但并不代表其已经处于饱和状态。随着总消费水平的提高,基本消费在绝对值上还存有较大提升余地,特别是随着人均收入的增加及消费模式的转变,居民对食疗等特色餐饮及服装服饰的时尚度有了新的需求,这为基本消费开拓了崭新的市场空间。同时,伴随着居民生活质量的改进,人们不仅仅满足于基本消费需求,而是更加注重自身素质的提高,对发展享受类消费品产生巨大需求,如对住房、医疗、教育、网络服务、金融理财等新兴消费及服务产生较大需求,在促进消费结构调整升级的同时,也助推了新兴消费市场的繁荣发展。

(三) 制约国内消费水平提振的因素分析

1. 居民整体收入水平偏低

凯恩斯认为,"一般而言,当所得增加时,人们将增加其消费",居民收入水平的高低直接影响到居民购买力的大小。在市场经济条件下,居民的消费需求基本都是通过有购买能力或有支付能力的需求表现出来的,超过其支付能力的需求只能是一种不现实的消费欲望。因此随着收入的增加和购买力的不断提高,消费需求层次也会提高,必然导致消费结构向较高层次跃迁。2010年我国人均GDP已经突破4000美元,但与其他一些发达国家相

第八章
基本消费与新兴消费对内外需互动的影响

比,我国政府储蓄率偏高,收入分配两极分化等,我国居民的实际可支配收入应该低于该统计数值。较低的人均 GDP 反映出我国居民较低的收入水平,导致我国居民的消费结构处于较低的层次,生存性的消费资料仍然占据我国居民消费支出的主要部分,从而不能满足居民较高层次的消费需求,阻碍了人的全面发展。

2. 城乡居民收入差距过大

居民收入差距过大不利于消费结构的优化。随着经济的发展,我国居民的收入逐步提高,但是收入差距也在逐步增大,城乡居民收入差距由 20 世纪 80 年代的 1.8∶1 扩大到 90 年代的 2.5∶1,再扩大到 2010 年的 3.23∶1,城镇高低收入户以及农村高低收入户的收入差距也在不断地扩大,居民收入差距过大极大地影响了消费结构的优化。因为高收入的家庭更热衷于高层次的消费,而低收入的家庭由于受到收入水平的限制,不得不抑制自己的消费需求而停留在较低层次消费上,这样随着收入差距的不断扩大,低收入家庭的消费需求长期处于压抑状态不能得到满足,消费层次得不到提升,严重影响了消费结构的优化。

3. 社会保障制度不健全

由于正在进行的社会变革,打破了原来的社会保障形式,而新的社会保障体系又未及时建立,这就使居民失去了一部分过去未体现为货币形式的预防性储蓄,居民不得不加大本期的预防性储蓄(对医疗、教育与养老、失业的预防性储蓄),抑制了国内居民消费需求。当人们在养老、医疗、失业等方面都有预防性储蓄的动机,即在未来预期不确定的情况下,都会将自己收入的一部分转为存款而不进行消费,收入越低,储蓄的部分越大,强化了未来支出预期,因此削弱了居民的消费能力。同时,农村居民与城市居民享受到的社会福利不对等,尽管我国农村市场广阔,但由于农民收入偏低,再加上缺乏必要的社会保障,这部分消费对经济社会发展的贡献能力并未能发挥出应有水平。

4. 过度依赖投资与出口

长期以来,在拉动我国经济增长的三驾马车中,投资与出口发挥着较大作用,而消费对经济增长的贡献率相对较低。由于片面追求经济的高速增长,而过度依赖投资和出口驱动,形成了思维定式,特别是在经济平稳高速增长的阶段,这种思维定势更不可能有所改变。直到新一轮国际金融危机爆发,国际消费市场萎缩,以及国内经济发展方式面临新时期的转型升级,消费作为拉动经济增长的重要一环,才逐渐引起决策层的重视。

5. 消费领域相对狭窄

伴随着消费结构升级的过程,城镇居民消费主要集中到了住房、汽车、教育消费上,造成消费领域相对狭窄,尤其是与消费市场完善的国家相比,我国的消费市场不够发达,存在许多有待开发和发展的消费领域,需要寻求新的消费热点和消费增长点。近年来我国城镇居民的边际消费倾向与平均消费倾向呈逐年走低之势,这些都说明在消费水平不断提高、消费结构的不断优化过程中,目前我国的消费市场仍存在消费需求不足的问题,这与消费领域狭窄也有着一定的联系。另外,随着我国经济的快速发展,消费市场的完善,国家在过去的经济时期所制定的经济政策和消费政策,已经不能适应,甚至阻碍了消费结构的升级,影响了人们的消费需求。

6. 体制机制弊端引致消费盲区

由于历史遗存的体制机制弊端,我国消费陷于发展困局,一些重点消费领域被限制在社会事业、社会保障涵盖的框架中,而未投入市场中以形成有效的竞争。如医疗消费领域,长期以来的行政垄断给民营资本与外来资本的进入设置了高门槛,导致医疗资源严重不足,医疗服务供给远不能满足消费者的需求,当然也就造成了该消费领域的盲区,消费空间开发潜力巨大;而教育培训领域也未能满足社会发展和经济转型的需要,教育体制改革较为滞后,多个领域所需专业人才欠缺,培训行业尚需规范化运作;城乡二元结构以及不合理的城市化进程,使得各项资源流动集中于北京、上海、广州和深圳等大城市,导致这些大城市交通拥挤、住房紧张、生活成本提高以及就业、医疗、教育等资源紧缺等典型"城市病"性征,同时也加剧了消费的区域性失衡。

三 消费结构调整对促进内外需互动的机理分析

(一) 消费结构调整引致国内新的需求

国际经验表明,当一个国家和地区的人均 GDP 超过 3000 美元后,城镇化、工业化进程会加快，居民消费类型和行为也会发生重大转变。对以往我国居民消费结构变化的研究，可以预计我国居民消费结构会出现以下调整。我国城镇居民食品、衣着等生存型的消费倾向会有显著下降，而医疗保健、便捷交通、网络通信、休闲娱乐、文化教育、改善性居住等享受型和发展型的新兴消费倾向将会更进一步提升。不动产、金融和保险类投资将成为消费热点，城市投资者渐次浮出水面。中等收入阶层的储蓄性支出正向投资性支出转变，股票、保险等将成为他们的消费热点。教育将成为长期消费热点持续增长。经济的发展要求人们不断提高自身的文化素质，除了子女的教育消费支出不断增长以外，成人的教育费用也不断提高。同时，随着经济社会发展和居民收入水平的提高，必然对餐饮、服装服饰产生新的需求，食品、衣着等基本消费也会针对消费者的新需求进行调整，融入时尚创意、研发设计、医疗保健等现代服务业元素，从而为消费领域开辟了更为广阔的市场。

（二）新兴消费的发展有利于劳动者综合素质需求的提升

一方面，食品、衣着等基本消费与服务消费相结合，产生了基本消费的新兴业态，更加体现服务产品在其中的价值；另一方面，衣食行业也对从业人员的素质提出新的要求，这就促进了相关劳动者对教育培训、网络营销等新兴消费的需求。而教育培训等新兴消费将成为人们消费中经常性的，并且也是长期的热点，未来居民储蓄将更多地用于教育培训等新兴消费。这不但可以满足人民群众日益增长的教育消费需求，还将促进与教育相关的行业发展，还进一步带动图书出版业、计算机教学软件业、信息服务业等相关行业的发展，使教育、高新科技产业成为扩大内需、拉动经济增长的重要途径。更重要的是，通过教育培训等新兴消费，在有利于扩大内需的同时，更有利于劳动者综合素质的有效提升，从而可以为我国经济发展方式转变和产业结构调整提供大量急需人才。

（三）人力资本内涵的提升满足了服务外包等新兴外需产业的需要

长期以来，人才问题一直是制约我国经济发展的关键因素之一，在高新科技产业、新兴产业，甚至是传统制造业领域，都存在缺乏具备综合素质技术人才或者管理人才的难题，进而也就制约了相关产业的快速发展。而消费结构提升及新兴消费蓬勃发展则成为连接人力资本与服务业及服务贸易之间良性互动的纽带。通过教育培训、网络服务、文化创意等新兴消费，可以极大地提高我国人力资本的素质与内涵，从而可以有效地为高新科技产业、新兴产业及制造业提供大量的高素质专业型人才。特别是目前蓬勃发展的服务外包产业，对服务型专业人才有较大需求，而通过上岗培训、信息网络服务业等新兴消费，可以尽可能地为服务外包产业培养高水平的对口人才，满足服务外包产业的人力资源需求。此外，新兴消费中包含了大量的服务型消费业态，即新兴消费的重点领域在于服务型产品的提供，这也是中国消费领域未来发展的重要趋势。新兴消费的扩大将有力地推动服务业的发展壮大，从而为将来服务贸易的快速增长奠定坚实的产业基础。

（四）消费结构调整在促进内需扩张的同时，也刺激了外需的发展

基本消费与新兴消费的有效供给在促进内需、推动外需发展方面将发挥巨大作用。首先，基本消费市场空间的有效释放，会吸引越来越多的海内外消费者，从而进一步拓展未饱和的衣食住行等消费领域，有力支撑国内需求和海外需求的扩张。同时，有效推动内需的扩大，特别是在特色餐饮、服装服饰时尚设计方面，还会增加大量国外游客在华的餐饮、服装服饰消费，极有利于提升我国相应的国际旅游服务贸易出口产品的竞争力，开辟更为广阔的外需市场。其次，新兴消费在扩大内需的同时，有效地提升了劳动者的素质，为服务外包等高科技及新兴产业提供了大量所需的人力资源，极大促进了服务外包等外需产业的快速发展，为未来30年中国服务贸易大发展打下坚实的基础；同时，消费结构升级的过程必然伴随着产业结构的调整优化，新兴消费将为第三产业提供多层次的市场需求，有利于大力发展包含在其中的现代服务业，进而为服务贸易的发展打下坚实的产业基础，推动服务贸易的发展。

（五）国内消费水平的提升有利于缓解外需不振压力，及内外需良性互动关系的形成

人均收入水平的提高，有效地推动了国内居民消费层次的提升，原先出

口到国外，用于满足国外需求的那部分商品，现在也逐渐被国内市场所接受，即国内居民消费水平与国外发达国家消费水平差异化程度在逐渐缩小，原先出口到国外的商品正在开拓广阔的国内市场，特别是在当今国际市场萎缩的情况下，将以外需为主的经济增长模式调整为以内外需并重的经济增长模式，有利于经济社会可持续平稳发展的实现。居民消费水平提升在促进内需扩大的同时，有力缓解了部分商品的出口压力，保证了社会再生产过程各个环节的流畅循环。同时，国内居民对高质量产品需求的不断提升，将对提供产品与服务的企业提出更高的质量要求，伴随着生产规模效应的显现，高质量产品的国际竞争力得到较大提升，从而有利于对外出口的扩大。同样，外需的发展对内需的扩大也有两方面的推动作用，一是外需的扩大有利于国民收入的增加，从而有利于刺激国内消费需求；二是国际竞争使得出口产品的生产商引进国外先进技术和管理经验，提高产品质量，从而为日益增长的国内高端产品需求提供技术保障，在较大程度上为高品质产品的国内需求提供有效供给。

四 加快消费结构升级促进内外需发展的原则思路

（一）加快提高居民收入水平，努力缩小城乡收入差距

着力提高居民收入，特别是增加农民和城镇中低收入居民的收入，建立城乡居民收入的稳定增长长效机制，是优化消费结构的关键所在。首先，要努力扩大就业，积极改善就业环境，广辟就业渠道，增加就业容量，为再就业人员提供免费或收费较低的再就业培训场所和培训项目，用优惠政策来鼓励用人单位吸收再就业人员，千方百计促进就业和再就业。其次，要增加财产性收入。党的十七大报告提出的这个要求，是增加居民收入的重要举措。要注重产权界定，完善产权保护，健全其他配套制度，保护群众拥有财产并获得收益的权利；规范资本市场，防范投资风险，建立一套有效的公平公正的财产分配机制，为广大群众创造财产性收入。再次，要逐步培育和扩大中等收入阶层，通过建立稳定的职工、公务员、离退休人员等各类群体的收入增长机制，不断提高中低收入人群的持久收入水平。最后，要大力提高农民收入水平，坚持"多予、少取、放活"的方针，加大对改善农村生产和生

活条件的投入力度，调整农业结构，扩大农民就业，加快科技进步，深化农村改革，以农业规模化、产业化为重点提高农民经营性收入，以加快农村劳动力转移为手段提高农民务工收入。

（二）调整政府消费与居民消费的关系，增加居民消费的比重

调整政府消费与居民消费的关系，为满足经济和社会发展对公共服务不断增长的需求，政府消费支出有必要随 GDP 的增长而相应增加，但政府最终消费占 GDP 的比重与居民消费率相比不宜过快上升，以免影响居民消费率的提高。就近期来说，一方面要适当调整政府在国民收入分配中的份额，同时，在不影响宏观调控有效运行的前提下，逐渐加大居民在国民收入分配中的份额，加快藏富于民的进程；另一方面，需要通过调整财政支出结构，推进公共财政的建设，扩大政府财政在公共产品方面的支出，积极引导经济建设财政支出向公共财政支出方向的转变，并加快社会保障体系建设和加大公共教育投资力度等。

（三）培育新兴消费热点领域，促进居民消费

随着人们消费观念和消费需求的变化，不断培育新的消费热点，积极地开发新的需求层次对于提高消费水平和优化消费结构是相当重要的。根据人们不同的需要建立个性化的消费市场，随着人口流动性的增强，进一步地开发新的消费领域。我国目前有待拓展的消费领域有以下几个。保险消费，根据中国人民银行所做的居民储蓄动机问卷调查，在银行储蓄中，以养老、教育、防病、失业等为储蓄动机的比例达 44.5%，且这一比例有逐步上升的趋势。上述动机的储蓄是长期资金，在发达国家，通常是用于购买保险，而不是在银行存款。租赁消费市场，随着人口流动性的增强，越来越多的人对租赁和二手市场的消费需求增加，这也将成为新的消费亮点。最近兴起的低碳环保消费，绿色、低碳的食品，居住及交通方式，受到越来越多人的追捧。以及网络消费、服务消费、通信流通消费、教育培训消费等，都将成为拉动消费和经济的新生力军。在城市培育消费热点的同时，也应大力在农村培育消费热点，进一步做好家电、汽车、摩托车下乡工作，继续实施家电和汽车以旧换新政策，改变农民传统消费观念，鼓励农民树立现代消费观。

第八章
基本消费与新兴消费对内外需互动的影响

（四）完善社会保障体制，增强消费信心

完善的社会保障制度，有助于稳定居民支出预期，增强消费信心。政府应在养老、医疗、教育和住房等方面出台相关的配套政策，扩大公共财政的支出，提供更多更好的公共产品。通过这些举措给消费倾向较高的中低收入群体带来稳定的收入预期。提振他们的消费信心。减少居民的预防性储蓄，使减少的部分储蓄能够转化为现实消费。完善的社会保障体系对发展服务业与优化产业结构也具有重要作用。与社会保障紧密相连的养老服务、健康护理、社区服务等服务业的发展将带动新的需求，从而增加第三产业在经济总量中的比重。在居民基本生活需求得到较好保障后，将增加对各类非生活必需品和服务的支出，推动消费结构和产业结构的升级换代，形成新的经济增长点。

（五）发展消费信贷，促进居民消费

要重点发展超前消费中的信用消费，政府应制定配套的激励措施，鼓励居民使用信用消费。支持更多更好的适合实际需要的创新信贷品种。借鉴国外先进经验，尝试发展新型信用消费业务，如无抵押信用贷款担保业务等。重视完善信用消费法律环境。信用消费的有序发展依赖于一个良好的法律制度基础，需要建立配套的法律法规来确保消费信贷的规范经营和顺利进行。因此，政府应对信用消费容易产生的问题，尽早立法予以规范。

（六）调整产业结构，鼓励发展第三产业

第三产业发展水平的高低，充分体现着一个国家及地区人民生活水平的高低，服务业越发达，人民生活水平也就越高，第三产业是伴随着居民生产、生活需求而发展的。第三产业发展水平的高低严重影响着居民精神娱乐消费，是推动经济发展的潜在动力，具有很好的发展前景，因此政府要重视服务业的建设，大力鼓励服务业的发展。服务业的发展可以为社会提供大量就业岗位，能有效地缓解就业压力，增加居民收入。根据不同岗位需求，调整职业技术学校发展方向，为第三产业发展提供人力资源保障，做到技术学

校与普通高等学校相互补充、共同发展。鼓励各地区因地制宜发展适合当地的服务业，大力发展餐饮、购物、旅游、金融、物业等服务，并完善服务业市场运行机制在给予服务业广阔发展空间的同时建立监督管理机制，切实保护经营者积极性和消费者的合法权益。加大科学管理体系推广力度，提高服务质量，提高效率，降低服务业运行成本。

（七）针对城乡差异，确定消费重点

根据城乡不同的消费结构，确定不同的消费重点。在城镇，要大力发展服务消费。服务消费对经济增长的拉动作用显著增强。要通过加大财政投入、税费减免、市场培育、规范秩序等措施，扩大服务消费。改善服务设施，积极发展服务中介机构，推进服务市场多元化、规模化和产业化，重点支持社区家政服务、医疗保健、网络通信、休闲娱乐、旅游等服务消费的快速发展。在农村，则要在继续提高农民收入的同时，提高农民家庭家电设备及服务消费的比重，引导农民享受现代文明，提高生活质量。新农村建设要重点完善水、电、路、网等基础设施，改善消费环境，为农民消费结构升级创造条件。此外，还要建立和完善厂家和商家在农村的销售和售后服务网点，增加适销对路的产品，方便农民消费，以促进农民消费增长。

第九章
生产性服务业对内外需互动的影响

一 中外生产性服务业发展概况

(一) 西方生产性服务业发展先行一步,成为经济全球竞争的重要支撑

从表9-1可看出20世纪90年代中后期欧盟生产性服务业中最具成长性的知识密集型服务业 (Knowledge-intensive Business Service, KIBS) 的迅猛发展态势。1995~1999年,欧盟芬兰、法国、荷兰、英国知识密集型服务业的发展速度均远高于一般服务业发展速度,其中芬兰和荷兰更高,分别为37.2%和40.6%。美国经济20世纪90年代以来长期持续发展的新经济是以知识为基础的经济,通过对知识和信息的生产、分配、传播和使用来满足消费者需求,创造社会财富,推动经济增长。为了描述几十年来服务在分工经济中的独特作用,瑞德构造了"经济部门相互作用模型",用来说明服务不是"边缘化的或者奢侈的经济活动",而是位于经济的核心地带。而谢尔普(1984)则形象地指出,农业、采掘业和制造业是经济发展的砖块,服务业则是把它们黏合起来的灰泥。他们所说的服务业,主要就是适应越来越复杂的分工和专业化、具有高知识含量、为生产提供便利的生产服务业(吴欣望、夏杰长,2006)。

表 9-1 欧盟四国 KIBS 增加值变化情况

单位：十亿货币单位，%

年份	芬兰		法国		荷兰		英国	
	KIBS增加值	KIBS占服务业比重	KIBS增加值	KIBS占服务业比重	KIBS增加值	KIBS占服务业比重	KIBS增加值	KIBS占服务业比重
1995	18.9	6.2	497.4	10.4	34.8	8.6	39.1	9.3
1999	29.7	7.5	600.1	11.1	54.1	10.5	58.1	11.2
相对变化率	37.2	10.0	9.0	3.9	40.6	17.4	17.9	8.3

注：资料来自 Service Statistics on Value Added and Employment. OECE, 2001。转引自魏江、王甜《中欧知识密集型服务业发展比较及对中国的启示》。

（二）外资越来越多地进入中国生产性服务业领域

以中国沿海地区的上海市为例，2011年，上海合同吸收外资201.03亿美元，实际吸收外资126.01亿美元，而上海引进外资最大的特点是其生产性服务业及现代服务业的快速发展。据统计，截至2011年，上海引进外资中第三产业占比已经达到85%，合同吸收外资170.76亿美元，超过10亿美元的外资投资于金融服务业、商贸服务业等生产性服务业。相形之下制造业吸收外资占比仅为14.7%，全年合同金额29.47亿美元[①]。外商成为上海高端房地产市场的主要需求者，上海A级办公楼的90%被外资企业租用，外资金融机构、外资律师事务所代表处、有外资背景的会计师事务所、4A级广告公司及其他外资生产者服务业中的知名跨国公司，均坐落于上海地标性建筑内（周振华，2009）。据统计，"十一五"时期，上海生产性服务业年均增速超过15%。2010年重点生产性服务企业完成营业收入4105.9亿元，同比增长23.8%，预计到2015年，上海市生产性服务业增加值有望比2010年翻一番，成为全国发展高端生产性服务业的集聚辐射区。表9-2显示了上海浦东新区外商直接投资的行业分布情况，可以看出，三次产业当中，第二产业占比逐渐下降，第三产业，特别是生产性服务业的合同数目正在不断扩大。这也说明大量外资生产服务企业的进入，极大扩展了中国生产服务市

---

① 资料来源：《2011上海外商投资环境白皮书》。

场的供给容量和规模，有效改善了市场结构和组织，进一步拓展了生产服务新领域、新产品和新业态。

表9-2 2005~2010年上海浦东新区外商直接投资合同数量的增长情况

单位：个

年份	第一产业	第二产业	第三产业	批发零售	交通运输	房地产	商务服务
2005	1	209	1524	672	228	25	295
2006	2	149	1295	627	112	27	293
2007	1	134	1119	605	55	15	258
2008	0	78	725	373	33	9	176
2009	0	66	714	377	35	5	164
2010	0	52	854	476	20	3	216

资料来源：《上海浦东新区统计年报》，2005~2010年。

（三）中国生产性服务业加速崛起，拉动经济增长趋势明显

改革开放以来，我国生产性服务业取得了一定程度的进步（见表9-3），1978~2010年生产性服务业增加值占服务业的比重增加了近4个百分点。生产性服务业对经济发展产生了一定的积极作用。顾乃华（2005）通过对1998年和2002年我国各省生产性服务业的发展数据进行分析，发现各地生产性服务业与其经济增长间存在着显著的因果联系。生产性服务业在促进地方经济增长中发挥正向作用，且与制造业对经济增长有协同促进作用。生产性服务业是生产过程中早已存在的业态，然而，由于我国长期重视工业、轻视服务业，使服务业，特别是生产性服务业的重要作用往往被忽视。然而，当今世界正在加速向服务型经济转型，发达国家和新兴发展中国家已经抢占了先发优势，其经济增长的发动机逐渐由大工业演变为高效、高端、高附加值的服务业。我国长期依赖第二产业的经济增长模式，已经产生了诸多负面效应，比如能源与资源双约束、环境污染，而且有被低端产业链锁定的危险。因此，近年来，我国开始加大对服务业的关注和扶持，特别是对与制造业有密切联系的生产性服务业的发展给予厚望。同时，大而全、小而全制造企业解体，生产性服务业的市场化程度开始不断提高，逐渐成为服务业发展的重要抓手。

表 9-3 我国生产性服务业增加值的增长及份额变化

单位：亿元，%

年份	生产性服务业	生产性服务业占GDP的比重	生产性服务业增加值占服务业总值的比重	增长率
1978	505.70	13.87	57.96	—
1979	547.68	13.48	62.31	8.30
1980	644.43	14.18	65.62	17.67
1985	1429.13	15.85	55.28	22.81
1990	3655.40	19.58	62.08	19.12
1995	11645.73	19.16	58.29	22.73
2000	24260.04	24.45	62.66	16.86
2001	28127.00	25.65	63.40	15.94
2002	31832.44	26.45	63.79	13.17
2003	35536.52	26.16	63.45	11.64
2004	41268.57	25.81	63.92	16.13
2005	48240.95	26.09	64.39	16.90
2006	56861.12	26.29	64.21	17.87
2007	71056.25	26.73	63.81	24.96
2008	83802.88	26.68	63.81	17.94
2009	93280.52	27.36	63.01	11.31
2010	106956.91	26.66	61.79	14.66

资料来源：根据历年统计年鉴计算而得。其中生产性服务业包括交通运输业、金融业及其他行业。

不过从表 9-3 中还可看出，1978~2010 年的 30 多年间，随着中国经济的高速发展，我国生产性服务业的相对进步速度却并不显著，直至 2010 年生产性服务业占 GDP 的比重也仅增长到 26.66%，远低于发达国家，还处于起步阶段，相对滞后。目前阻碍我国生产性服务业发展的因素还很多，以市场开放而言，无论是对内资开放还是对外资开放，市场开放程度还是不高。再如，占国民经济很大部分的国有企业中的很多生产性服务业务仍然没有被剥离，一方面造成企业经营压力，不能术业专攻；另一方面，也限制了诸多中小型服务企业的发展，使中小企业难以获取更多专业化服务的市场机会和利润。总之，目前虽然已经取得进步，但改革还有待深入，服务业市场结构扭曲严重。

第九章
生产性服务业对内外需互动的影响

二 生产性服务业对内外需互动的促进作用

经济需求可归结为内需中消费需求和投资需求，外需中的消费需求和投资需求。改革开放以来我国内外需互动作用没有能够得到足够重视，这严重制约了我国产业发展和经济进步。我国对内外需不协调的认识体现在对产业和贸易政策调整上，其中产业政策调整又表现在对内资产业调整和对外资产业调整两个方面。对内资产业的调整经历了两个阶段，首先，意识到了内外贸没有一体化对整体消费的影响。中国对内外贸一体化的调整从20世纪90年代以来一直在进行，但至今仍有许多重大事项没有解决。比如在主管机构上虽然有了调整，如成立了商务部，但职能归属和具体运行上，内外贸分割的体制还没有被打破。中国商务部的职能与美国商务部相比，职能和权限方面都相差太多，目前还难以担当协调整个内外贸的重任。其次，意识到了对内投资和对外投资没有结合起来，对国家整体投资发展形成制约。自20世纪末以来，我国不断提出中国企业要走出去，但至今走出去的步伐还迈得不快。内外需的良性互动从宏观方面而言，关系着我国宏观经济的整体能否实现平衡健康发展，特别是在进出口平衡发展方面；在中观方面影响我国产业升级和增长方式转变；在微观方面关系着我国企业的做大做强。探讨包括生产性服务业发展在内的各种机制，促进我国内外需良性互动。

中国的生产性服务业中，就服务对象而言，既有为内需而发展起来的部分，也有为外需而发展起来的部分，后者为外向（外贸）型生产服务业，前者为（内向）内贸型生产服务业。从服务提供者来看，有内资生产服务业，也有外资生产服务业。它们之间的关系可用下面的四方格图9–1来表达。生产性服务业是一个很大的产业体系，包括为生产和制造的各个环节、生产要素及整体服务的各类服务业。Antonelli（1998），Windrum和Tomlinson（1999），Guerrieri和Melieiani（2003）认为生产性服务业主要是知识密集型商务服务业（KIBS），代表性部门包括金融、通信和商务服务（FCB）。Markusen、Rutherford、Tarr（1999）认为生产性服务具有以下特征。第一，生产性服务是中间投入品，其交易一般涉及知识的交换。生产性服务密集于熟练劳动力和其他知识资本之中，生产服务的提供是基于规模经济的，即知识与技能一旦获得,其提供服务的边际成本就很低。第二,生产性服务是定制化和差异化的。第三,生产性服务的国际贸易有很多直接和间接限制。生产性服务业与制造业之间不仅是一种供给与需求的关系,而且也是产品价值不同环节外部化与内部化的关系。这种关系影响制造业竞争优势的建立,二者之间是一种相互依赖、动态均衡的关系。生产性服务业对促进工业内外需互动,服务业内外需互动,整个经济的内外需互动均发挥着积极而重要的作用。

	外向型	内向型
内资	内资外贸(外向)型	内资内贸(内向)型
外资	外资外贸(外向)型	外资内贸(内向)型

图 9-1　生产性服务业对内外需的促进类型

(一) 生产性服务业能够拓展内外需互动的地理区域

改革开放以来,我国一直重视外国企业对中国的投资,以吸引更多的资金,同时对自有资金的国内投入力度也不断加大。这直接扩大了中国内需中的投资规模。但值得注意的是,与国内外资本在中国的扩张相比,我国对外投资所涉及的区域却相当有限,目前主要集中于发展中国家,投资的产业面也相当狭窄。面对投资地域的这种内外需不协调,生产性服务业能够发挥积极作用。比如发展针对中国企业的国际投资公司是帮助中国企业,特别是中小企业走出去的一个重要方面。我国许多中小企业有自己独特的产品,这些产品的特色建立于民族文化、独有技术和特有资源基础之上。

美国哈佛大学研究跨国公司的著名教授刘易斯·威尔斯在1983年出版《第三世界跨国企业》一书,书中提出小规模技术理论。在民族产品、与小规模技术相联系的非名牌产品上以及发展中国家市场上,发展中国家的企业与发达国家的企业相比是可能具有竞争优势的。但目前中国企业走出去时,一缺投资引导,二缺资金支持。加之,国内企业以往都是关注国内市场,而且往往仅仅专注于生产,在海外市场评估、战略制定、海外人才管理、东道国法律风险规避、东道国市场拓展等方面并没有经验,因此在海外投资的过程中表现出一定的盲目性，造成海外投资回报率较低。此时，就凸显了生产性服务业的重要性。设想，假如有大量的企业为本土跨国企业提供物流、融资、会展专项服务技术、知识支持以及法律援助等服务，那么我国企业"走出去"的道路将更加顺畅。目前，我国在本土投资发展过程中已经出现了大批有一定服务水平的生产性服务企业，它们中既有外资渊源，更有内资背景。目前需要把他们的经营导向由内调外，在外需促内需、内需促外需的良性互动中发挥更大作用。中国本土在改革开放过程中，通过投资内需扩张，已经积累了大量资本和技术，内部投资已经有了相当实力。如果生产性服务业能够进一步加强自己的国际投资水平和国际服务水平，必将有利于中国将庞大而显得过剩的内部投资转化为外部投资。通过生产服务业的发展，实现过剩的投资内需向投资外需的转化，改变对外投资地域过于狭窄的局面，是中国内外需地域互动中的重要内容。

生产性服务业顾名思义是指服务于企业生产制造、销售等过程的业务形态，包括设计、研发、咨询、物流等多个环节，而且渐渐成为产品价值的重要组成部分，而产品也正因为包含了更多知识、技术而具有更高的附加值，并得以最终实现升级。同时，生产性服务业一个最大的特点是与生产制造环节既紧密联系，又相对独立。这是因为，一个以产品生产制造为主的企业，其优势主要集中于产品制造和生产，而物流、设计、广告等环节可能并不具有相对优势，完全可以将这类环节外包出去，或者设立子公司剥离出去。因此，当企业参与国外竞争，在国外进行绿地投资时，就可以通过设立子公司、并购当地服务型企业来进行全产业链和服务链的整合投资，这样极大地增强了企业在国外的对外投资力度、深度、广度。

（二）生产性服务业能够提高内外需互动的产品层次

中国已经成为"世界加工厂"，中国产品物美价廉，为全世界消费者所青睐，中国产品大量出口海外，中国已成为世界第一大出口国。这也使得中国货物贸易飞速发展，外汇储备不断增高。但是，我国长期从事加工贸易，这种两头在外的贸易形式，使得我国始终处于产业分工价值链的低端，出口的产品多为低附加值、低技术含量的产品，其竞争优势主要来源于低廉的劳动力成本。在当今外部需求下滑、全球经济不振、各国都面临转型的情况下,外贸出口遭遇发展瓶颈。再加上周边越南、缅甸等其他国家的兴起,中国在低端产品出口方面日益面临挑战,单纯依赖低廉的成本难以在未来仍然保持持续的竞争力。因此,产业升级和产品转型升级问题日益凸显出来。目前,不仅内资背景的中国外向型企业在加快产品革新的步伐,外资背景的跨国公司也引进了更为先进的生产线。

上文指出,生产性服务业由于其优良特性,能够推动产品升级、提高产品附加值。因此,在内外需互动过程中提升产品层次,生产性服务业大有可为。中国出口产品层次的提高与外向型生产性服务业的发展紧密相关。以我国"珠三角"地区为例,目前在外向型产业区附近的中心城市,如广州和深圳会集了大量的外向型生产性服务企业。许多为一线服务的生产性服务企业甚至就扎根在生产企业周围。在"长三角"地区制造业发展的基础上,上海的生产性服务业已经形成聚集,并已经形成巨大的辐射效应。环渤海区域内,大连依托东北老工业基地,大力发展软件服务外包,极大地促进了东北地区产业升级,提升产品层次。值得注意的是我国外向型产业的产品层次普遍不高,即使对于劳动密集型日用品也同样如此。许多消费者反映在中国内地买一双皮鞋(内资内贸企业生产),与在中国沿海买一双价位相同的鞋(外资外贸企业生产),其质量和档次差别很大。导致我国广大内地内资内贸企业产品层次上不去的原因是缺乏生产性服务业的支持。以鞋业为例,与生产相关的鞋样设计、打版、模具制造、市场调研、消费者调查在沿海外向型产业区已经具备成熟的服务业集群,而中国内地内贸型鞋类生产企业却很难获得这种支持。我国在外贸中发展起来的生产性服务能力如果向内贸转移,或者说由外资而发展起来的生产性服务业如果向内资转移,必定能够促进内需产品层次的提升,形成外需对内需的良性互动。

(三)生产性服务业能够扩展内外需互动的产业领域

随着全球化和分工的发展,整个生产过程日益碎片化。一方面,专注于专业化生产是一国产业做强的基础;另一方面,产业链的整合能力又是一国产业做大的前提。无论是在某一生产环节做强,还是在某一产业做大,都需要生产服务业。生产服务业强化生产环节的技术水平,同时它又被许多经济学家看作一种黏结剂,具有将不同生产环节联合起来形成整体实力的功效。

一国为外需而建立起来的专业生产环节起初并不一定为内需服务，即使这种专业环节是内需市场所缺乏的。此外，许多沿海的外向型生产服务企业一直在为外向型制造业服务，对内需市场少有开拓。同时，一国为内需而建立起来的专业生产环节也并不一定为外需服务，以中国内地为例，许多本土企业几乎没有国际贸易经验，因而他们的一些生产制造强项可能不能够转化为外需服务能力。通过生产服务业的努力，促进内需市场中的优势生产环节向外需市场转化，或者促进外需市场中的优势生产环节向内需市场转化，无疑有助于一国内外贸和内外投资的整体实力增强。这也是内外需互动在产业链整合方面的一个重要体现。

（四）生产性服务业能够扩大内外需互动的贸易规模

生产性服务业对贸易规模的内外互促分成两个方面。第一，在外需对内需促进中发挥作用。随着外向型产业发展，中国本土生产服务业取得长足的进步。通过生产性服务业，外需能够从两个方面促进中国内需的规模。一是通过推动国际制造的中国本土化适应促内需。内需有其文化和政策性特点，因而有国别差异性。国际制造只有适应中国的政策环境，满足中国消费者的偏好，才可能促进内需。此外，售前规划，售中服务，售后服务曾经是国际产品在中国的软肋。由于在中国本土没有这些服务支持，跨国服务成本昂贵，国外工业品无论是工业中间品还是最终消费品，一度很难在中国推广开。国际生产服务业的发展，无论是工业中间品还是消费类产品，国际制造都很好地迎合了中国庞大的内需市场。二是通过推动本土制造的发展促进内需。随着外资服务企业资本、技术和人才的外溢，大批中国本土的外资服务人员转入内资企业，或者独立操刀开办新的服务企业。国际生产服务业加快了中国本土生产服务业的市场培育和发展，使之产品更好地满足了内需。第二，在外需对内需促进中扮演重要角色。随着中国内需市场的扩大，国内外背景的生产性服务业在中国发展迅猛，这无疑也促进了中国的对外贸易规模，并有可能在将来促进中国的对外投资。生产服务业对制造业的更全面覆盖，更广泛地支持推动了中国制造业在中低层次的各个领域开花，从而为世界提供越来越多的产品品类和服务，中国外需市场自改革开放以来保持了旺盛增长。2001年以来，我国出口规模出现持续快速增长。2001年我国贸易总额为5097.68亿美元,其中出口2661.55亿美元;2011年我国贸易总额为36421亿美元,其中出口18986亿美元。在此期间,我国出口规模同比增速常年保持20%左右。此外,间接促成进入中国的外资不断提高技术水平,通过提高产品层次扩大原产中国的贸易量。中国生产性服务业的发展,使中国无论是服务领域还是制造业领域的经营水平越来越高,产品层次不断提升。外资依靠淘汰技术或者二代技术难以在华生存,由此也迫使其加紧研发,或者拿出自己的一手技术在中国开展经营。此举将使中国制造的产品档次获得更高层次的提升,从而为外需增长打开上升空间,而不是以往仅仅进行低水平的国际供给。

(五) 生产性服务业能够提高内外需互动的技术水平

改革开放以来我国技术创新的路径主要以模仿为主,这是技术发展领域典型的外需促内需。中国在对外开放中首先采取了谨慎策略,先允许两头在外的外资进入中国,既有利于引进资金、技术,解决就业,又通过产品出口,不至于冲击国内市场。与外资中"三来一补"企业相并而来的是大批外资技术型生产服务业,它们带来了相对于中国当时较为先进的技术,通过技术扩散和技术人员流动,中国的生产性服务企业迅速掌握了一批较为先进的技术。随着中国几十年的改革开放,在中低层次技术领域,中国已经有了相当积累,目前正有越来越多的中国本土企业崛起成为许多行业中国外贸出口的主力,而不少技术水平难以升级的海外投资企业却日趋式微。可以预计的是,随着中国内需市场的扩张,中国本土工业和生产性服务业的壮大,以内需为基础发展起来的中国自主创新技术将越来越多,在推动中国产品出口方面将扮演越来越重要的作用。也就是说,将在技术发展领域实现内需对外需的良性互动。中国企业自主创新能力的发展以生产性服务业为基础,在服务技术、技术集成的时代,创新更多的成为专业技术服务公司的专门活动。大力发展自有技术,实现国内成果由内贸产业、内向投资更多更快地向外贸产业、外向型投资转化,是生产性服务业促进内外需良性互动的重要着力点。

(六) 生产性服务业能够改善内外需互动的社会环境

生产性服务业不仅包括对生产过程、机器和产品的服务,还包括对生产过程中人的服务。西方企业中很早就引入了对人的服务工作，被称之为企业社会工作。19 世纪末，美国企业界发生一场旨在减少工业社会生活中问题的福利运动。企业开发了各种计划和服务来帮助工作领域的员工解决个人与家庭问题，而由此产生的新岗位－社会福利秘书便成了工业社会工作的先驱。19 世纪末 20 世纪初，美国企业为应对劳资关系危机而开展私人福利资本主义，即由工商企业，而不是政府或者工会，自愿为工人提供不属于工资的福利。社会工作方案在 20 世纪 20 年代被美国大多数企业采用，从而开创了一场有影响的福利资本主义运动。从 20 世纪 40 年代开始，企业社会工作专业服务在美国开始。早期的企业社会工作重在处理员工酗酒问题，在经历了工业咨询服务、员工咨询服务、整合性服务、了晤方案、员工关系顾问、咨询沟通中心、职业辅导方案等阶段后，发展出人们所熟悉的"员工协助方案"。目前，美国的世界 500 强企业中大多数成立了社会工作服务或者类似的部门。外需对中国内需在生产性社会服务业方面的促进既包括"负面"促进，也包括正面促进。首先，外向型产业以及由此而来的中国工业化的发展破坏了已有的社会结构。工业化给国民经济带来巨大收益，使中国经济保持高增长的同时，也无可避免地破坏了中国的社会结构。当前中国经济的基本面向好，但社会基本面却不容乐观。我国社会事件频频，社会问题日趋严重，被破坏的社会结构急需修复，新的社会运行机制急需建立，这直接催生了巨大的社会服务需求，促进了社会服务内需的发展。社会服务在世界范围内都占有相当大的消费比重。其次，外向型产业发展也为中国带来了更人性化的生产理念。比如大多数跨国公司对中国的代工厂有人权、环境保护和休息权利要求。西方企业的社会工作服务也开始流入中国，虽然中国当前的企业社会工作服务还有待大力革新和推进，但从长远来看，因外需而带来的企业社会工作等生产性服务，无论对中国制造业经营的改善，从而间接促内需，还是直接对服务内需的拉动都将有重要意义。

（七）生产性服务业能够提高内外需互动的开放性水平

生产性服务业在开放性方面的促进从目前的情况来看主要体现在内需对外需的促进上。中国内需市场的发展促进了本土生产服务业的发展。通过不断提高的服务性价比，再加上新成长起来的丰富的智力型人力资源，低工资成本，中国生产服务业发展促成了西方不断开放面向中国的服务贸易。服务业因为其产品无形性、过程伴随性，其技术保密的必要性远比制造业为高。同时服务业往往具有技术密集、信息密集的特征，各国均将服务业的许多环节列入保密领域，服务业的开放程度远较制造业为低。如在软件产业方面，美国出于保密考虑，原来在许多行业和公司禁止购买来自中国的服务，以免失密。但随着中国服务更加低廉，出于成本考虑，在低端领域针对中国的服务外包渐多。目前，西方制造业都看中了中国这个大产品市场和人力资源市场，为了在中国市场精耕细作，人员和机构的本土化也在所必需，跨国公司越来越需要中国服务。此外，随着中国生产性服务业的水平越来越高，国内的服务水平开始追上国际服务水平，西方出于技术保密防范中国的意图也就失去了存在的必要性。可以预计的是，随着中国本土服务水平的提升，西方对华服务贸易采购总额将会不断得到提升。此外，整个世界服务贸易开放的态势也不可逆转。在服务贸易中，生产者服务占有 2/3 以上的比重，这是近些年来服务贸易加快发展和重要性上升的重要原因。生产者服务总体上具有知识密集的特征，诸如研究开发、产品和建筑设计、软件和系统集成、供应链管理、投资和管理咨询、市场和客户服务等，都是高度专业化的知识密集型服务（江小涓，2008）。

三 生产性服务业在推动中国内外需互促中存在的问题

（一）国内生产性服务业发展整体滞后，已成为制约内外需进一步增长的瓶颈因素

目前中国的生产性服务大多集中在像商业饮食业这样的劳动密集型产业部门，而技能型、技术型和知识型部门较少。生产性服务业与其他产业的关联程度也较低，多产业之间共同发展的格局也没有形成。国内生产性服务业对内外需产生的"短腿"效应体现在多方面。一是目前我国内外需求增长受到了层次性制约。从投资来看，因为生产性服务业层次水平低，我国国内制造业投资的层次水平难以进一步提升，并约束我国企业走出去进行海外投资参与国际竞争，影响外需的更高层次扩张。从消费来看，随着经济的发展，我国的一些高层次需求开始释放，但因为高层次产品和服务开发不够，

中国许多富人的高层次消费没有能够实现,钱花不出来。二是我国的基本国内需求也受到了总量上的制约。比如我国农村地区的生产性服务业极为欠缺,这直接影响了农村生产和农民种田的积极性。在金融方面,由于缺乏资金支持,农村难以摆脱小规模经营的被动局面。受气候条件、市场波动影响大的农业尤其需要农村生产性服务业。相比发达国家,像中国这样的发展中国家更需要农村生产性服务业。发展中国家更易受到干旱、洪水等自然灾害的侵袭,自然资源和基础设施缺乏,几乎没有对灾害的"缓冲器",灾害一旦发生,往往导致农业减产,重大人员和财产损失。过去10年来,自然灾害每年夺去了全球7.9万人的生命,受灾人口超过了2亿,并造成年均近700亿美元的损失(黄祖辉、朱允卫,2007)。在这方面,中国也不例外,从汶川地震到舟曲泥石流,自然灾害频频。自然灾害考验着中国农村的生产服务业,特别是农田水利基础设施、道路交通设施、公共和社会服务设施。

(二) 中国本土的国内生产性服务业竞争不足和竞争过度问题同时存在,市场扭曲严重,制约内外需发展

以上海的生产性服务业为例,凡是营业利润率和人均创利水平较高的生产性服务行业,基本上都有较高程度的"政府依赖症"。目前银行的主要利润来自简单的存贷差,证券利润很大一部分来自经纪业务,利润较大的高端保险业务在上海还是空白,尽管经营层次和运作效率低,上海的金融业,特别是银行业仍能获得惊人的利润回报率。这显然与金融业的竞争不足有关。由此形成的市场结构与发达国家显著不同。如伦敦的金融机构从8万~9万人的巨无霸企业到1个人的超微型企业都有存在,并且主体是人数在10人以下的中小企业。同时部分生产性服务行业又存在过度竞争。以上海广告业为例(见表9-4),从2001年到2006年,上海广告公司的数量增长了469%,从业人员增长了122%,广告营业额增长了105%,但反映经营绩效和竞争能力的户均经营额和企业平均规模则直线下降,户均经营额从2001年的424万元下降到2006年的153万元,户均规模从2001年的14.5人/户,降到2006年的5.6人/户。这种企业数量多、规模小、盈利能力差的状态,反映了上海广告业竞争激烈,混乱无序(周振华,2009)。不断扭曲的市场使本土生产性服务业本应具有的前文所述各类对内外需影响的传导机制失效,内外需难以产生良性互动。

表 9-4 上海各类产业的创利水平

单位：万元，%

行　业	营业利润率	人均创利水平
工　业	6.9	3
交通运输、仓储和邮政业	12.1	5.4
信息传输、计算机和软件业	20.1	8.9
批发和零售业	2.4	3.15
住宿和餐饮业	4.1	0.48
金融业	17.1	22.19
其中：银行业	21.7	45.26
房地产业	16.4	12.73
租赁和商务服务业	29.3	8.35
科学研究、技术服务和地质勘察业	11	1.59
水利、环境和公共设施管理业	4.6	0.49
居民服务和其他服务业	6.8	0.57
教　育	7.6	0.04
卫生、社会保障和社会福利业	-3.4	-0.04
文化、体育和娱乐业	3.9	0.53

资料来源：《上海外商投资年鉴2006》，周振华《城市转型与服务经济发展》。

（三）中国本土的国际生产性服务业国际化水平低，难以支撑中国制造业走出去

以目前情形来看，中国许多领域已经不缺少中国产品制造，但缺乏中国产品服务。中国目前还谈不上制造业的真正国际化，因为中国只是制造了产品，将产品从中国推向国外这一环节并不为中国人所控制。要真正实现中国制造的国际化，难以依赖国外的生产性服务业，还必须有中国自己生产性服务的国际化。有多方面因素决定了外资服务业在服务中国制造时，对中国内资制造业的作用有限，甚至还可能阻碍和排斥中国本土制造业的国际化。①政治因素。西方经济的一个重要特点是既与政治保持距离，保持经营的独立性，又与政治紧密结合，经济界人士普遍关心政治。西方生产服务业中大批人士可能并不希望中国在高端产品与他们展开竞争，因而不愿意为中国企业特别是中国生产性服务企业的国际化牵线搭桥。在中国，许多外资生产服务企业其实带有政治和国别倾向，他们仅希望中国扮演廉价制造的角色。

②集团因素。大量西方生产服务企业进入中国之初就是为配合其所属生产集团或者商业集团的工作,为集团的全球战略竞争服务,因此其战略指向性明确,总部对合作服务商的控制也严格,西方生产服务企业不大可能为中国本土企业提供更多服务,尤其是同类竞争品的服务。③语言障碍。由于语言能力限制,中国企业和外国生产服务企业之间的沟通受到一定阻碍。语言障碍在国际贸易中始终是一个障碍,即使对于同为中国人的香港和内地,语言障碍曾经也是一个重要问题,阻碍两地人才和资本交流。这也是以往许多香港本地生产服务企业拓展在大陆业务时,一直限于广东一地,没能更大范围向中国内地渗透的重要原因之一。④文化障碍。国际贸易除了物质层面的货物流通,更是一种跨文化之间的交流和沟通。国与国之间的理解,东道国的适应,始终考验着国际贸易的市场拓展能力。综上所述,中国企业要真正走出去,提高本土的国际生产性服务业水平是关键。

(四)外资生产性服务业向中国转移的层次不高,中国需要增加对知识产权的保护力度

相比世界制造业大举进军中国,国际生产性服务业向中国的转移则远为逊色。许多跨国生产企业还在依赖海外机构为中国制造提供生产服务。进入中国的国际生产服务业不仅总量较少,而且层次普遍偏低。以上海为例,尽管外资主要投向生产性服务业,但仍处于产业链的低端状态。2012年1~2月,上海利用外资继续保持快速增长态势,合同外资29.63亿美元,同比增长20.2%,实际利用外资中第三、第二、第一产业的比重分别为84.7%、14.2%、1.1%。其中,租赁和商务服务业占19.1%;商贸服务业占25.5%;房地产业39.7%;金融服务业、科技服务业等领域利用外资快速发展,分别占5.1%和1.6%。可以看出尽管外商投资服务业金额不断加大,但是多半投资于房地产业,而并没有大幅流向生产性服务业。生产性服务业作为服务业的一种,其国际化程度在各国都较制造业低有其自身的产业特性。比如非实物性、服务同步性和不可储存性这些特点仍然存在,将服务限制在局部市场上。即使一些可以远距离提供的服务,当地提供获得的贴近市场、与顾客互动、可控性好等益处,可能超出全球分工带来的低成本利益。部分服务业具有社会和政治敏锐性,国外企业对进入诸如文化、传媒、通

信、网络等具有"战略意义"、经常受"非经济因素"影响的行业有顾虑，东道国政府对开放这些行业也相对谨慎。这些因素制约着服务全球化的发展，一个突出表现是改革开放30多年来服务贸易的发展不如人们预期的那样快，贸易额虽然持续增长，但在世界贸易出口总额中的比重却没有显著提高，仅从当初的1/7上升到目前的1/5。总体上看，与制造业普遍而深化的国际分工相比，服务业全球分工总体上还是有限和不平衡的。生产性服务业全球化和国际化水平偏低有其自身的先天弱势，但某个地区或者国家生产性服务业的发达程度与其资源条件、政策和环境优势有关。比如知识产权保护程度高的地区更有利于吸纳高端生产性服务业。中国在知识产权保护方面还需要加大力度，目前在软件产业方面盗版严重，在工业设计方面抄袭成风，在分销业知识产权保护和企业品牌保护方面措施乏力，地方本位主义盛行。这直接影响了更高层次的外贸生产性服务业进入中国。

（五）相比制造业，海外对中国的生产性服务外包比例偏低，中外生产性服务业缺乏互动交流

中国的生产性服务业无论是在服务产品提供环节，还是在采购环节，都没有能够大幅度纳入国际分工协作体系之中。中国是制造大国，却是服务小国。单纯就国际服务业外包来看，从中国目前的承接能力与印度等国家还有相当大的差距。截至2011年9月，我国共有服务外包企业15417家，服务外包从业人员286.1万人。全国离岸外包执行总金额145亿美元，同比增长65.6%。然而，数据显示，目前全国服务外包行业的人均年接单值只有2万美元左右。和印度等国家相比，在人才储备、国际经验、运作模式等方面仍有较大差距。比如Oraele公司在印度有2万人为其做外包服务，在中国仅有1000人；EDS公司在印度和菲律宾有几万人，而在中国则刚刚开始招聘；简百特公司全球有2.8万人，在中国也只有2000人。据分析，服务外包对国内增加值的贡献是来料加工的20倍，印度500亿美元软件的出口额，给国内创造的增加值相当于中国制造业1万亿美元创造的价值。两种贸易形态，创造了完全不同的价值量，但资源能源和生态环境的代价却很小（陈文玲，2007）。生产性服务业中外交流缺乏体现在两个方面。第一，本土企业的内外贸分割严重，没有形成互动。从贸易主体来看，目前普遍存在着内

贸商业流通企业缺少外贸网络、人才和经验，而外贸企业缺少内销渠道。虽然我国从进出口管理体现上已经取消了外贸经济营权限制，但企业在运行机制上仍然内外贸分割。第二，生产性服务业仍有待进一步开放，本土生产性服务业与外资生产性服务业融合远远不够。在外界关注度较高的中国若干服务业部门，尽管中国已经认真履行了入世承诺以及在 CEPA 框架下的市场开放承诺或者降低准入门槛，但在现实中依然存在着大量对外资行业准入与业务范围的实际限制。主要体现在分销、物流、建筑施工与设计等行业，目前尚存在着大量的市场限制。运输业中资产和注册资本要求未实现国民待遇，对外资建筑施工企业施工项目的限制和中外律师事务所实行联营限制（裴长洪，夏杰长，2010）。把外资生产服务业引进来既是对中国本土生产性服务业的考验，也是对中国生产性服务业与国际生产性服务交流的促进，尤其是在中国本土生产性服务业很难走出去与发达国家交流的背景下，让发达国家生产性服务业走进来进行交流有其重要意义。

四 发展生产性服务业促进内外需互动的对策

针对以上生产性服务业在促进内外需互动过程中许多环节出现的问题，我国政府、产业界和企业有必要采取措施，积极弥补短腿效应。具体而言，需要在以下多方面积极应对。

（一）通过市场竞争提高本土生产性服务业的效率，促进本土制造的内需规模扩张

通过生产性服务业市场竞争促内需包括两个方面。第一，推进国有垄断行业生产性服务的外部竞争，释放生产性服务业促制造业内需扩张的庞大潜能。我国本土生产性服务业发展不够的一个很重要的原因是国有领域服务业竞争不够。我国的国有经济规模还相当庞大，其中不论是制造业还是服务业，民营资本涉入的可能性都比较低。国有制造业还沿袭了计划经济时代的大一统思维，在许多行业实施独家经营，或者垄断经营。由于没有竞争，这些企业的经营目标不太可能是改善生产效率，节能降耗，而是不断争资金、争项目，扩大社会资源的控制能力，在价格垄断中获取超额收益。在这种大

一统的国有领域，生产性服务业因其占据的利润链大，往往被国有企业牢牢捏在手中，不能通过外部化、市场化而提升效率。我国在垄断领域如果能够推动生产性服务的外部化，将极大地改善国有制造业的生产效率，制造业的内需扩张潜力将非常巨大。第二，维护好民营领域的市场秩序，反串谋和恶性竞争，推动生产性服务业的健康发展，稳步推进民营制造业的内需扩张。我国国有领域在生产性服务业没有获得充分发展的前提下，制造业还能不断发展，经济规模还能不断扩大，与广大民营领域做出的巨大奉献分不开。中国就业的90%以上都由民营企业提供，也就是说，在某种程度上，90%以上的中国消费者的消费来自民营企业创造的财富。目前向民营开放的领域无论是制造环节，还是生产环节，均已经实现了充分竞争，甚至竞争过度，价格战现象普遍，对进一步扩大内需潜力有限，目前对这一领域调控的关键是促其健康发展。综上所述，开放国有垄断领域，尤其推进这些领域生产性服务的外部化和专业化发展，提高生产环节和服务环节的市场竞争水平，改进这些领域的供给效率，改变居高不下的价格结构，应是我国内需持续扩张的重要努力方面。

（二）服务和生产分离，提高内需供给的专业化水平，促进本土制造的内需层次提升

我国需要出台政策大力培育中小服务企业，只有有了大批功能完备、水平先进、能效高超、走专业化之路的中小服务企业配套在周围，中国本土制造业才可能轻装上阵，不断优化各个制造环节。制造业的强大离不开生产服务业的强大。中国多年来制造型企业大而全、小而全问题一直没有能够获得根本解决，重要的原因之一是缺乏外部化的生产服务支撑。当外部生产服务缺乏或者效率低下时，制造业就只能通过内化服务业来维系自己的生存和发展。独立的中小生产服务企业有利于生产服务的专门化，是制造业中生产和服务分离的基础，不仅对于提高制造业的产品层次具有重要意义，而且对制造业的生产创新、新产品开发起着重要的支持作用。大而全、小而全低效状态一直没有得到解决的原因之二是制造业没有能够有效地分离出自己的服务环节，希望内化和一体化所能涉及的价值和利润链，专业化和创新精神不足。因此除了生产性服务业的发展进步，还要有制造业的配合和支持，整个

国家经济调控能力的提高,整个社会企业组织水平的提高。服务和生产分离能够给中国企业发展和内需提升带来如下好处。①能够提升产品层次,同时提升的产品层次能够促进生产和消费的升级换代,从层次上扩大内需。②能够创新生产流程,同时生产环节的创新有利于提高生产效率,降低价格,从而在消费能力提升上扩大需求。③能够推动新产品开发,而新产品开发能够创造新需求,不断增加新投资和新消费的亮点,从品类上扩大内需。

(三) 提高本土生产的国际服务水平,促进本土制造的外需扩张。加强配套政策扶持,引导本土生产性服务业走出去,开拓更加广阔的外需市场

中国要培养起一支面向国际市场的生产性服务业人才队伍。既懂国内市场,又懂国外市场的人才在我国还极为稀缺。中国本土的制造业归根结底还需要有中国本土的生产服务业配套。改革开放以来中国诞生了大批制造业工程师和技工,但服务贸易人才却一直奇货可居。原因是多方面的,包括发达国家生产性服务业对世界制造业的垄断,也包括中国制造业过多依赖西方生产服务企业,中国本土生产性服务业也缺乏开拓国际市场的勇气。但中国的产业扶持政策方向失误也值得重视。从中国目前的产业政策来看,对制造业生产环节扶持较多,大量的补助资金进入了制造业内的产品研发部门,生产车间和基础设施,对制造业服务环节扶持较少。这是我国传统重物质产品、轻无形服务落后观念在当前产业政策中的残留。我国大量民营生产服务企业处于自生自灭的状态,缺乏融资支持,缺乏信用担保,缺乏基础设施配套。我国应出台国家层面的国际生产性服务业振兴计划,以促进本土制造业的对外投资和产品推广。

(四) 加大生产性服务业对外开放力度,提高知识产权的保护程度,吸引更多高层次国际生产性服务业投资中国,为中国的内外需增长服务

目前国际生产性服务业虽然已经开始大举登陆沿海发达城市,但与制造业的国际转移相比,国际生产性服务业向中国转移的总量还非常低,层次也不高。按照通常理由,中国作为世界制造工厂局面的形成,必然有国际生产性服务业在中国兴起的情况相伴出现。事实上，目前中国庞大的国际制造业规模正与薄弱的国际生产性服务业数量形成鲜明对比。中国国际生产性服务业的落后，世界高端生产性服务业向中国转移少的一个重要原因是中国服务市场的对外开放度还远远不够，知识产权的保护水平还不高，高端外资生产性服务业在中国投资的制约还比较多。生产性服务业是一个信息密集型、技术密集型、知识密集型、人才密集型、专利密集型和创新密集型的产业，知识技术高位保持，产权保护是这一产业持续发展的根本。中国盗版现象严重，员工对企业的忠诚度也被认为不如西方。整个社会对泄密的法律惩罚轻，对知识的尊重不够。中国各个企业不愿意投入创新成本，对模仿和偷学趋之若鹜。同时不愿意培养人才，更愿意多挖人。员工跳槽率高，对人才重视不够。此外当前中国还需要更多增加外籍商务人士在中国的比例，但目前的政策还需要改进。以上海为例，因为个人所得税过高，为合理避税，外籍高级管理人员选择在中国居住不超过183天。外籍高级管理人员比重低，形成上海吸引国际跨国公司，发展部型经济的瓶颈。未来，为了吸引更多更高层次的国际生产性服务业进入中国，中国有必要进一步加大服务业领域的对外开放，进一步提高知识产权保护的程度，并从住房、城市环境和其他相关政策上真正落实对人才和知识的尊重。

（五）将包括生产性服务在内的服务外包作为中国外向型产业发展的未来重点，对解决中国棘手的大学生就业难问题，并促进中产阶级消费的形成有益

服务外包是生产性服务业中的重要组成部分，是连接生产环节与服务环节的重要一环，也是服务贸易的重要组成部分，更是中国外向型产业发展的未来重点。服务外包一般包括，信息技术外包（ITO）、业务流程外包（BPO）、知识流程外包（KTO），服务外包拥有众多的优良行业特质，比如推动技术创新与外溢、促进资源的合理配置、吸收大学生就业人口等。当今中国承接服务外包与当年中国承接制造业"三来一补"有着异曲同工之妙，承接制造业"三来一补"迅速解决了中国低层次富余劳动力就业和基本收入问题，促进了中国基本消费和基本投资需求的发展。而服务外包则可能成为消化中国过剩知识型劳动力的重要产业方式，带动中等收入家庭的出现，

第九章 生产性服务业对内外需互动的影响

提升中国的基本消费和投资水平，实现中产阶级消费。生产性服务外包的适应范围广，从低端的软件测试、人力资源代办代理，到中端的财务处理、客户服务，再到高端的软件研发、项目管理，提供的就业机会多，吸纳就业能力强。以广东为例，近年来广东服务外包产业规模快速扩大，服务外包企业接包合同金额和执行金额年均增长分别达60%和45%以上。2011年接包合同金额达53.9亿美元，增长60%；接包合同执行金额达34.5亿美元，增长47%。截至2011年底，全省累计登记服务外包企业1218家，从业人数48.6万人，获得国际认证的服务外包企业达308个。统计显示，在2009年就业总体形势压力大的情况下，1~6月，广州服务外包企业新增就业岗位16462人，同比增长18.89%，成为"逆势"吸纳大学生就业的主力军，仅仅一个香港汇丰，在广州设立的软件和客服中心这两个外包系统，就分别雇用3000人和4000人。从上述可以看出，服务外包确实具有相当强的就业吸纳效应，而且对要素收入水平和家庭消费层次的要求都比较高，相比受教育水平低的劳动者，大学生更有可能成为未来中国的中产阶级。因此，服务外包作为替代制造业"三来一补"的一种外向型产业形式，对于促进中国中产阶层的形成，对于促进中国的内需发展意义十分重大，在内外需互动中生产性服务业也扮演重要角色。

（六）通过创新提高中国生产性服务业竞争力，加大中国服务在国际制造中的价值份额

中国的生产性服务业需要对接国际制造业。在未来，提高本土生产性服务业的服务水平，逐步提高其在国际制造中本土服务的份额，以促进国际制造的内需，应成为我国提振内需的一个重要方面。中外对接始终不是一个容易的事。一味地模仿、复制发展不出中国生产性服务业的竞争力。生产性服务业不同于制造业，它具有知识隐含、过程无形、关键环节不易解码的特点。而且服务业主要通过人来提供无形产品，人在各地文化下的迥异性决定了各地服务的异质性大，这些都使生产性服务业远比制造业难以模仿。生产制造环节在一定程度上可以复制，但生产性服务业可复制的程度有限。中国可以通过模仿西方生产制造环节而在中低档产品领域具备相当制造能力，但却不大可能在生产服务环节通过模仿获得更多的服务能力。由于生产性服

业水平低下,最终中国的制造业也不可能强大。中国服务贸易不发达,就在于我国制造业中的高端服务环节尚未形成,高端服务无法分离出来成为可贸易的独立服务产品。高端服务环节一般只有通过自主创新才可能获得。因而中国只有通过自主创新才能发展好自己的生产性服务业,尤其是国际生产性服务业;只有通过生产性服务的自主创新才可能不断推动中国生产制造的升级,在世界制造业投资和消费中占据更大的份额。生产性服务业自主创新对扩大内外需意义深远。

第十章
服务贸易对内外需互动的影响

随着经济全球化加快与新时代的到来,服务贸易越来越成为国际贸易中的重要环节,服务业在各国国民经济中的重要性也越来越明显。如何加快发展服务贸易,使之与我国的内外需扩张形成良性互动,本章将对此提出有效的政策建议。

一 国际服务贸易与内外需的相关理论梳理与评述

(一)国际服务贸易与内外需的相互依存性

经济学原理中有关国际贸易的基本理论观点就是国际贸易可以使贸易双方都能获得利益,这种利益主要表现在两个方面,首先是双方贸易额的增长,其次是双方内需消费的增加,换句话说贸易本身就可以使内外需都得到扩张,而不消耗额外的经济资源。国际服务贸易与内需消费之间也秉承相同的理论基础,当我国的相关服务业拥有比较优势时,通过专业化分工和贸易,可以促进贸易双方的经济总量增加,同时扩大外贸和内需两个方面的发展空间。当然,上述理论主要针对整个宏观经济而言,即使国际服务贸易可以使两个国家的整体经济都变好,但在局部可能会损害进口国相同竞争行业的利益,从而受到相关利益集团的抵制。

(二) 服务贸易与经济均衡分析

服务贸易和服务业本身就属于国民经济的主要部分,在传统的宏观均衡模型中,国内消费和外贸出口(包含所有产品出口)被认为有可能是负相关,但该理论主要基于传统的商品贸易。由于传统的商品贸易理论对于解释服务贸易具有局限性,故而该理论并不适用于当代服务贸易。服务贸易和服务业本身的复杂多变使当前的国际服务贸易理论很不完善,但有一点是可以肯定的,那就是发展服务贸易可以在不大量损耗自然资源产生污染的基础上挤占国际市场上的就业机会,从而通过增加就业来扩大内需,发展经济。此外,服务贸易尤其是知识型服务贸易的发展,可以产生巨大的知识外溢效应,这样的正外部性对于整个发展中国家生产力的提高具有重要意义。总而言之,由于服务业和服务贸易自身的特点,其贸易理论基础和传统的商品贸易理论有着巨大的差异,发展服务贸易不但不会挤占国内现存的自然资源,不会产生污染问题,而且可以利用国际就业市场,扩大内需,发展经济。

(三) 服务贸易中的福利得失与贸易政策

从基本的贸易理论中,可知贸易可以增加双方的经济福利,达到双赢。由于专业化生产的存在,基于比较优势的贸易可以使不同国家的生产部门专门生产各自具有比较优势的产品或服务,这样可以增加贸易双方的经济总量,贸易双方都可以从中得到好处,双方的总福利也会增加。而服务贸易由于其特殊性,可以给贸易双方尤其是出口国带来更大的经济福利,因此自由的贸易政策有助于服务贸易的发展以及相关的福利增长,但是由于进口国利益集团的存在,进口国有可能进行贸易管制,从而导致服务贸易和社会总福利的下降。在现实中,管制的具体表现往往就是贸易保护主义政策,旨在直接影响产品和服务进出口的总量,通常是为了保护国内产业免受外来竞争,保护国内相关产业就业机会。随着贸易自由化的推广,贸易管制从关税、配额等传统的方式逐渐向技术壁垒等方式转变。在这种情况下,理论上,出口国可以对服务业和服务贸易进行扶持和补贴,以抵消贸易管制的不利影响。

第十章
服务贸易对内外需互动的影响

二 我国服务贸易对内外需的影响状况分析

(一) 我国服务贸易的进出口变动

近几年,国际服务贸易发展态势良好,年均增长约11%左右,服务贸易在全球国际贸易中的份额也有所提高。与此同时,我国服务贸易也发展迅速,进出口额从1990年的98亿美元,到2008年的3044亿美元,2011年更是达到了4100亿美元,其间增加了41倍还多。2011年,我国服务贸易全年进出口总额比2010年增长13%,占中国对外贸易总额的11.26%。"十一五"时期,我国服务贸易进出口年均增长16.2%,为全球年均增速8.2%的近两倍。其中,电影音像、通信服务、建筑服务增幅达50%以上,而广告宣传、咨询、运输、计算机信息服务和其他商业服务增幅也达到30%以上。2010年,旅游仍旧是最大的服务贸易项目,收支规模合计1006.9亿美元,占整个服务贸易收支规模的27.78%,运输为第二大服务贸易项目,占整个服务贸易收支规模的26.89%。

但是,尽管我国服务贸易发展迅速,由于服务贸易进口大于出口,贸易逆差一直存在。2009年,中国服务贸易出口额大幅下降,而进口额与上年基本持平,服务贸易逆差显著增加。全年服务贸易逆差达296亿美元,比上年增长1.6倍。2010年,服务贸易逆差缩小至219.3亿美元,比2009年下降25.7%。

此外,虽然我国服务贸易年均增长速度超出世界平均水平,但相对于位居世界第二的货物贸易来说,我国依然不是服务贸易强国,且出口层次低,结构不合理。运输、旅游等传统服务贸易行业所占比重过大,2008年,二者合计占进出口总额的50%,而金融、保险、通信等现代服务业在我国尚处于初级阶段。

到了2010年,上述形势开始有所转变,服务贸易逆差出现缩减。在进出口总体规模扩大的基础上,中国服务进出口大幅增长,进出口总额为3624.2亿美元,比2009年增长26.4%。同时期中国服务贸易出口额为1702.5亿美元,同比增长32.4%。出口的大幅增长主要源于运输、其他商业服务和建筑服务等出口额的明显回升。中国服务贸易进口1921.7亿美元,增幅为 21.5%。服务出口的大幅回升使贸易逆差额减少。2010 年，中国服务贸易逆差为 219.2 亿美元，比 2009 年减少 76.8 亿美元。中国服务贸易的主要逆差行业为运输、保险服务、专有权利使用费和特许费、旅游四个行业，逆差额分别为 290.5 亿美元、140.3 亿美元、122.1 亿美元、90.7 亿美元，逆差金额合计为 643.6 亿美元。其他商业服务、建筑服务、咨询、计算机和信息服务则实现较大数额顺差，顺差额共计 418 亿美元。

通过对以上服务贸易进出口数据进行分析，可以发现无论从总体规模还是从贸易逆差上，我国服务贸易都仍然存在不少问题。

（二）我国服务贸易的竞争力指数

表 10-1 提供了对我国服务贸易竞争力指数（即 TC 指数）的估算。该指数是对一国某产业的进出口差额与总额进行比较，即 TC 指数 =（出口 - 进

表 10-1 中国服务贸易进出口变化与竞争力指数

年份	出口总额	进口总额	进出口总额	进出口差额	TC
1990	57	41	98	16	0.163265
1991	69	39	108	30	0.277778
1992	91	92	183	-1	-0.00546
1993	110	116	226	-6	-0.02655
1994	164	158	322	6	0.018634
1995	184	246	430	-62	-0.14419
1996	206	224	430	-18	-0.04186
1997	245	277	522	-32	-0.0613
1998	239	265	504	-26	-0.05159
1999	262	310	572	-48	-0.08392
2000	301	359	660	-58	-0.08788
2001	329	390	719	-61	-0.08484
2002	394	461	855	-67	-0.07836
2003	464	549	1013	-85	-0.08391
2004	621	716	1337	-95	-0.07105
2005	739	832	1571	-93	-0.0592
2006	914	1003	1917	-89	-0.04643
2007	1217	1293	2510	-76	-0.03028
2008	1464	1580	3044	-116	-0.03811
2009	1286	1582	2868	-296	-0.1032
2010	1702.5	1921.7	3624.2	-219.2	-0.06048

资料来源：《中国商务统计年鉴 2011》。

口）/（出口+进口）。如果 TC 指数大于零，说明该产业具有国际竞争力，若 TC 指数小于零，则该产业不具备国际竞争力。我国服务贸易从 1995 年之后便一直是逆差，TC 指数也均小于零，从 1999 年到 2003 年一直在 -0.08 徘徊，2004 年之后开始有所缓和，但 2009 年由于逆差的显著增大，TC 指数超过 -0.1，2010 年逐渐开始缩小。这表明我国服务贸易虽然保持了较高的增长速度，但竞争力较低，暂时没有比较优势。这与我国近年来经济高速发展，入世后服务业对外放开，国内对服务业需求旺盛有关。

（三）我国服务贸易行业竞争力指数

表 10-2 提供了我国服务贸易分行业的竞争力指数，国际旅游业在 2009 年首次出现了负竞争力指数，说明我国的国际旅游业受到金融危机的较大冲击，需要进一步调整。计算机信息贸易在 2003 年之后始终拥有正的贸易竞争力指数，而且逐年增大，说明我国的计算机信息业拥有很大的发展潜力，可以成为发展服务贸易的重点。专利特许费在我国的服务贸易中始终处于弱势，贸易竞争力水平在服务贸易各行业中一直处于最后一名。由于

表 10-2 中国服务贸易分行业竞争力指数

年 份	2001	2002	2003	2004	2005	2006	2007	2008	2009	2010
运 输	-0.42	-0.41	-0.40	-0.34	-0.30	-0.24	-0.16	-0.13	-0.33	-0.30
旅 游	0.12	0.14	0.07	0.15	0.15	0.17	0.11	0.06	-0.05	-0.09
通信服务	-0.09	0.08	0.20	-0.03	-0.11	-0.02	0.04	0.02	0.00	0.04
建筑服务	-0.01	0.13	0.04	0.05	0.23	0.15	0.30	0.41	0.23	0.48
保险服务	-0.85	-0.88	-0.87	-0.88	-0.86	-0.88	-0.84	-0.80	-0.75	-0.81
金融服务	0.12	-0.28	-0.21	-0.19	-0.05	-0.72	-0.41		-0.27	-0.04
计算机信息	0.14	-0.28	0.03	0.13	0.06	0.26	0.33	0.33	0.34	0.18
专利特许费	-0.89	-0.92	-0.94	-0.90	-0.94	-0.94	-0.92	-0.90	-0.93	-0.6
国际咨询	-0.26	-0.34	-0.29	-0.20	-0.07	-0.03	0.03	0.15	0.16	0.51
广告宣传	0.04	-0.03	0.03	0.10	0.20	0.20	0.18	0.06	0.07	-0.88
电影音像	-0.29	-0.53	-0.35	-0.62	-0.07	0.06	0.35	0.24	-0.50	0.20
其他服务	0.12	0.28	0.40	0.31	0.29	0.27	0.19	0.06	0.14	0.35
别处未提及的政府服务	0.30	-0.10	-0.12	-0.17	-0.11	0.07	-0.22	-0.16	0.06	-0.09

资料来源：商务部中国服务贸易统计资料 2011（商务部网站）。

该行业在科技时代的重要性，其竞争力水平有待加强。2000~2009年，另一个有着较大变化的就是国际咨询行业，该行业的竞争力指数在2006至2007年间由负转正，之后逐年增加，说明该行业的竞争力有所加强。其他各行业在此期间的竞争力水平变化不大，大部分都还处于竞争弱势，所以从结构上看，我国服务贸易各行业都需要得到支持和强化。

（四）近年来中国服务进出口行业结构特点

近年来，运输和旅游两个传统行业在中国服务贸易总额中继续占有最大份额，但仍处逆差状态；建筑服务出口高速增长；以计算机和信息服务、咨询为代表的高附加值行业进出口保持增长，顺差规模扩大；保险服务、专有权利使用费和特许费逆差有所增加。

1. 旅游贸易现逆差

旅游曾长期是中国服务进出口的顺差大项，但继2009年首次出现逆差后，一直未能扭转逆差局面。2010年，中国旅游出口458.1亿美元，比2009年增长15.4%；进口548.8亿美元，同比增长25.6%；逆差90.7亿美元。

2. 运输、专有权使用费和特许费逆差持续扩大

运输服务贸易是中国最大的服务贸易逆差行业。2010年，中国运输服务出口342.1亿美元，进口632.6亿美元，逆差290.5亿美元，同比扩大26.3%。专有权利使用费和特许费出口8.3亿美元，为2009年同期的2.075倍；进口130.4亿美元，同比增长17.48%；逆差122.1亿美元，同比增长14.11%。

3. 金融服务贸易逆差大幅度减小，保险服务仍为逆差

2010年，中国金融服务出口13.3亿美元，增长204%；进口13.9亿美元，同比增长91.2%；贸易差额由2009年的逆差3亿美元转为逆差0.6亿美元。保险服务出口17.3亿美元，同比增长8.2%；进口157.5亿美元，同比增长39.3%；逆差140.3亿美元，同比增长44.64%，为中国第二大服务贸易逆差行业。

4. 建筑服务顺差显著

2010年，中国建筑服务出口144.9亿美元，增长迅速，比2009年增长53.2%；进口50.7亿美元，同比减少13.6%；顺差大幅度提升，达94.2亿美元,是中国第二大服务贸易顺差行业。

5. 计算机和信息服务贸易加速增长,继续保持顺差

2010年,中国计算机和信息服务出口92.6亿美元,比2009年同期增长42.1%;进口29.7亿美元,比2009年同期微幅下降8.3%;顺差62.9亿美元,比2009年增长90.6%。咨询出口227.7亿美元,同比增长22.3%;进口150.9亿美元,同比增长12.5%;顺差76.8亿美元,为中国第三大服务贸易顺差行业。

6. 传统服务是拉动中国服务贸易增长的主要动力

运输服务、旅游在中国服务进出口总额中的占比超过50%,是促进服务贸易总量增长的主要动力。遭受国际金融危机的重创之后,2010年全球运输市场回暖,运价回升,运输服务贸易恢复较快增长,世界运输服务出口由2009年的下降23%转为增长14%。2010年,中国运输服务进出口总额为974.7亿美元,由2009年的下降21%转为增长39%,在中国服务进出口总额中的占比由2009年的24.5%上升到26.9%。

2010年,中国入境旅游市场逐步恢复,出境旅游市场再度升温。上海世博会和广州亚运会的召开将入境旅游推向高潮,而居民消费观念的日趋理性以及人民币的持续升值促进了出境旅游的增长。2010年,中国入境旅游人数(含港澳台同胞和外国人)较2009年增长5.8%,出境旅游人数同比增长20.4%。中国旅游进出口总额首破千亿美元,达1006.9亿美元,居各项服务进出口总额之首,同比增长20.8%。其中,出口458.1亿美元,同比增长15.5%,拉动中国服务出口4.8百分点;进口548.8亿美元,同比增长25.6%,拉动中国服务进口7.1个百分点。

7. 高附加值服务助推中国服务出口迅速增长

随着产业结构调整步伐的加快,以高附加值为主导的产业体系加快转型,中国服务贸易结构趋于优化。近年来,以咨询、计算机和信息服务为代表的高附加值服务出口增势迅猛,有力地推动了中国服务出口的增长。2010年,中国咨询出口总额为227.7亿美元,同比增长22.3%,占中国服务出口总额的13.4%。中国计算机和信息服务出口92.6亿美元,同比增长42.1%,占比为5.4%。专有权利使用和特许费、金融服务占比虽小,但出口增幅显著。2010年,中国专有权利使用和特许费、金融服务出口额分别比2009年同期增长93.4%、204.6%。

（五）服务贸易对内外需的促进作用

1. 服务贸易对外需的直接促进作用

我国的经济发展方式是以外向型经济为主导的，外需的稳步提高是我国经济发展的主要动力之一。而我国的外贸出口长期以来均以低质量低价位的产品作为主导，在国际经济形势和我国国内生产资源成本增长的态势下，如何保持我国外需的稳定增长将成为新时期的重要课题。国内外实践表明，加快发展服务贸易成为保持我国外需增长的关键。服务贸易的发展本身可以提高我国外贸出口的增长，而且由于服务产业在国民经济中的特殊性，还可以通过其对其他产业的服务与带动作用，进一步促进第一、第二产业出口质量的提升，从而对整个国民经济的外需出口起到促进作用。具体可以解释为，通过服务业与生产性产业的整合，形成新的更高层次的国际竞争力，从而形成一个在外贸出口结构中产业平衡，各产业内部相互协作、良性互动、相互促进的外贸出口新格局，全面提升我国外贸出口的层次与水平。

2. 服务贸易对内需的直接促进作用

我国内需发展中的两个主要限制因素就是消费结构与产业供给结构的不协调，以及消费者收入对其消费能力的限制。如果可以解决这两个主要的限制因素，则我国的内需消费可以上到一个新的台阶。目前我国产业供给结构的不平衡，导致某些产业供大于求，而某些产业供给不足。故而通过发展服务贸易和相关的服务产业可以有效地调整现存产业结构，使其向合理的方向发展，在促使供给结构平衡的基础上，解决消费和供给结构之间的矛盾，从而促进我国内需的发展。从另一个角度来说，服务贸易和服务业的发展，本身可以在优化产业结构的基础上，通过创新、技术外溢、正的外部性等经济效用，对经济的发展和 GDP 的扩张起到促进作用。在经济发展和 GDP 的扩张过程中，可以创造新的就业机会和扩大高收入人群的比例，进而提高我国消费者的消费能力，扩大内需。

3. 服务贸易对我国经济转型的影响，继而对内外需的促进作用

我国一直是一个以外需为主要动力推动经济发展的国家。凭借着廉价劳动力、土地、资本等生产要素，中国经济取得世人瞩目的成绩。但这种经济增长方式本身存在不少缺陷，导致我国的内需和外需发展极不平衡，直接影响了经济发展的潜力和可持续性。而要解决上述问题,"经济服务化"是一个正确的发展方向。配第-克拉克定理早已揭示了三次产业间的结构演化规律,服务业将成为现代社会主导经济发展的产业。美国经济学家西蒙·库兹涅茨和钱纳里等学者,通过实证研究证明了经济发展过程的"服务化"现象。所以,我国从农业经济到工业经济再到服务经济是产业发展的必然规律。服务业和服务贸易成为经济发展的主导动力,与其自身的一些优良特性密不可分。一是较强的中间投入效应。生产性服务业是中间性消费,能够带动一国基于比较优势展开分工的产业链快速发展。二是较好的产业关联效应。生产性服务业与制造业有着千丝万缕的联系,能够产生"牵一发而动全身"的效果。三是促进人力资本、技术知识的集聚,产生规模效应。

因此,发展服务贸易和生产性服务业,是解决我国当前经济问题进而解决内外需问题的主要途径。

三 我国服务贸易在促进内外需发展过程中存在的主要问题

(一) 服务贸易总体竞争力水平低对内外需的影响

从上述分析可以看出我国服务贸易的竞争力水平较低。没有形成完整的行业性比较优势,无法进一步发挥我国大量闲置劳动力的优势(包括一部分较高教育背景人才)。表10-3给出了近几年美国的服务贸易竞争力状况。

表10-3 美国的服务贸易竞争力指数

项目\年份	2006	2007	2008	2009	2010
服务贸易(不含政府服务)	0.124731	0.163092	0.173662	0.178137	0.182861
运输	-0.15246	-0.10625	-0.07257	-0.05818	-0.039957
旅游	0.159245	0.186203	0.220681	0.206179	0.235486
其他商业服务	0.227341	0.259336	0.254401	0.245409	0.225144

资料来源:WTO数据库。

从表 10-3 中可以看出，美国的服务贸易竞争力一直呈现强劲增长势头，即使是一直处于负值的运输业，其竞争力指数也在不断提高。总的服务贸易竞争力指数更是从 2006 年的 0.125 增强到 2009 年的 0.178，增加了 42.4%。2010 年，美国服务贸易总额 8764.09 亿美元，遥遥领先第二名德国。其中，美国服务出口 5183.35 亿美元，服务进口 3580.74 亿美元，顺差达到 1602.61 亿美元。与之相比，我国的服务贸易竞争力指数却一直是负值。

我国服务业发展水平与国际水平的差距，直接导致了我国服务贸易中逆差的存在，尤其是一些知识型服务贸易，如知识产权、专利使用等，其贸易逆差更为严重。这样的贸易逆差对就业来说会产生双重影响，首先是由于相关产业或企业的弱势而无法解决过剩的就业问题，无法创造大量就业机会；其次是导致贸易逆差的大量进口会直接挤占国内的就业机会，减少国内企业的市场份额，最终会影响到内需消费。

此外，我国内外需发展过程中最突出的问题是服务贸易和第三产业发展滞后。在外需中，服务出口所占比重过小，而商品出口比重过大。同样，在我国的内需供给中服务业的比重太轻，第二产业过重。这些问题都会影响到我国内外需的进一步提升，因此提高我国服务贸易的竞争力，加强我国服务业的发展水平，对于促进我国内外需，拉动消费，有着显著的意义。

（二）服务贸易自身结构不合理对内外需的影响

我国服务贸易自身存在着结构不够合理的问题，表现在运输、旅游等传统服务贸易居主导地位，信息技术、金融、保险和专利使用等现代服务则占比偏低。以旅游贸易为例，2010 年旅游出口在服务贸易总出口中占 27%，而旅游出口和运输出口二者合计要占服务贸易出口总额的一半以上，比重偏高。很明显，具有劳动密集型和资源密集型的旅游和运输行业在我国服务贸易中占有优势地位。而保险、计算机信息、专利特许费和咨询服务等知识型服务贸易所占比重很轻。2010 年金融、保险、通信和计算机信息在我国服务贸易中所占比重合计为 9.59%，而同年美国这四项合计比重达 54.77%。这说明我国新兴的知识、技术和资金密集型服务贸易发展有限，比重偏低，有待加强。在区域发展方面也存在不平衡问题，北京、上海、广东、浙江、天津等东部沿海省市，目前已成为服务贸易发展的主力军；中西部地区、东北地区服务贸易相对落后。

由于服务贸易结构的调整对促进服务贸易本身有着不可估量的作用,而且对商品贸易和内需消费有着明显的促进作用,服务业和服务贸易本身就可能对其他产业的配套服务、弱势的服务业和服务贸易,以及其他行业的发展会造成迟滞效应,从而影响到整个外贸出口和国内消费。服务贸易中一些比重偏小的弱势产业,具有重要的拉动作用,可以带动相关产业的优化升级,尤其是知识型产业。因此调整服务贸易结构、优化服务业比重、发展新兴的知识和资本密集型服务业,将会有助于我国内外需的提升。

(三) 服务贸易开放程度低、管理水平落后对内外需的影响

服务业的开放发展对服务业和服务贸易都是有利的。服务业的外商直接投资可以带来先进服务技术和管理经验,有助于我国服务业质量的提高。但目前我国服务贸易发展规模较小,服务贸易领域开放程度仅在 6% ~ 7% 左右,严重影响了服务贸易的发展和服务业的升级。例如金融服务业和电影音像服务业,由于过度的产业保护,极低的开放程度,导致其在服务贸易当中的比重仅为 0.7% 和 0.1%。这样的低开放程度,直接导致我国服务业和服务贸易相关企业的管理水平落后,与国际脱轨,进而影响到我国知识型服务业和服务贸易的发展。

综观改革开放以来,由于我国服务贸易和服务业的开放程度不高、管理水平落后,不仅仅影响到服务业和服务贸易本身,而且会严重影响到服务业对其他产业的带动作用,使得服务业尤其是对生产部门提供服务的服务业无法发挥出应有的作用。因此,服务贸易和服务业开放程度和管理水平的提升,将会有助于整个外需和内需的发展。

(四) 低效率的垄断服务业对服务贸易和内外需的不利影响

由于我国相当一部分的服务业拥有垄断经营地位,例如通信、电信、金融、银行等,导致这些服务业和服务贸易企业缺乏相关的竞争机制,对服务业和服务贸易的整体发展不利。通信业和国有银行都是消费者投诉比较高的行业。在市场中如何把这些垄断企业的垄断优势转化成竞争优势,提高其整体服务水平,加大其出口中的优势地位是一个重要的问题。

垄断性服务业的低效率和其垄断地位，除了会导致这些垄断企业本身缺乏竞争优势以外，还会凭借其垄断地位阻止非公民营新兴企业的进入，这样的市场非公平和低效率最终会影响整体经济的就业和有效消费需求。很明显，这些垄断服务业的低效率不仅仅会影响到其本身的发展，也会直接影响到和其相关的其他产业的提升，甚至影响到消费者的消费心理，从而对内外需和整个国民经济产生严重的影响，如何解决这种垄断低效率的不利影响，成为提高整体经济效益、发展内外需的重要课题。

四 服务贸易的发展与内外需的良性互动机理

（一）扩大内需，在发展服务贸易的基础上，拓展外需；以外需为诱导，在发展服务贸易的基础上，提高就业与内需消费

本研究在实证计量分析的基础上，对我国服务贸易和内外需的关系加以探讨。利用 EVIEWS6.0 软件对现有的服务贸易和内外需相关数据进行分析，以寻找答案。由于所有的数据都是时间序列数据，且年份比较短，故而对这些数据进行单位根检验（Unit Root test），结果发现除了竞争力指数外，几乎所有的变量都有一阶或以上自相关现象。另外运用协整检验（Cointegration test），没有发现严重的协整关系，最后决定使用 VAR 和格兰杰因果关系分析模型对 1990～2008 年的全国整体内外需变量、服务贸易竞争力指标、服务贸易净出口和服务贸易出口总额等时间序列变量进行简单的计量分析。其中内外需变量是将全国 GDP 总量减去服务贸易之后得到的数据，代表整个国民经济中除了服务贸易以外的所有内需和外需。数据来源是国家统计年鉴和外汇管理局的中国国际收支报告。

表 10-4 中 FW 是服务贸易出口总额，NWX 为全国的内外需总额。在以上模型中可以看出，服务贸易出口总额具有很大的一阶自相关现象，其二阶基本没有自相关现象。内外需总额变量在一阶和二阶上都有一定的自相关性，但都不严重。从两个不同变量的关系来看，内外需总额变量对服务贸易出口总额并没有什么显著的影响，但是服务贸易出口总额对内外需变量却有很大的影响（尤其在一阶滞后变量上），不仅仅是正相关关系（40.63），而且具有显著的统计量（6.05）。这说明，内外需变量对服务贸易的发展没有

第十章
服务贸易对内外需互动的影响

表 10-4　VAR 估计结果

项目	FW	NWX	项目	FW	NWX
FW(-1)	1.04	40.63	NWX(-2)	-0.004	-0.49
	(2.56)	(6.05)		(-0.22)	(-1.51)
FW(-2)	0.47	21.99	C	-8.25	4277.16
	(0.55)	(1.56)		-(0.11)	(3.69)
NWX(-1)	-0.002	-0.51	R-squared	0.99	0.99
	(-0.09)	(-1.55)	F-统计量	392.34	1059.78

什么影响，但是服务贸易的发展却可以明显地促进内外需的提升。为了进一步强化以上结论，本研究利用格兰杰因果关系分析模型加以验证，发现内外需变量与服务贸易竞争力指标、服务贸易净出口这两个变量之间的关系很模糊，无法得到确认，主要原因是目前服务贸易大量的进口使得整个互动关系无法得到证明。因此，本研究再次利用剔除了进口因素的服务贸易出口总额这一变量。其结果非常明显，服务贸易出口总额就是内外需变量的促进因素，其 F 统计量达到 23.48，在 99.99% 的基础上认定了这一关系。而内外需变量却不能明显地促进服务贸易这一论断，也在 97% 的统计显著性上得到证明。

从以上分析可以看出，服务贸易的发展不仅仅对服务业而且对整个国民经济的内外需都会产生强烈的刺激效应，因此大力发展服务贸易和相关产业对促进内外需的良性互动拥有积极的意义。就对策思路来说，可以从以下几个方面入手。

首先，发展本土服务业，带动服务贸易发展。通过对国内服务业的扶持，使其得到优化升级，进而带动服务贸易的发展。

其次，升级服务业产业结构，提高服务贸易竞争力。对我国目前的不合理服务业产业结构进行调整，发展与当代国际经济相衔接并且拥有竞争优势的服务产业，进而带动服务贸易和整个内外需的发展。

最后，在服务贸易稳步发展的基础上，促进国际服务产业（金融、计算机信息、研发中心等）向我国转移。通过引进先进的技术和管理经验，来改造升级我国现有服务业，不仅强化了我国的服务业和服务贸易，提高其竞争力并扩大了外需，而且可以创造大量就业机会，扩大内需。

(二) 服务贸易对内外需互动的影响

由于服务贸易本身的特殊性,它的发展对整个内外需的影响体现在多层次、多方面,下面就服务贸易中各个不同行业对内外需的影响分别加以论述。

1. 国际金融业的发展可以改善贸易与投资的环境

国际金融业除了面向个人提供服务外,更大宗的交易往往是为其他产业提供金融服务的。因此,一个国家国际金融业的发展与发达程度,本身就是其完善国际投资环境的一部分。此外,适度开放和发展金融服务市场还将有利于外资的流入,改善国际收支状况。因此,开放和发展国际金融服务业可以在改善贸易与投资环境的基础上,增加国内外市场机遇,同时扩大内需和外需份额。

2. 国际旅游业对内外需的促进作用

由于国际旅游业的发展,在吸引国外游客的基础上,可以带动一大批相关配套服务业和旅游产业的进步,因此国际旅游业的扩展可以创造大量就业机会,通过增加国际旅游收入,扩大内需。

3. 国际通信与计算机信息服务对内外需的影响(如国际销售网络EBAY 等)

随着全球科技的发展,国际经济领域中通信与计算机信息服务所占比重越来越大,信息产业产值收入占国民经济比重显著提升。在我国该产业也已经成为经济中重要的战略性产业,对经济的科技化改造和引导日益深刻。此类产业的发展,除了自身可以吸收大量劳动力以外,也可以带动相关产业的发展,并为整个国民经济的结构升级提供动力,是扩张我国内外需的重要因素。

4. 其他服务贸易对内外需的影响

除了上述行业以外,服务贸易中的运输行业在我国服务贸易中占有一定优势,发挥这种劳动密集型服务贸易行业,也有助于目前内外需的扩张。此外,专利特许费和咨询服务等知识型服务贸易行业,对于整个经济的升级有着不可估量的作用,尽管此类产业在我国尚未成熟,但其对内外需的潜在的作用不可忽视。

第十章
服务贸易对内外需互动的影响

综上所述，从对我国实证计量分析的结果来看，服务贸易出口的发展确实对整个国民经济的内外需都会产生重要的促进作用，因此要充分运用这一经济规律，将其作为"十二五"时期促进我国内外需的重要手段，以服务贸易和服务业为媒介：从扩大内需的角度出发，通过发展服务业，拓展外需；从扩大外需的角度出发，通过发展服务贸易，提升内需，进而形成一个良性的互动机制。

（三）发展服务贸易促进内外需互动的政策思路

第一，抓住后金融危机时代，国际经济向绿色、低碳、环保发展的机遇，发展我国的服务贸易和生产性服务业，进而优化整个国民经济的结构，促进内外需向可持续发展的方向转变。

第二，进一步深化服务贸易管理体制改革，加快我国生产性服务业的市场化步伐，开放我国的服务业市场，通过国际服务企业的直接投资加快向我国的技术外溢，提升我国服务贸易与服务业的国际竞争力，从而促进内外需的增长。

第三，引入新型的服务贸易合作发展模式，从制度创新的角度，通过国内与国外的合作伙伴关系，充分利用国际金融市场的融资手段，在我国建立新型的服务产业，填补我国在相关服务贸易和服务业领域的空白，缩短我国与国际先进水平的差距，从而提高我国外需出口的发展潜力。

第四，积极发展服务外包业务，以服务外包为引擎带动整个服务业的发展。服务外包是经济全球化影响下，国际服务业发展的主要趋势，可以极大地提高产业竞争力。因此，大力发展服务外包，在全面提升本土服务贸易和服务业的基础上，引入新的企业管理经验和贸易经验，进而可以提高我国现有服务业的水平，促进我国内外需良性发展。

第五，推动产业集聚，实现制造业、服务业联动发展新格局。制造业与生产性服务业原本就有着互相依赖、互相促进的关系，要顺应制造业与服务业关联度日益提高、日益融合的趋势，促进功能性分工，提高生产效率。产业集聚是生产性服务业发展的有效组织形式，集聚化易于形成主导产业发展的规模经济效应与范围经济效应。中国应积极引导生产性服务业集聚式发展，发挥其聚集效应和辐射效应，提高生产性服务业的整体实力和对制造业的配套服务功能。

第六，政府在政策层面和项目层面两个方面，可以对我国的服务贸易和服务产业加以扶持。在项目层面上，可以对一些新型的和重要的服务业项目进行具体的资金、科技、税收等方面的指导和帮助；在政府扶持政策层面上，可以制定相应的政策措施。

五 服务贸易在促进内外需互动过程中的政策建议

（一）打破行业垄断，开放服务市场，增强服务贸易国际竞争力，以质量提高促进内外需

从我国服务贸易分行业竞争力水平来看，占服务贸易比重较大的行业往往是市场发展较完善、竞争力较强的行业（如旅游业和运输业），而垄断程度高的行业所占的比重相对较低，进出口贸易份额也较弱。随着我国经济的转轨，对服务业提出了更高的要求，量的扩张和垄断并存导致垄断服务业质量低下。垄断制度虽然从短期看可以对国内服务业加以保护，但从长期看则不利于形成企业良性的外部发展环境，最终会导致整个行业竞争力低下。因此，只有尽快打破行业垄断，开放服务市场，才能提高我国服务贸易的国际竞争力。进而，利用服务贸易质量的提升，对我国内外需的发展起到促进作用。

（二）保护相关服务幼稚产业，加大服务贸易发展扶持力度，以行业发展促进内外需

保护我国幼稚服务产业，加大对行业的扶持力度，利用服务贸易总协定的相关规则保护不具有优势的行业。对我国国内需求较大而处于竞争劣势的服务行业根据幼稚产业理论制定相关政策加以保护，以促进我国服务业均衡发展，为服务贸易提供更坚实的基础。在此基础上，利用行业的发展优势，促进我国内外需的提升。

（三）引入新型服务产业，优化服务贸易结构，以结构优化促进内外需

目前，我国服务贸易产业结构不合理，不少行业发展空缺。因此，要引

入新型服务业，优化服务贸易结构。要根据服务产业部门的发展潜力，优先发展具有一定优势的服务行业，提高这些行业的技术含量，增加贸易的附加值。在保证运输、旅游等服务贸易部门继续发展的同时，将计算机信息技术、金融、保险、咨询、文化创意、专利使用费、广告宣传等技术密集型和知识密集型服务行业作为发展重点，推动服务贸易多元化发展。扩大通信、金融、计算机信息服务、文化等行业利用外资的规模。在调整服务业结构的同时，提高服务贸易竞争力。在此基础上，促进整个国民经济内外需的均衡发展。

（四）优化服务产业组织结构，培育国际服务贸易企业集团，以产业提升促进内外需

在优化服务贸易产业结构的基础上，培育具有国际竞争力的服务贸易企业集团。要组织各地区根据国家服务业发展的目标，加快提升服务经济在产业结构中的比重，促进服务业与制造业之间的联系，在形成产业链的基础上，增强服务贸易功能，培养大型服务贸易企业集团，实现以制造业为主向服务业为主的经济结构转变。吸引外资能力较强的地区，更要注重提高技术含量，充分发挥当地产业优势，培育与之相配套的服务贸易集团，推动当地的服务贸易发展。在此基础上，拉动就业、消费与外贸，促进整体内外需的提高。

（五）完善服务贸易管理体系，以完善管理促进内外需

建立和完善服务贸易管理体系，在建立科学的管理体制基础上，对我国服务贸易实施有效的宏观管理。可以借鉴国际管理经验，建立一套高效的管理体系，同时完善我国服务贸易领域的立法。在借鉴发达国家经验的基础上，结合我国国情制定出符合我国的服务贸易法规。在提供并完善对外服务贸易法规的基础上，把服务贸易管理的主要职能放在出口促进、进口损害的管制、对外谈判等方面，保障各管理部门之间的协调工作。要破除地方条块分割，建立统一的管理机构，形成一个健全的服务贸易管理体制。在完善管理体制，发展服务贸易和服务业的基础上，促进内外需的提升。

（六）国际化人才的引进和培养（在国际服务贸易中尤为突出），以人才培养促进内外需

由于国际服务贸易的行业特性，对行业高端人才的要求比较严格，需要拥有相关专业和国际背景的贸易与交流人才，目前此类人才在我国比较缺乏。因此，要加大对相关教育产业的投资，建立服务贸易培训机构，加快服务贸易人才的培养。对有关人员，按规定给予国外留学的便利。同时，要完善人才的激励机制，充分调动人才的积极性。以人才优势，扩大外需，进而影响内需。

第十一章
我国城镇化对内外需互动的影响

一 问题的提出

2012年末我国城镇化水平为51%，但与发达国家和地区80%以上的城镇化率相比仍有较大的差距。当前，我国经济社会正处于加速发展的重要战略机遇期，城镇化是支撑我国经济持续增长的重要动力之一。要充分利用内需和外需两股力量拉动我国经济健康发展，就必须重视城镇化建设；也只有大力推动城镇化发展，我国才能建立起内外需良性互动的机制。

城镇化发展，尤其是加快发展中小城市和县域城镇化战略是我国最大的内需所在。城镇化可以引发消费需求，培育高消费群体；城镇化可以刺激投资需求，扩大民间投资；城镇化有利于农村农民农业实现产业结构转型，推进经济的服务化，壮大中产阶级消费群体；城镇化有利于实现安居乐业的市民梦，培育创业者和新型农民。城镇化极大地促进了服务业的发展，有利于实现产业结构的转型。大力发展服务业特别是生产性服务业，对于加强和改善供给，扩大就业，拓宽服务消费，扩大服务贸易规模，提升外需对经济发展的促进作用，具有十分重要的战略意义。

目前制约城镇化发展的问题主要在于制度方面，其中，土地制度又是其中一个重要方面。如何破解以土地制度为核心的制度约束是实现我国内外需良性互动的关键。针对这一问题，本章提出了关于相关制度改革的建议。

二 城镇化对内外需发展的促进作用

（一）城镇化是扩大内需的着力点

我们讲扩大内需，最大的内需在城镇化，最雄厚的内需潜力在城镇化。当前和今后相当长一段时间，我国城镇化处于快速发展阶段。在这个历史阶段，应以加快城镇化为依托，调整优化城乡和区域结构，扩大消费需求和投资需求，促进经济长期平稳较快发展。根据预期，我国城镇化快速发展还能持续相当长一段时间，到2030年，城镇化率将达到65%左右，各类城镇将新增3亿多人口，这必将为扩大消费、拓宽投资领域和培育新兴市场提供强大、持久的经济增长动力。

首先是释放投资新领域。城镇化可以刺激投资需求，扩大民间投资。城镇化可以大大地加速房地产业的发展。在这一次应对金融危机的过程当中，房地产扮演着非常重要的角色，房地产的复苏首先成为这次经济复苏的领头羊。有人认为，中国有新的三驾马车：房市、车市、股市。2012年强劲的复苏背后房市、车市、股市扮演非常重要的角色。农民的市民化将引爆巨大的市场需求，其中首先就是带动房地产业的发展。同时，城镇化也可以有效地带动民间投资。当前强劲的复苏背后主要是靠政府的投资，未来民间投资怎样接力政府投资是经济持续增长的关键。城镇化与民间投资紧密相连，比如温州模式、晋江模式和苏南模式，这些地区的城镇化主要就是靠民间投资带动的。城市基础设施建设方面，民间投资也是非常重要的，比如地铁奥运支线民间投资占到95%，北京地铁4号线民间投资也占到30%，杭州跨海大桥也是民间投资占到30%，所以公共投资和民间投资合作共进才能发挥重要作用。另外，城市基础设施以及公共服务的发展，也可以带动公共服务的均等化。

加快推进城镇化进程，可以通过城镇化带动基础设施投资、房地产投资和城市相关产业投资，产生持续、巨大的投资需求，有关研究表明，近年来每增加1个城市人口带动城镇固定资产投资50万元。以2008年的数据计算，如果将城镇化速度加快0.5个百分点，即多增加约660万城镇人口，将

第十一章
我国城镇化对内外需互动的影响

新增投资 3.3 万亿元，占全年固定资产投资总额的 19.2%。由此引发的投资增长不仅可以缓解钢铁、水泥等行业产能过剩的压力，同时也能为新转入的城镇人口创造出大量就业机会，保证居民收入和消费需求的增长，使国内需求空间得到极大释放。

其次是培育提升新兴市场。城市和农村消费有着很大的差别，城市的消费更能拉动经济的增长。从自发性消费来看，城镇居民的基本消费需求明显高于农村居民；消费观念的差异以及城镇居民的消费环境优于农村居民的消费环境；城镇居民的整体生活水平高于农村居民的整体生活水平。城镇居民的平均边际消费倾向与农村居民也有显著差别，按照 1985 年不变价格，平均每增加 1 元的收入，城镇居民和农村居民平均消费支出分别增加 0.90 元、0.79 元，城镇居民比农村居民多增加 0.11 元的消费支出。

在二元结构下，占人口大多数的农村人口聚集于第一产业，第一产业增加值仅占 GDP 的 11.3%，导致收入水平偏低，消费能力受到较大制约。要提升我国的消费水平，使消费成为经济发展的新引擎，就要加快城镇化的进程。中国 50 多年的城镇化历程表明，工业化和经济增长带动了城镇化，城镇化又会大力推动工业的发展和经济的增长。

随着城乡居民生活水平的提高，人们对餐饮、音乐、图书、旅游、健身、新媒体、心理咨询等全方位的服务需求不断增加，一些适应新的消费需求的服务业也开始加速发展，对满足人民生活需要、提高人民生活质量、拉动经济增长和创造就业机会发挥了重要作用。

城镇化对于我国扩大内需有着重要意义。我国当前城镇人口增长主要不是城镇人口的自然增长，而是大量农村人口，特别是农村劳动力的增长。当前吸引农村劳动力向城镇转移的主要原因是其在城镇部门就业能够获得更高工资（劳动收入），因而与城镇化率对应的城镇劳动收入水平是城镇化拉动消费需求的关键因素。

中国人均劳动收入对应的城镇化率并非明显低于其他国家，甚至在一定程度上还明显高于老牌工业化国家。美国人均劳动收入与城镇化率的比值是中国相应比值的两倍。印度和巴西 1950~1980 年的比值都较低，其城市化开始于较低人均劳动收入的基础上，城镇化拉动内需的作用非常有限，直接后果就是 1980 年代的经济社会困境。非常值得注意的是，中国 1978~1995

年之前人均劳动收入水平对应的城镇化与那些城镇化非常迅速的新兴国家大致相当，说明中国当时出现了一定程度的过度城镇化倾向，直到1995年以后这种情况才有所好转。这种情况表明早期中国城镇化过程拉动内需，特别是消费需求的动力似乎并不是很强，因为进城农村劳动力绝对收入和相对收入都没有明显提高，难以持续扩大消费，而随着城镇化率对应的人均劳动收入的逐渐增加，农村劳动力向城镇转移所产生的收入消费也相应增加，城镇化扩大消费需求的动力也越来越足。

（二）城镇化与拉动内需存在内在的关联机制

中国进入快速城市化阶段，为我们利用城镇化扩大内需提供了有利条件和时机，但是，要确实获得城镇化拉动内需的红利，还必须深入了解城镇化扩大内需的机制和机理，进而才能找到合适的应对措施。城镇化过程存在众多参与者，包括政府、私人投资者、新进入城市人口（进城农村劳动力）与城镇原住民，需要分别探讨他们各自与扩大内需的关系以及其相互作用对扩大内需的影响，从而梳理出城镇化影响内需的内在机制。

从农村向城镇转移的劳动力是当前我国城市净新增人口的主要来源，可以带来居民消费增长。一方面，劳动者从农业转入非农业产业，其劳动生产率明显提高，收入水平将得到提高，进而其消费能力和消费水平可能得到相应提高；另一方面，农村劳动力的吃、穿、住、行等生活和消费行为可能增加城镇原住民的收入，进而推动城镇原住民消费水平的提高。政府在城镇化过程中起着非常重要的作用，它对扩大内需产生全方位的影响。政府的基础设施和服务等公共投资将直接拉动投资需求。同时，政府公共投资还可以刺激企业投资。在很多时候，政府公共项目的建设是私人投资并获益的基本前提，如国家高速公路与铁路网的建设就明显刺激了各地房地产开发商在公路和铁路沿线的房地产投资规模和数量。另外，作为公共管理和服务部门，政府公共支出和经济社会发展政策能够改变城镇从业人员的收入水平、社会福利水平，影响他们的消费决策，进而提高其消费需求。例如，政府可以通过制定最低工资制度、促进劳资双方签订劳动合同、加强社会保障等途径来提高进城农村劳动力的收入水平，从而提升其消费水平。

从企业部门来看，企业可以通过参与公共基础设施建设来获得投资收

第十一章
我国城镇化对内外需互动的影响

益。另外,企业也可以投资于满足居民消费需求的项目,从而获得投资收益。农村劳动力进城后收入会有所提高,消费需求自然增长,消费结构随之变动。为满足他们新增的消费需求,企业会投资于一些商业项目,如房地产、体育文化娱乐设施等。如果政府能投资建立一些公共设施和公共产品,如公共道路交通和基本的文化娱乐场所和设施,不仅能带动相关产业发展,而且也能满足进城农村劳动力持续消费需求。

城镇化对城镇原住民的消费需求也产生一定影响,因为它不仅可能影响城镇原住民的收入水平,也可能改变城镇商品和服务的价格。进城农村劳动力的衣食住行消费将成为城镇原住民增收的新途径,特别是进城农村劳动力往往需要租用房屋,使得大量非城市中心区的城镇原住民获益。另外,进城农村劳动力会带来更强大的劳动生产率,他们的竞争使得商品和服务的价格有所下降,因此,城镇居民对正常商品和服务的消费需求会因其价格的下降而增长。

从城镇化和扩大内需的机制来看,城镇化确实能够将投资需求和消费需求结合起来,它不仅促进政府公共投资,还可以吸引民间投资,不仅可以增加进城农村劳动力的消费需求,而且会提高城镇原住民的消费需求。城镇化扩大内需存在两个关键点,一是进城农村劳动力收入水平需要明显提高,二是政府公共服务和公共基础设施必须与转移劳动力的需要相适应。如果农村劳动力在城镇就业的收入未能明显提高,他们也不能持续增加消费,企业投资也难以从中获利;如果没有政府公共福利和社会保障的支撑,即便进城农村劳动力收入有所提高,其往往更多选择储蓄,而非持续扩大消费。值得注意的是,当前城镇化对扩大消费需求的作用并不明显,特别是当前政府对已进城农村劳动力为主体的灵活就业者的劳动保护力度不够,以及工资增长速度远远低于其劳动生产率的增长速度,城镇化难以持续提升其消费能力。

中国各地普遍已经进入工业化中期阶段,人均收入水平得到明显提高,而部分沿海地区则已经进入工业化后期阶段。

从国际经验来看,在这个时间段内,农业和非农部门的劳动生产率的差距将逐渐由工业化发端开始的扩大逐渐转变为缩小,城镇化步伐明显加快,导致农业就业与农业产业之间的滞后逐渐改善。这样,由于我国人口主要集中在东部和中部地区,我国已经进入城镇化高速发展的时期,但这个过程是经济发展的自然过程,也是世界城市化过程的普遍经验,而非政府推动的过程。也就是说,中国工业化和收入水平积累到了一定阶段,市场和经济发展的内在力量将会推动中国的城镇化加速,已经将中国带入城市化快车道,因而政府无需采用直接政策和措施来推进城镇化发展,否则,这将使中国城镇化速度过快,可能反而导致经济的停滞或衰退以及社会不和谐因素的增多。

(三) 城镇化与扩大出口的必要条件

城镇化与外向型经济有着密切联系。在开放型经济条件下,通过城镇化来为外向型经济的发展创造有利条件,是促进社会经济迅速发展的重要方式。在这一方面,"珠三角"地区的城镇化已经为全国其他地区的城镇化建设积累了丰富的经验。总结其经验就可以发现城镇化建设在促进外需拉动经济增长中具有重要的作用。

首先,"珠三角"地区相对于其他地区的城镇化,其具备更加合理的区域产业体系构建、合理的区域社会发展体系及合理的区域空间结构(或合理的城市体系)。合理的区域产业体系要求各城镇按照自身条件和基础,发挥优势,规避劣势,建立与自身地方性相匹配的产业结构,实施错位发展、优势互补、产业联动。合理的区域社会发展体系,要求最大限度地缩小区际在教育、卫生、医疗、社会保障、就业等基本公共服务在社会发展要素的供给方面的差异,最终实现均等化。合理的区域空间结构,要求完善现有的区域城市体系,建立更高效、更合理的空间结构,这种空间应该是能够增进人际互动的空间,多一些公共和共享的空间,无边界和无隔离的空间,从而使得"珠三角"具备更好的外贸发展基础。

其次,"珠三角"各城镇在经济和社会转型背景下,力求通过产业转型、大力发展装备制造业和现代服务业、不断优化和升级产业结构、主城区的"退二进三"、延长产业发展链条、加速产品结构的高端化、增强企业自主研发能力和科技创新能力、不断增加产业和产品发展的知识和技术含量、在保持出口基础上提升内需对经济发展的贡献,从"制造大省"向"创造大省"转变,从而提升和增强"珠三角"地区的综合发展实力和国际竞争力。

再次,"珠三角"城镇实现一体化协调发展,重点体现在"广佛肇"、"深莞惠"、"珠江中"三大经济圈。城镇群内部各城市在产业合作、商贸联

第十一章
我国城镇化对内外需互动的影响

系、人员往来、旅游发展、生态保护、环境治理、城市管理等方面进行密切合作，为"珠三角"地区的外向型经济发展创造了良好的氛围。同时，"珠三角"城镇还充分利用外部动力，比如加快推进粤港澳合作。"珠三角"地区以往30年的发展有赖于香港转移过来的资金、技术和市场，此后发展仍然依靠于香港先进、高效的发展理念和管理经验，不断学习和效仿香港高度自由、开放的体制和制度。

最后，政府大力推动，实现"双转移"与发展产业转移园区。为有效避免"珠三角"地区各城镇产业低端化、主城区发展空间和城市各自为政的发展问题，广东省委省政府积极推进先进城市、后劲城市的帮扶策略，通过实施"双转移"与后劲地区建立产业转移园区，提出"腾笼换鸟""筑巢引凤"等发展理念，为核心城市的更新升级和腹地城市的崛起提供巨大发展空间。实践证明，"双转移"符合经济发展规律，是基于对经济规律理性把握的自觉选择和主动引导。此举一方面能加速"珠三角"地区核心城市的产业转型和升级，另一方面为发达地区带动落后地区提供机遇，在一定程度上减少区域差异。

综上所述，良好的城镇化建设为发展外向型经济创造了良好的基础，是拉动出口、促进经济增长的必要条件。

三 城镇化是内外需互动的交汇点

城镇化带动内需的增长，是城镇产业结构完善和升级的动力，这一过程会提升服务产业和服务贸易对经济增长的拉动作用。同时，外需的增长反作用于产业结构调整，从而促进城镇化的建设，提高城镇居民收入，扩大内需实力。这一交互作用则是通过与城镇化建设伴生的产业集聚来实现的。

（一）城镇化是实现产业集群的平台

城镇是人才、技术、品牌、渠道等要素的聚集地，而这些要素恰恰是实现有效供给的必要条件，并通过产业集群来发挥作用。产业集群化，是产业呈现区域集聚发展的态势，是推进农村城镇化的主要动力。城镇化的本质就是资源和经济要素在地理空间上的集聚，城镇化进程就是资源和经济要素的优化配置。而产业集群不能凭空产生，是生产力发展的必然过程。18世纪后期爆发的产业革命，使工业化成为近代经济的主要内容，工业化的特征是生产的集中性、连续性，要求在空间上有所集聚，正是这种集聚促成了资金、资源、人力和技术等生产要素在一定空间上的高度组合，由此促进城镇的形成和发展。首先，产业集群化为推进农村城镇化提供了产业支撑。产业集群为城镇化集聚人气，没有产业集聚的城镇，人口就很难充分就业，就没有足够的收入，就很难刺激消费，而没有消费就没有再生产，城镇的发展、人口的集聚是产业集聚的结果。其次，产业集群化为推进城镇化提供了资金保障。集镇建设投入大且乡镇财政可用资金不足，是推进城镇化过程中面临的主要矛盾。而产业集群的发展使资金来源多元化，为城镇建设提供了有力支撑。比如浙江省小城镇的多项建设资金，70%来自民间资本。

农村城镇化是产业集群化的有效载体。首先，农村城镇化能够促进产业集群水平的提升。城镇化的发展带来了人口集约、劳动集约、产业集约、土地集约、资金集约与技术集约，使生产要素由分散无序状态向规模集约型转变。城镇具有较为完善的公共设施，交通、通信、商业金融、服务业及教育、文化娱乐、卫生和社会保障事业不断发展，能够形成较高的聚合效应，降低产业发展成本，增加盈利，为产业结构调整，尤其是第二、第三产业的集聚创造了有利条件。其次，农村城镇化能够推进产业结构的优化。城镇化直接为第二、第三产业的发展提供了发展平台，提高了第二、第三产业的集聚经济效应。城镇化还创造了第二、第三产业发展在环境上的外部经济效应，如劳动力整体素质的提高、公共服务设施和信息服务工作的完善。为实现产业结构由"一、二、三"向"三、二、一"转变提供了新的动力。最后，农村城镇化能够拓展产业集群发展的空间。城镇化带来了消费需求的扩展和升级，城镇化的发展消除了城乡消费断层，提高了农民的消费层次和消费总量。城镇化将内生出新的市场空间，随着城镇的增设和规模的扩大，城镇的引力效应增强，促进整个消费结构和生产结构的升级，形成新的经济增长点。同时，建设性投资需求增加，推动生产资料和生产要素市场的发展，为投资提供了更大的空间，为推进产业集群创造了条件。

产业集群化与农村城镇化互动发展，提升了区域整体竞争力。产业集群化是城镇化的加速器，农村城镇化是产业集群化的必然结果。浙江省经济增长速度连续10多年高于全国平均水平，人均GDP、城镇居民收入、企业家

第十一章
我国城镇化对内外需互动的影响

信心指数和企业景气指数等多项指标保持全国领先,百强县(市)数量中位居全国首位。竞争力的源泉在产业集群化发展,从各方面综合情况看,产业集群发展好的小城镇综合实力强,经济发展水平大大高于全国乡镇平均水平。小城镇镇域经济发展的主要动力来源于第二、第三产业,浙江省70%的城市第二、第三产业占地区生产总值的90%左右,而第二、第三产业占地较多的小城镇都体现出了民营企业多、吸纳劳动力的特点,而产业集群成熟的小城镇经济实力强,有足够的资金投入基础设施中,逐步形成了产业集群与城镇化的良性互动。

(二)消除国外的歧视性待遇

城镇化也是我国实现良好国际贸易条件的基础。从目前的趋势来看,劳工权益保护问题越来越受到国际社会的关注,先后出现了国际劳工标准、核心劳工标准、社会条款、企业社会责任守则以及SA8000社会责任标准等,它们对中国企业的影响也各不相同。从长远来看,劳工权益保护是经济全球化发展的必然趋势,有些劳工标准还可能成为贸易壁垒。在将农民转变为产业工人的过程中,我国要按照国际劳工标准(SA8000)为转移的工人提供相应待遇,避免外国市场以用工借口限制我国对外贸易发展。只有这样才能一方面切实保障产业工作的合法利益,提高其收入水平和生活水平;另一方面又能为我国规避贸易壁垒,扩大出口,创造良好条件。

四 城镇化的内涵与制约内外需的制度瓶颈

人口众多是我国的基本国情。2007年我国人口达到13.2亿人,在占世界7.2%的国土面积上居住了21%的人口。现有农村户籍人口9亿多人,虽然高达2.6亿多的农民工被计入城市常住人口,但未享受城市居民的待遇与福利。据国家人口发展战略研究课题组2007年2月公布的研究成果,21世纪中叶我国人口总量峰值将达到15亿。届时中国的城镇化水平预计将达到70%,总量超过10亿的城镇人口将成为全球最大的城镇人口群体,这不仅意味着空前的资源环境压力,同时也表明未来将有3亿~3.5亿的人口从农村转移到城市和城镇。

受地区发展不平衡和利益导向的影响,农村富余劳动力呈现出跨省流动的趋势,即由不发达地区向发达地区转移,从西向东流动的趋势,不仅人口流动数量大,而且由西至东的空间跨度也相当大。东南沿海地区的务工人员来自四川、贵州、河南等中西部省份。如此规模和空间跨度的城镇化进程是人类历史上前所未有的。辽阔的地域使我国各地区在自然、经济地理和区域文化方面差异显著,经济发展水平差距较大。东部地区处于工业化中后期,城镇体系较为完整;西部大部分地区处于工业化、城镇化发展的初级阶段,不仅中小城市、小城镇难以得到充分发展,而且大城市发展速度也很慢。多项研究表明,随着经济全球化和信息化程度的提高,这种空间分化现象还会进一步加强。

处于工业化中后期阶段是我国又一个重要的基本国情。工业化、城镇化、市场化和现代化是今后一个时期重要的发展目标。在努力发展高技术产业和知识经济,提高国际竞争力的同时,我们还必须面对每年近千万的农村人口转移所带来的就业压力问题。经过20多年的努力我国初步建立起了社会主义市场经济体制的基本框架,市场配置资源的基础性作用不断加强,但市场经济体制仍处于发展完善阶段。同时,科学发展观作为指导今后相当一个时期经济社会发展的指南,提出的时间不长,各方面的配套工作还未完成,缺乏相应的保障机制。土地制度、户籍制度、财税制度、地方政府政绩考核制度都存在着制约城镇化健康发展的因素。其中,最重要的是土地制度和户籍制度。

(一)土地制度

就土地制度而言,首先,"农村土地集体所有"模糊了土地的产权定位。我国农村的土地归农民集体所有在《中华人民共和国宪法》《中华人民共和国民法通则》《中华人民共和国土地管理法》《中华人民共和国农业法》等重要法律中都有明确规定。但对"集体"应如何理解和界定,法律规定较为含糊不清,哪一级组织是哪些集体土地的产权主体,很不清晰,从而使得农民权益无法保障。

其次,"征地价格的剪刀差"严重损害农民利益。按照现行的土地政策,征占农村土地的办法是,农村集体向征地用地单位出让土地,不能直接

第十一章
我国城镇化对内外需互动的影响

买卖,村民委员会只能把土地卖(出让)给国家土地管理部门,再由土地管理部门出让(卖)给征用部门或企业,而且由政府单方面确定征地价格。一般来讲,政府的征地价格低,而其出售给征地单位或企业的市场价格高,即是"征地价格的剪刀差"。而微薄的土地转让费,农民也不能全部获得。在政府和农民处于市场不平等地位的情况下,尽管随着经济的发展,土地价值日益凸显,农民的利益却没能随着城市化的进程而同步增长,严重损害农民在土地上财产性收入的利益。

最后,缺乏严格的土地管理和耕地保护制度。在农地转为非农用地方面,土地市场管理的法律法规和各项制度未能有效落实,政府对土地市场的宏观调控还不够有效。一些地方违反规划和用地审批程序,擅自下放土地审批权,特别是开发商与乡(镇)、村违法私自签订用地协议,圈占土地搞房地产开发,严重影响和干扰了国家对土地供应总量的控制和耕地保护目标。不同区域之间,为创造政绩吸引投资,竞相压低地价,造成土地资源浪费、土地资产流失。如何建立和完善最严格的土地管理和耕地保护制度是一个远没有解决的问题。

(二) 户籍制度

就户籍制度而言,其最大的问题在于限制了农民工身份的转变,从而为我国工业化进程提供稳定的产业工人群体设置了障碍。尽管我国农民工问题产生的原因有很多,但长久以来户籍制度的划分造成社会的三六九等,使社会上产生了歧视农民工的问题。可以说户籍制度导致对农民工的就业歧视覆盖了农民工就业的全过程。由于户籍制度的阻隔,农民工无法自由地进入城市的劳动力市场。即使被接纳,也只能被限制在"脏、险、累"的岗位中。

从市场因素看,虽然市场失灵和个人偏见的存在导致有对农民工就业歧视的现象,但主要原因还在于传统的社会经济制度。因为在我国,城乡二元市场体制的产生,城里人对农村人的歧视偏见,农民工经济和社会地位的低下,以及企业主能够肆意克扣、拖欠农民工工资而政府监管缺失或不力,均源自计划经济下的重工业优先发展战略及由此派生的身份歧视户籍管理制度。

从社会角度看,农民工长期受户籍制度、就业制度等一系列限制,虽离开了土地，但又不能融入城市，他们已成为一个与农民和市民均不同质的群体，构成我国目前社会结构的边缘人。城乡劳动力流动受阻于户籍制度，我国户籍制度的改革几乎是目前进展最不显著的改革领域之一。户籍制度的禁锢，导致了农民进城务工所遭受的种种身份限制，他们似乎成了都市里的异类人。

五 以城镇化促内外需发展的改革思路

为保证城镇化有效地实现内外需对经济增长作用的协调互动，我国需要在制度改革方面重点抓好以下几个方面的内容，特别是要在土地制度改革方面形成新的突破。

（一）土地制度改革与创新

对现代化进程而言，农村城镇化、农业现代化、农民市民化是不可逆转的大趋势，随之而来的土地经营形态和方式的转变也是必然的。但这一发展过程并非一帆风顺，现实中，因征用农民土地而造成的干群纠纷、群体性事件时有发生，严重影响了基层社会的稳定。近年来流行的土地流转，是解决农民与土地矛盾问题的有益探索。

1. 完善土地使用权流转制度

首先，建立健全相关法律法规。使农民承包地流转纳入法制化的轨道，必须尽快制定相关的法律法规，在坚持依法、自愿、有偿的原则的基础上，按照明确所有权、稳定承包权、搞活经营权、保障收益权的要求，对土地流转方式、补偿费、耕地保护等具体问题制定规范化标准，保证土地流转平衡发展。其次，坚持自愿原则。农民承包地的使用权属于农户，土地流转与否是流转当事人理性权衡的结果。因此要制止那种政府部门或相关组织强迫农民出让承包地的非法行为，是否转让土地是农民的自愿选择，不应强求。再次，逐步建立土地流转中介组织，规范交易行为。必须尽快建立农村土地市场的中介服务机构，为农民承包地使用权流转提供完善的服务，可以建立农民土地经营公司，农民可在此通过租赁、转包等形式实现农户之间的土地使用权的自愿有偿转让并得到租金、转包费以取得土地资产收益。最后，要彻

第十一章
我国城镇化对内外需互动的影响

底改革目前土地归政府寡头垄断供应的招拍挂制度，形成竞争性的供应市场，以抑制地价暴涨，并且逐步降低土地的价格水平。为土地交易设置增值税、房产税、占用土地过多的土地税等，使与土地有关的地方财政收入可持续。用以解决目前房价过高，政府利用土地和建房收入多分配，被征地农民利益受损，城镇居民居住成本过高，新进城市和城镇的居民买不起房等问题。

2. 完善征地补偿制度

首先，改征地补偿为征地赔偿。作为征地主体的政府和作为土地所有者的集体及土地使用者的承包农户在法律上处于平等地位。征地赔偿更接近于土地的赎买，要求政府征用土地需按市场机制进行，征地赔偿应体现具有土地所有权和使用权的物化价值。土地征用赔偿费要以市场价格为依据，以拍卖方式确定。其次，逐步提高征地赔偿标准。使征地赔偿费标准逐步接近市场价格是完全可能的。因为，经过近几年的农业结构调整，单位土地的年产值有了较大提高。此外，拆迁安置费应与被拆迁住房投入的建筑装修成本或重置成本大体相当。最后要保证土地补偿费全额支付。土地补偿费应全额支付给农村集体经济组织和农民，并且将不少于80%的土地补偿费支付给被征地农民。鉴于目前失地农民基本上都是自谋职业的实际情况，安置补偿费原则上也应全部发放给被安置人。

集体所有制和国有土地应当同地同价，不能再实行征用补偿的办法。一是非公益性用地，不再经政府征用，集体用地直接进入市场，由用地商到土地交易所寻找，其交易中的级差地租，由政府通过税收的办法加以调节。二是政府公益性用地，对集体土地，也要按照市价进行收购，价格太高的，可以用征收增值税的办法加以收回。农村和城郊集体土地，除其公共使用的部分，承包的耕地和宅基地，使用权永久归农户所有。并且，这种使用权，除了国家在公共利益时征用外，在符合规划土地用途的前提下，农户可以将土地长期使用权在各种用途中转让、出租、抵押、入股和出售，从而扩大和增加农民财产性收入。

为保证土地制度改革能够顺利推动我国城镇化建设，并为实现内外需互动创造良好的条件，我们认为土地制度改革的合理路径应该采取如下方式。

首先，用3年时间，要做到确权发证，即明确规定农村从土地使用、经营及流转中所具有权利，并通过发证形式予以确认。

我国现行集体土地所有权"一权三体"[①]形式及上下级隶属关系，导致各级政府都有所有权和支配权，产权主体不明确。集体土地使用权个体分散性不能充分调动个体的积极性。要确立乡镇在宏观层面上的集体土地所有权调控地位，村社集体土地所有权的主体地位，形成乡镇村社权属明晰、主体明确的集体土地所有权结构体系。在试点基础上，逐步扩大农民土地使用权的范围，赋予农户对土地使用、收益和处分权等部分权利，保证农村土地使用权的长期化和市场化，体现出市场对土地资源的优化配置作用。

其次，用5年时间，进一步完善以确权发证为前提的土地制度体系，要通过立法来保障农民的农村土地增值性收益。

一是改革土地征收征用制度，规范土地征收征用行为，保障农民的合法权益。对现行的土地征收征用制度，要明确界定公共利益的内涵和外延，科学界定土地征收征用后的土地使用性质，在土地征收征用中坚决杜绝少征多用、征而不用等行为的发生，保证土地征收征用地规模适度，从根本上杜绝侵犯农民财产权的非公共利益目的的征地行为。

二是贯彻落实好土地用途管制制度，重点保护耕地和基本农田。逐步建立健全耕地特别是基本农田保护机制，在保证耕地特别是基本农田保护总量不减少、质量不降低的前提下，对市场条件成熟的区域，贯彻耕地，特别是基本农田保护措施，保证土地用途管制制度的贯彻落实。

三是确保农村建设用地依法审批，完善农村建设用地的审批制度。当前，我国农村集体土地的审批主要在乡镇企业用地和农村居民住宅用地等方面。在农村土地流转过程中，不可避免地存在生产管理用房占地审批问题。通过转包、转让、租赁、入股和互换等方式实行农村土地流转，农村土地规模经营所必需的生产管理用房的审批，可以通过利用现有农村宅基地、废弃地复垦转换来解决，也可以通过申请临时建设用地的方式来解决。但必须建立在不改变集体土地所有权，符合土地利用总体规划，按规定缴纳土地复垦保证金的前提下，按农村土地流转管理办法规范确定的权限逐级审核报批，既要实现耕地占补平衡，又要依法审批。

最后，争取用8年的时间来实现农村宅基地顺利进入二级流通市场流

[①] "一权"为土地所有权；"三体"为国家、集体、农户。

第十一章
我国城镇化对内外需互动的影响

转，并在此基础上重新调整配置中央和地方的财权，从而改变现在地方土地财政的问题。

搞好农村土地流转，要大力培养土地流转市场，建立符合社会主义市场经济体制要求的土地流转市场机制。一方面要充分发挥市场对资源的基础性配置作用，充分实现农村土地的价值。在不改变土地耕作条件和用途的情况下，发展多种经营，探寻多种模式，加大农业结构调整力度，谋划好农村土地流转的整体局面，实现农村土地的价值。同时，实施农村土地使用权有偿有期限使用机制，确保土地保值增值。在建立完善农村土地使用权有偿有期限使用相关法律法规的前提下，在市场条件成熟的情况下，对需流转的合法农村土地实行招、拍、挂，促使农村土地使用的规模化、集约化，体现农村集体土地的资产性。此外，要根据市场运行机制建立合理的农村土地流转市场体系，培育发展并完善与农村土地流转密切相关的土地流转中介服务组织，扩大土地流转市场范畴。

建立和完善农村土地流转运行机制，保证农村土地流转的规范性和有序性。农村土地流转包括农用地、集体建设用地流转两个层面，要区别对待，分类实施，有机结合，共同发展。首先，对农用地流转要在符合土地利用总体规划、不改变土地用途的前提下，走适度规模经营的路子。在市场操作层面上要体现公平、公正合理的一面，还要体现市场对资源的配置作用。其次，对农村集体建设用地流转要在保护耕地、基本农田的前提下，通过土地开发整理、农村宅基地、废弃地复垦等方式新增耕地来补充新占用的土地（主要是耕地）。同时对农村土地流转范围内的闲置、空闲地加以利用。在具体实施过程中做到"四统一"（统一规划，统一布局，统一实施，统一建设），保障农村土地流转基础设施用地的要求，节约利用。

对农用地、集体建设用地综合流转，既要保障农用地的农业用途不改变，又要保障乡镇企业和农村发展的建设问题，关键还要保障"三农"问题的解决，保障土地可持续发展，实现二者的有机统一。实现规模化经营模式，建立健全产业带动机制，无论哪种模式的土地流转，根本都要实现农村信纸规模化经营，产生规模效益，带动周边区域农村经济发展，既要保持农用地的用途，可探求"城市观光农业"发展模式，也要根据实际需要适度进行城市化发展。

建立健全农村保障机制，为农村土地流转提供可靠保障。当前，土地是我国农村广大农民的生存之本，收入之源，鉴于农民整体文化素养和应对市场风险的能力等方面的局限性，多层次、多方面地建立农村保障机制，是农村土地流转顺利推进的强有力的保障。

（二）户籍制度改革与创新

在所有的制度障碍中，城乡二元户籍制度无疑是制约我国城镇化发展的关键性制度安排。二元户籍制度是计划经济的产物，它是一种同重工业优先发展战略相适应的户口管理制度模式，导致了城市与农村相互隔离的"二元经济结构"，迫切需要对现行的户籍制度进行改革创新。

1. 尽快制定适应社会主义市场经济体制的户籍法

我国的经济是统一开放的社会主义市场经济，人力资源应该在市场机制的作用下充分自由地流动。要打破阻碍城乡间人力资源流动的壁垒，就应制定符合市场经济要求的户籍法。新的户籍法要适应新形势，在人口流动政策方面，赋予公民迁徙和居住自由的权利，允许在城镇有固定住所、稳定职业和生活来源的民工获得城镇户口；在人口管理制度上，以公民身份证制度取代户口制度，身份证在全国范围内通行，身份证上的号码也是公民个人社会的保障号码，一出生就确定，并且终生不变。

2. 积极稳妥地推进户籍制度创新

适应市场经济发展和经济全球化的要求，改革我国严格的户籍管理制度势在必行。户籍制度改革不是要取消户口，而是要取消户口限制。从户籍制度改革的最终目的来说，就是要取消农业户口与非农业户口的划分，彻底切断户籍与福利待遇的联系，消除我国户籍制度背后的种种不平等的公民权利，实行城乡户口的统一。为了实现这个最终目标，就要通过改革，使我国的户籍管理更加科学合理，形成户籍管理由以行政掌控为主转为以经济调控为主，国家立法规范、社会经济调控、个人自主选择相结合的适应新型城镇化的户籍管理新机制。

（三）其他保证制度建设

1. 就业制度建设

在长期城乡隔离的二元经济结构下，我国农村已积淀了庞大的农业剩余

第十一章
我国城镇化对内外需互动的影响

人口，经济相对落后的农村更是如此。要加快推进我国的城镇化进程，关键在于各级政府采取切实有效措施，促进就业增长，维护农民工在城市中就业的各种合法权益。

（1）确立"就业优先"的工业化政策基本取向。

"就业优先"并不意味着政府对发展用人少的高科技产业不予考虑，相反，关系国民经济命脉、带动能力强的关键行业和代表未来发展方向的新兴产业以及核心技术产业，国家要大力支持其发展，但对多数普通行业和一般产业领域，应当实行"就业优先"的原则。在不降低效率和技术要求的前提下，大力发展采用先进技术的劳动密集型产业。基本完成工业化的国家和地区的经验证明，劳动密集型为主导的工业化阶段持续时间最长，占整个工业化发展期的60%以上，由劳动密集型主导向资本密集型主导转换是一个缓慢的演变过程。目前我国大多数地区远不具备劳动密集型主导向资本密集型主导转换的条件。因此，当前我国工业化和城镇化发展特定阶段的主体产业选择应该是采用先进技术的劳动密集型产业。

（2）运用就业政策工具，鼓励创造就业。

发达国家政府在解决本国失业问题方面采取了许多经济刺激措施。例如，比利时规定，在就业区内若创造较多新的就业机会，可获准全部或部分免征其公司所得税，就业区的设置数量限于结构性失业特别高的地区。我国今后应考虑把政策支持的重点放在鼓励中小型民营企业创造就业上，各级政府可以考虑从财政拿出一部分专项资金，根据在一定时期内创造就业岗位的数量多少，对企业主给予奖励；或根据其支付的劳动成本，给予一定比例的补贴。另外，也可以对创造就业超过一定规模的企业主，在可减免的权限内给予其税收优惠。

（3）建立农民工培训制度，提高进城农民工的适应性。

随着经济发展水平的提高和新兴产业的兴起，社会对劳动力的素质要求越来越高，缺乏转岗就业技能的农村劳动力的转移就业领域将越来越窄，转移就业难度将越来越大，加强农村劳动力转移培训的任务非常艰巨而紧迫。因此，政府应当建立农民工培训制度，并通过立法进行一部分强制性培训，为农村劳动力接受职业教育培训提供政策和法律支持。同时还要加大对职业培训的投入，以不断提升进城农民工的技能和素质。

2. 社会保障制度创新

只有将进城的农民工纳入社会保障体系，加强农民工的社会资本建设，有效地化解农村人口在城镇化过程中所面临的各种市场风险，才能够为农村剩余劳动力转移提供真正的社会保障。

（1）建立针对农民工的工伤保险制度。

对农民工来说，这一制度不仅保证其一旦出现职业伤害事故可以得到相应的赔偿，而且由于建立起了针对城市农民工的工伤赔偿机制，用工单位将会更加注意用工过程中的安全保护措施，其结果将有可能大大减少农民工的伤害事故。而政府要做的则主要在于设计特定制度，并将之强制推行。

（2）建立针对进城农民的医疗和大病保障制度。

患病是农民工最为忧虑的问题，为在更大范围内分散农民工的风险，应该建立针对农民工的大病医疗费用部分社会统筹的保障机制。其筹资机制以个人缴费和地方财政的一定支持构成。个人缴费和财政支持的比例应该根据各地的具体情况而定，所形成的基金由有关社会保障机构专项管理。缴费额可以根据大病发生率和治疗费用及其变化来确定，为使该制度能够顺利推行，初期可确定相对较低的缴费水平和保险水平，将来视情况逐渐提高，最终实现与城镇医疗保障制度的并轨。

（3）根据进城农民工的不同情况将其纳入有差别的社会养老保险制度。

为进城农民建立社会养老保险制度显然比建立工伤保险和大病医疗保险具有更大的难度。对拥有比较稳定职业且已在城镇就业较长时间的农民工来说，他们实际上已经成为"城镇人口"，应该将他们纳入城镇社会养老保险体系，其养老保险费的缴纳办法可以视同于城镇职工。对于无稳定职业且流动性较大的农民工来说，则可以设计一种过渡方案，比如制定一定范围内不同档次的缴费率供农民工自愿选择，同时规定凡雇用农民工的企业都必须根据农民工所选择的缴费率而缴纳相应档次的基本养老保险费。同时，为所有参加社会养老保险的进城农民建立个人账户。

主要参考文献

1. 〔美〕刘易斯：《增长与波动》，华夏出版社，1987。
2. 〔美〕钱纳里、赛尔昆：《发展的型式 1950~1957》，经济科学出版社，1988。
3. 〔美〕赫尔普曼、克鲁格曼：《市场结构和对外贸易》，上海三联书店，1993。
4. 朱勇：《新增长理论》，商务印书馆，1999。
5. 〔美〕熊彼特：《经济发展理论》，商务出版社，2000。
6. 杨圣明：《中国对外经贸理论前沿 I》，社会科学文献出版社，2000。
7. 王秀芳：《中国内需与外需关系协调分析》，中国财政经济出版社，2007。
8. 樊纲：《扩大内需关键在于解决收入结构失调》，《经济参考报》2009 年 7 月 8 日。
9. 王林生、袁文祺、戴伦彰：《国际分工与我国对外经济关系》，《中国社会科学》1980 年第 1 期。
10. 王建：《选择正确的长期发展战略——关于"国际大循环"经济发展战略的构想》，《经济日报》1988 年 1 月 5 日。
11. 朱文晖：《中国出口导向战略的迷思——大国的经验与中国的选择》，《战略与管理》1998 年第 5 期。
12. 刘国光、王洛林、李京文：《2002 年中国：经济形势与预测分析》，社会科学文献出版社，2002。
13. 王子先：《当前尤其需要正确处理内外需之间关系》，《中国金融》2009

年第 3 期。

14. 裴长洪：《中国经济应当以内需和外需并重为方针》，2008 年广东省社会科学院召开的《中国经济国际化（广东）高峰论坛暨中国外经贸企业协会第二届高层研讨会》上的演讲。

15. 陈德铭：《关于国内外贸易的几个认识问题》，《求是》2009 年第 7 期。

16. 巴曙松：《2009 年扩大内需政策可能面临的难题和挑战》，《资本市场》2009 年第 1 期。

17. 克鲁格曼：《中国的贸易结构与扩大内需》，新浪财经讯，2008 年 5 月 12 日，2008 年诺贝尔经济学奖获得者克鲁格曼中国行上海站讲演。

18. 于立新：《确立外贸出口的国家竞争力战略》，《经济参考报》2006 年 9 月 18 日。

19. 于立新、陈昭：《中国可持续贸易战略的政策调整思路》，《国际贸易论坛》2009 年夏季号。

20. 于立新：《我国技术性贸易措施与可持续贸易战略》，《财贸经济》2008 年第 12 期。

21. 于立新主编《中国服务贸易研究报告 No.1》，经济管理出版社，2011。

22. 吴欣望、夏杰长：《知识密集型服务业与结构转型关系》，《财贸经济》2006 年第 1 期。

23. 魏江、王甜：《中欧知识密集型服务业发展比较及对中国的启示》，《管理学报》2005 年第 3 期。

24. 周振华：《城市转型与服务经济发展》，上海人民出版社，2009。

25. 顾乃华：《生产服务业、内生比较优势与经济增长：理论与实证分析》，《商业经济与管理》2005 年第 4 期。

26. 陈宪、程大中：《中国服务经济报告 2005》，经济管理出版社，2006。

27. 何德旭：《中国服务业发展报告 No.5：中国服务业体制改革与创新》，社会科学文献出版社，2007。

28. 徐学军：《助推新世纪的经济腾飞，中国生产性服务业巡礼》，科学出版社，2008。

29. 江小涓：《服务全球化的发展趋势和理论分析》，《经济研究》2008 年第

2 期。

30. 王少斌：《从生产资料流通谈生产性服务业的创新发展》，《商业研究》2010 年第 9 期。

31. 黄祖辉、朱允卫：《全球化进程中的农业经济与政策问题——国际农经学者协会第 26 届大会综述》，《中国农村经济》2007 年第 1 期。

32. 孟静：《国际服务业转移新趋势——服务外包的文献综述》，《东南大学学报》2008 年第 2 期。

33. 陈文玲：《充分认识发展服务贸易的战略意义》，《宏观经济研究》2007 年第 10 期。

34. 裴长洪、夏杰长：《中国服务业发展报告 No.5：中国服务业体制改革与创新》，社会科学文献出版社，2010，第 23 页。

35. 黄祖辉、朱允卫：《全球化进程中的农业经济与政策问题——国际农经学者协会第 26 届大会综述》，《中国农村经济》2007 年第 1 期。

36. 江小涓：《服务全球化的发展趋势和理论分析》，《经济研究》2008 年第 2 期。

37. 余伟萍、崔苗：《经济全球化下基于企业能力的价值链优化分析》，《中国工业经济》2003 年第 5 期。

38. 曹建海：《经济全球化与中国汽车产业发展》，《管理世界》2003 年第 4 期。

39. 倪洪兴：《对经济全球化进程中加强我国农业保护的若干思考》，《中国农村经济》2005 年第 4 期。

40. 齐兰：《垄断资本全球化对中国产业发展的影响》，《中国社会科学》2009 年第 2 期。

41. 王绍媛：《服务贸易对中国经济增长的贡献分析》，《国际经贸探索》2010 年第 5 期。

42. 蔡茂森、谭荣：《我国服务业竞争力分析》，《国际贸易问题》2005 年第 2 期。

43. 裴长洪、彭磊：《中国服务业与服务贸易》，社会科学文献出版社，2008。

44. 对外经贸大学国际经济研究院课题组：《国际服务外包发展趋势与中国

服务外包业竞争力》,《国际贸易》2007 年第 8 期。

45. 冯远:《供给结构与我国经济内外需平衡发展问题分析》,《财贸经济》2012 年第 11 期。

46. 冯远:《新经济时代需要新的供给》,《经济参考报》2012 年 10 月 11 日。

名词索引

产能过剩 6，7，100，237

产业结构 14～16，19，21，23，39，54，55，58，60，72，73，76，89～91，93～97，99，106，108，110，114～117，120～123，132，134，149，151，193，223，224，229，232，233，235，240～242

城镇化 235～247，249～252

出口贸易 36，58，63，64，80～82，84，94～96，100，119～121

对外贸易 1～4，11，15，16，23，29，75，78，81，89～91，96，98～100，106～109，112，113，118，120，121，123，126，136，138～140，143～145，203，219，243

恩格尔系数 25～27，55，182，185

发展战略 1～3，14，19，35，40，42～44，80～82，84～86，91，94～95，98～100，104，120，140，142，143，243，245

服务贸易 102，105，118，123～158，174，206，213，214，216～235

服务外包 20，44，102～104，114～116，151～156，202，206，214，231

工业化 4，17～19，21，36～38，47，54，74，92，111，130，144，189，205，237，242，251

公共服务 155，177，192，236，242

国际市场 2～4，16，32～34，39～41，59～61，71，76，90，120，131，191，218

国际收支 51，55，89，128，165，228

国民经济 9，14，21～24，40，77，98～100，109～112，120～122，149，182，198，218，228～231，233

国民生产总值 54，87，104，181，183

国民收入 28，38，96，108，116，122，149，162，164～166，191

户籍制度改革 250

汇率 24～27，30，41，65～70，106～108，113，119，177

基尼系数 103，163

技术外溢 39，58，114，156，224

金融危机 3，9，10，18～21，36，66，74，82，97，100，103～106，108，109，111，140，146，155，156，223，231

进口贸易 52

经济全球化 1,6,29,40,58,74,123,217,231,250

经济增长 2,3,5,8,9,13,14,18,19,23,24,30,32,40,42,43,47,48,50,67,68,75,77~81,92,96~101,120~122,151,159~161,182,186~189,191,197,224,236,246

竞争优势 60,125,132,158,201

开放型经济 1,2,6,33,240

扩大内需 5,8~10,18~20,24,29,39,55~57,72~76,85~88,91,96~98,119~121,158,165,190,213,218,228~231,241,

内外需互动 1,6~8,10,29,48,67,77,93,114,120,144,159,181,199~205,211,230,231,241

人口红利 42,68~71

人力资源 3,45,154,162,193,206,215

人民币国际化 65~67,70

社会保障 36~38,42,96~98,108,122,177,187,193,238~240,252

生产性服务业 93,97,100,149,161,174,195~216,225,231,235,

市场经济 23,64,107,116,146,186,244,250

收入分配 38,103,159~161,163~166,173~175,177~180

通货膨胀 48,107,111,177

投资需求 2,7~9,11,17,32,47,70,93,119,199,214,238,242

土地制度改革 246,247

拓展外需 98,106,228,231

外商投资 63,196,208,209

有效供给 22,38,47,51,58,62,72,76,100,190,241

战略性新兴产业 35,37,166

自主创新 8,35,38,55,204,216

后 记

本书是中国社会科学院重点课题研究项目"我国内外需互动协调发展战略研究"的最终研究成果,也是集体合作完成的学术研究专著。

把内外需关系问题作为中国社会科学院重点课题研究选题,主要是因为中国经济发展已经到了一个关键阶段,如果不能正确认识和解决好内外需关系问题,我国的经济发展则难以迈进新经济发展时代。正确处理内外需关系问题,既不是单纯解决贸易平衡问题,也不是简单地处理内外需发展的比例问题,而是在全球经济结构发展变动趋势下,通过内需与外需的相互促进和协调发展,建立起新的供给结构和需求结构,完成经济发展的转型升级。本课题的研究,正是探索中国如何实现从大国发展成强国的中国发展模式。

在课题研究和书稿出版过程中,得到了商务部综合司专家领导,中国社会科学院经济研究所裴长洪所长、中国社会科学院财经战略研究院高培勇院长、荆林波副院长,中国社会科学院科研局专家领导的鼎力支持,对此表示衷心的感谢;感谢中国社会科学院研究生院王栋、赵鑫、杨晨、惠睿硕士研究生,在课题研究过程中做了大量科研辅助工作;感谢社会科学文献出版社领导对于本书出版给予的支持,还要感谢蔡莎莎、林尧编辑为本书出版付出的辛勤劳动。

学术无禁区,探索无止境,著作中论述与论证的不足之处,权当抛砖引玉,恳请经济学界专家学者和读者批评指正。

于立新　冯　远

2013 年 5 月

图书在版编目(CIP)数据

中国扩大内需与稳定外需战略/于立新等著. —北京：社会科学文献出版社，2013.7
ISBN 978 - 7 - 5097 - 4690 - 5

Ⅰ.①中… Ⅱ.①于… Ⅲ.①中国经济 - 经济结构调整 - 研究 Ⅳ.①F121

中国版本图书馆 CIP 数据核字（2013）第 114234 号

中国扩大内需与稳定外需战略

著　　者 / 于立新　冯　远等

出 版 人 / 谢寿光
出 版 者 / 社会科学文献出版社
地　　址 / 北京市西城区北三环中路甲 29 号院 3 号楼华龙大厦
邮政编码 / 100029

责任部门 / 经济与管理出版中心　（010）59367226　　　责任编辑 / 林　尧　许秀江
电子信箱 / caijingbu@ssap.cn　　　　　　　　　　　　　责任校对 / 杜若普
项目统筹 / 恽　薇　蔡莎莎　　　　　　　　　　　　　　责任印制 / 岳　阳
经　　销 / 社会科学文献出版社市场营销中心　（010）59367081　59367089
读者服务 / 读者服务中心 （010）59367028

印　　装 / 三河市尚艺印装有限公司
开　　本 / 787mm×1092mm　1/16　　　　　　　印　张 / 17.75
版　　次 / 2013 年 7 月第 1 版　　　　　　　　　字　数 / 291 千字
印　　次 / 2013 年 7 月第 1 次印刷
书　　号 / ISBN 978 - 7 - 5097 - 4690 - 5
定　　价 / 65.00 元

本书如有破损、缺页、装订错误，请与本社读者服务中心联系更换
△ 版权所有　翻印必究